KB077451

동양철학, 그 삶과 창조성

| 和而不同: 비교철학 강의 |

저자 로저 에임즈Roger T. Ames는 캐나다 British Columbia 대학, 국립대만 대학교를 거쳐 영국 University of London에서 박사학위를 받았다. 1978년부터 미국 하와이 대학 철학과 교수로 재직 중이다. 그는 1987년부터 비교철학 저널Philosophy East West의 편집장으로 일하고 있으며, 동서문화센터 아시아학 발전프로그램 공동위원장이기도 하다. 그는 『공자를 통한 사유 Thinking through Confucius』(with David Hall)(1987), 『孫子兵法 Sun Tzu, The Art of War』(1993), 『漢으로부터의 사유 Thinking from Han』(1997), 『論語: 철학적 번역 The Analects of Confucius: Philosophical Translation』 (with Henry Rosemont)(1998), 『死者의 민주주의 The Democracy of the Dead』(with David Hall)(1998), 『中庸: 번역과 철학적 해석 Zhongyong: Translation and Philosophical interpretation of Zhongyong』(with David Hall)(2001), 『道德經: 이 삶을 의미 있게 만들기: 철학적 번역 Daodejing; Making this Life Significant: A Philosophical Translation』(with David Hall)(2003) 등의 저서를 출간했으며 비교철학, 동양철학, 문화철학 분야에 대한 활발한 연구를 전개 하고 있다.

역자 장원석은 고려대학교, 한신대학교 대학원 철학과를 거쳐 미국 하와이 대학 철학과에서 박사학위를 받았다. 중국 베이징 대학교, 한국정신문화연구원에서 연구했으며, 현재 성균관대학교, 연세대학교 등에서 강의하면서 한국 유학 3대논쟁 자료수집 역주단의 책임 연구원으로 일하고 있다. 주요 논문으로는 「周易에서 시간이란 무엇인가?-화이트헤드의 획기론적 시간관과 비교하여」(2000), 「周易의 宇宙論과 시간」(2004), 「Translating Philosophical Terms in Korean Confucianism(한국 유학의 철학 용어 번역에 대한 문제)」(2005) 등이 있다.

동양철학, 그 삶과 창조성

1판 1쇄 인쇄 2005년 2월 21일
1판 1쇄 발행 2005년 2월 28일

지은이 | 로저 에임즈 Roser T. Ames
옮긴이 | 장원석
편집인 | 오석원(유교문화연구소)

펴낸이 | 서정돈
펴낸곳 | 성균관대학교 출판부
등   록 | 1975년 5월 21일 제 1-0217호
주   소 | 110-745 서울특별시 종로구 명륜동 3가 53
대표전화 | (02) 760-1252~4
팩시밀리 | (02) 762-7452
홈페이지 | www7.skku.ac.kr/skkupress

ⓒ 2005, 유교문화연구소

값 18,000원

ISBN 89-7986-609-7 94150
ISBN 89-7986-493-0(세트)

유교문화연구총서 3

東洋哲學, 그 삶과 창조성

和而不同: 비교철학 강의

儒教文化研究所

성균관대학교 동아시아학술원

저자 서문

지금까지 오랫동안 세계 고등교육에서 서양철학은 —주로 유럽 철학이 — 독점적으로 커리큘럼의 주류 위치를 누려왔다. 이는 보스턴, 옥스포드, 프랑크푸르트, 파리는 물론 타이페이, 동경, 서울, 베이징에서도 마찬가지였다. 이는 아시아 철학과 미국 철학은 해외에서뿐 아니라 그들 나라에서도 주변적인 위치에 자리잡았음을 의미한다. 윌리엄 제임스(William James)가 기포드 강연의 서문에서 "유럽인들이 이야기하면 미국인들은 그저 듣기만 하는 것이 자연스럽게 느껴진다"고 토로한 것은 옳은 말이었다. 아마 제임스가 아시아인들도 미국인과 같이 유럽인들의 청중의 처지에 있었음을 덧붙였다면 더 옳았을 것이다. 1901년 이후 거의 한 세기 동안 이런 상황은 크게 변하지 않았다.

내가 1978년 런던 대학에서 박사학위를 받을 때 나는 운이 좋게 지도교수 D. C. 라우(劉殿爵)의 추천으로 하와이 대학의 교수가 될 수 있었다. 하와이 대학의 철학과는 중국, 일본, 인도, 불교, 그리고 이슬람 철학의 박사 학위를 수여하는 유일한 서양 교육기관이다. 이 특별한 프로그램은 세계에서 많은 학생들을 불러들인다. 지난 30년 동안 10명 정도의 학생이 박사과정을 마치고 한국으로 돌아가 비교철학의 주도적인 역할을 하고 있다.

하와이 대학의 철학과는 개성 있는 학과이다. 1930년대 윙치챈(陳榮捷)

교수는 학과장이었고 그는 찰스 무어(Charles Moore)와 힘을 합쳐 비교철학의 통합 프로그램을 만들었다. 이 프로그램 아래에는 서양 철학적 배경과 함께 비서양 철학을 공부하는 학생이 훨씬 유능하리라는 전제가 깔려 있었다.

서양철학 전통을 연구한 학생은 중국 전통을 연구하는 데 새롭고 분석적인 도구와 관점들을 도입해 올 수 있다. 이 훈련 방법이 좋은 이유는 서양 철학이 중국 철학이 지니지 못한 철학의 필수적이고 근원적인 엄격함을 지니고 있기 때문은 아니다. 그보다 이는 새로운 대안적 관점을 제공하는 데 아주 유용하기 때문이다. 루山 정상에 선 사람은 그 진면목을 보지 못한다(不贐山眞面目只緣站在此山中). 탕쥔이(唐君毅), 모우종산(牟宗三), 팡똥메이(方東美) 이들은 모두 이를 아주 잘 깨닫고 있었다.

그러나 서양 철학자들은 그 혜택이 쌍방적이라는 것을 대부분 깨닫지 못하고 있다. 다시 말해 서양 철학은 비서양 전통에서 발견되는 영원한 철학의 문제에 대한 다른 언어와 대안적인 개념들을 성찰함으로써 많은 이득을 얻을 수 있다는 것이다.

예를 들어 알프레드 노드 화이트헤드(Alfred North Whitehead), 윌리엄 제임스(William James), 존 듀이(John Dewey) 등으로 대표되는 과정적 사유가 서양 철학 안에서 낯선 위치에 있는 동안 중국 氣 우주론의 전통은 『주역』으로부터 시작된 오래된 과정적 세계관을 가지고 있었던 것이다. 다시 말하자면, 서양의 최근 과정 철학의 관심은 중국의 과정적 사유를 자세히 연구하면서 크게 발전할 수 있을지 모른다. 우리가 '대안적' 전통이라고 하는 것은 사실 '보완적'이라고 보는 것이 옳을 것이다. 두 세계는 서로 배타적일 때 서로에게 도움이 되지 않는다.

하와이 대학에 도착한 직후 나는 데이비드 홀과 철학적 협동을 시작하여 모두 6권의 책을 펴냈다. 거의 25년 동안 이어진 이 행복했던 홀과의 협력은 중국학의 능력과 철학적인 능력을 통합하여 중국 고전의 해석에 적용하려는 시도였고, 최근에는 중요 고전들을 새롭게 번역하게 되었다. 아직 완결된 것은 아니지만.

우리의 협력은 서구의 교육기관에 소개된 중국 철학이 심각한 결함을 지니고 있다는 깨달음에서 기인한 것이었다. 중국 고전들 ―『論語』, 『中庸』, 『道德經』, 『孫子兵法』― 은 심오한 '철학적' 텍스트였지만 그렇게 다루어지지 않았다. 이 고전들은 주로 선교사들과 최근에는 중국학 전문가에 의해서 번역되고 해석되어 왔다. 다시 말해서, 지금까지 중국 철학서들은 우연한 기회에 피상적으로만 철학자들에게 연구되었다. 이와 같은 주장은 선교사들의 선의를 탓하려는 것도 아니고, 좋은 중국학 전문가라면 갖추어야 할 다른 어학적 역사적 문학적 자질이 있어야 한다고 주장하려는 것도 아니다. 사실 비판받아야 할 대상이 있다면 앵글로 유럽적인 철학만이 철학이라고 주장하는 서양 학문 세계의 철학 전문가들일 것이다.

비서양 철학을 주변화시키면서 철학은 하나의 학문으로서 그 소임을 다하지 못하였다. 철학자들의 핵심적 소임은 가능한 넓은 맥락에서 문제를 적시하기 위해 인간 경험의 일반적 특징들을 확인하고 묘사해야 하는 것이다. 그런데 이 일반적 특징들은 문화적 시대적으로 이동해 가면서 심대한 차이를 보여준다. 철학자는 문화적 차이를 구성하는 낯선 전제들을 찾아내고 이해해야 하는 책임을 지니고 있다. 그렇게 함으로써 문화적 환원주의나 자문화 중심주의와 같은 오류들을 방지해야 하는 것이다. 중국 철학을 연구하는 철학자가 없었다는 것은 서구의 독자들에게 그 대가를 치르게 하였다. 서구의 휴머니스트들이 중국 고전을 이해하면서 서양의 문화적 전제들을 대입시키거나 서양 문화에 뿌리를 둔 용어를 부적절하게 사용했다는 것은 잘 알려져 있는 사실이다. 중국 철학은 처음에 '기독교화' 되어서 서구의 독자들에게 알려지기 시작했고 최근에는 신비주의적인 세계 안에서 이해되었다. 중국 철학이 서양 철학의 논의에 끼어들었을 경우에는 중국 철학적이 아닌 범주와 철학적 문제의 틀 안에서 분석되기 일쑤였다.

　최근 기존 문헌의 새로운 판본과 사라진 줄 알았던 문헌의 새로운 고고학적인 발견은 영어권의 기존 철학서 번역의 재번역 필요성을 제고하였고, 철학자들에게 기존 번역을 개선시키거나 재고할 기회와 명분을 만들어 주었다. 무엇보다도 이 문헌들이 스스로의 세계관 안에서 해석되고 자리매김됨으로써 이 문헌들을 스스로의 언어로 이해할 수 있게 하는 기회를 제공하게 된 것이다.

　우리는 철학적 번역의 새로운 전략으로, 해석적 맥락을 알려주는 서론적 설명, 핵심적인 철학 용어들에 대한 풀이, 맥락을 의식한 해석적 번역 그리고 문헌 비판이라는 형식을 만들어냈다. 우리의 번역을 맥락을 의식한 해석적 '번역' 이라고 할 때 우리가 다른 번역보다 '원문 그대로' 하지 않음을 의미하는 것은 아니다. 오히려 '원문 그대로' 의 번역이라는 자기 기만적 개념은 유치한 것이며 그 자체가 객관성이라는 문화적 편견에 불과하다는 것을 말하고 싶다. 먼저 우리는 번역어로서 영어는 문화적 편견을 부여할 수 있어서 서론적 설명과 용어 해설 없이는 중국 문헌의 철학적 의미는 심각하게 훼손되리라고 주장한다. 게다가, 번역자가 자신의 가다머적 의미의 '편견' 을 의식하지 않고 자신의 번역을 '객관적' 사전에 근거한 번역이라고 변명하는 것은 이미 문화적 편견을 드러내는 것이며 독자들을 두 번 죽이는 일인 것이다.

　모든 세대가 이전의 사상가들을 자신의 이미지에 맞게 선택하고 이어받듯이 각 세대는 자신의 필요에 맞게 세계 철학의 고전들을 재해석하는 것이다. 우리는 피할 수 없이 시간과 공간에 매여 있는 존재이다. 중국 철학 문헌을 그 자체가 계보적이고 역사적인 것이라는 점을 대강이라도 이해한다면 우리도 바로 그러한 존재라는 것을 인정하게 된다. 이러한 자기 인식은 문헌들을 왜곡하는 것이 아니라 자신의 전제를 분명히 하는 것을 의미한다.

기존의 번역들에 도전장을 낼 때 우리는 해체적이면서 동시에 건설적이려고 한다. 즉 우리는 이 철학적 용어의 대중적인 번역들이 현대 서구 세계의 세계관이나 상식이 고대 중국 문헌들이 놓여 있고 만들어지던 시대의 사유와 생활 방식과 크게 틀린 것을 제대로 이해하지 못한다는 걱정으로 시작하였다.

번역어 안에서 가장 편안하거나 번역자가 언뜻 보아 가장 좋은 번역어라고 여겨지는 것은 원어로는 전혀 익숙하지 않은 말이기 쉽다. 道를 'the Way'로 번역하거나 天을 'Heaven'으로 또 德을 'virtue'로 번역하는 사례는 서양인들이 중국어에 어떻게 자신의 문화적 전제를 덮어씌우고 있는가를 잘 보여준다.

이런 기존 번역의 공식은 표준 중-영사전과 그 설명에 의해 암시적으로 권위를 얻게 되고 이 사전적 번역어들이야말로 '원어 그대로'의 '보수적'인 번역이라는 무비판적인 생각을 갖게 한다. 그렇게 하여 그들은 문화적 편견의 공모자가 된다. 우리가 생각하기에 사실 이 번역이야말로 과격한 번역이다. 우리에게는 문헌을 그 자신의 역사적 지적인 풍토에서 이식하여 전혀 다른 철학적 토양에 옮겨 심는 것이야말로 문헌에 무모한 짓을 하는 것이고 그 뿌리를 훼손하기 쉬우므로 매우 과격한 것으로 여겨진다. 문헌을 그 자신의 적절한 전통의 조건에 맥락 짓는 것은 완벽할 수 없으나 매우 엄격한 노력을 필요로 한다.

하지만 우리의 목표는 중국 철학 용어를 번역하는 부적절한 공식을 다른 공식으로 대치하고자 하는 것이 아니다. 핵심 용어에 대한 우리의 해석은 독자들이 그 용어 설명을 참조해서 그들 자신의 의미를 가늠해 보고 자신에게 적절한 의미를 찾기를 바라는 암시적으로 "대체 가능한 것"인 것이다. 비트겐슈타인이 우리 언어의 한계가 곧 우리 세계의 한계를 의미한다고 한 말이 옳다면 중국 철학 전통을 이해하기 위해서 학생들은 더 많은 언어를 필요로 할 것이다. 중국철학 학생들이 道, 天, 德 등을 고대 그리스 문헌의 kosmos, logos 그리고 nous를 읽는 경우처럼 섬세한 이해를 하게 된다면 중국적 세계는 그 자신의 용어로 받아들이게 될 것이다.

　재미있게도 중국 고전의 우리 번역은 모두 다시 중국어로 번역되어 중국에서 출판되었다. 해석적 작업과 용어 해설은 중국어로 번역되었고 영어 번역을 하나의 주석으로 이해하는 현대 중국학자들을 존중해서 영어 번역은 원문과 함께 그대로 드러냈다. 중국 철학에 대한 우리의 연구서들도 이전 나의 한국인 제자들에 의해 번역중이고 역시 나의 제자였던 장원석 박사는 나의 논문을 모아서 한국어로 출간하게 되었다. 나는 한국 학자들과 동양 고전에 대해 토론할 수 있기를 기대하고 있다. 나는 최근 한국의 철학자들이 독창적이고 중요한 공헌을 했던 성리학 전통에 대해 연구를 시작했다. 앞으로 수년 동안 나는 중국의 경계를 넘어서 어떻게 유학의 전통이 한국의 고유한 철학적 영향 아래 새롭게 태어나게 되었는지 알아보기를 고대하고 있다.

로저 에임즈 하와이 주립대 / 2004년 8월
Roger T. Ames *University of Hawai' i / August 2004*

차 례

제Ⅲ부　禮와 원시유학의 非신론적 종교성

제Ⅳ부　유학과 듀이의 프래그머티즘: 하나의 대화

제 I 부

삶을 의미 있게 만들기: 창조성의 진지한 일

1. 공동 창조성과 의미

이 강의를 위해 글을 쓰고 있는 나는 지금 데이비드 홀(David L. Hall)이 좋아했던 『莊子』의 한 구절을 떠올린다.

장자가 장례 행렬을 따라 가다가 혜자의 무덤 곁을 지나게 되었다. 그는 따라 오는 사람들에게 돌아서서 말했다. 郢의 남자 하나가 그의 코끝에 파리 날개 두께의 석회가 떨어지자 목수 石을 불러 도끼로 이를 쳐달라고 했다. 목수 석은 도끼날을 바람처럼 휘둘러 이를 쳤고 코에 상처 하나 입지 않고 석회는 떨어졌다. 郢의 남자는 서 있는 내내 눈 하나 깜짝하지 않았다. 송나라의 원군은 이 묘기를 듣고 목수 석을 불러 말하길 "나에게 똑같이 해보지 않겠나?"

목수 石은 대답 했다. "그것이 나만의 일이었다면 나는 도끼로 석회 조각을 치워버리는 걸로 이름을 얻었을 것입니다. 그러나 나의 도마가 죽어버린 지 이미 오래 되어버렸습니다."

장자는 말했다 "혜자가 죽어버려서 내 도마가 없어졌고 더 이상 진심으로 말할 사람이 없구나!"

Zhuangzi was in a burial procession when he passed the tomb of Huizi.

Turning around to address those following him, he said to them:

"There was a man of Ying who, when finding that a bit of mortar as thick as a fly's wing had gotten stuck on the tip of his nose, sent for Carpenter Rock-solid to swipe it off with his axe blade. Carpenter Rock-solid wielded his axe like the wind, and when it reached the right pitch, he swiped the bit of mortar away cleanly without injury to the nose. And the whole time the man of Ying stood there without batting an eye.

The Lord Yuan of Song heard of this feat, and summoning Carpenter Rock-solid to him, said, 'See if you can do the same thing on me.'

Carpenter Rock-solid replied, 'If it were only a matter of me, indeed I have been known to swipe a bit of mortar off with my axe. The only problem is that it has been some time now since my chopping block died.'

"Since Huizi died," said Zhuangzi, "I too have had no one as my chopping block, no one to really talk with!"

[莊子送葬 過惠子之墓 顧謂從者曰 郢人堊慢其鼻端若蠅翼 使匠石斲 匠石運斤成風 聽而斲之 盡堊而鼻不傷 郢人立不失容 宋元君聞之 召匠石曰 嘗試爲寡人爲之 匠石曰 臣則嘗能斲之 雖然 臣之質死久矣 自夫子之死也 吾無以爲質矣 吾無與言之矣][1]

　　2001년 데이비드의 안타까운 죽음까지 우리는 20년 넘게 협력해 왔다. 그동안 우리는 6권의 책, 학술지의 논문들, 백과사전의 항목들, 그리고 책의 여러 장을 함께 저술했다. 듀이의 말을 빌리자면 우리의 작업은 '단순한' 협력도 '우연한' 협력도 아닌 '진정한' 협력이었다.[2]

---

1 *Chuang-Tzu* 66/24/48; A. C. Graham 번역, p.124. 『莊子』에 실려 있는 莊子와 혜시 사이의 많은 이야기는 진정한 협력이 무엇인가를 설명해주고 있다.

비평가들이 우리가 한 일을 검토해보면서 궁금해 하는 것은 우리가 무엇을 했느냐보다 어떻게 이런 협력이 가능했는가 하는 것이다. 자존심 세고 의심 많은 철학자라는 전문가들이 어떻게 상대방에게 상처를 주지 않으면서 오랫동안 협력을 할 수 있었을까 하는 것이다.

2001년 췌장암으로 타계한 데이비드 홀은 예일 대학교에서 철학 박사 학위를 받고 미국 텍사스 대학교 엘파소(University of El Paso at Texas)에서 교수로 활약했다. 중국 철학자인 로저 에임즈와 『공자를 통한 사유 Thinking Through Confucius』, 『死者의 민주주의 Democracy of the Dead』 등을 함께 저술했다. 비교철학적 업적과 더불어 프래그머티즘을 위시로 미국의 철학 전통을 재해석하려고 노력한 그는 미완의 遺稿가 된 미국 지성사 『행동하는 평화: 미국의 깨어진 약속 Peace in Action-America's Broken Promise』 외에 『에로스와 아이러니: 철학적 무정부주의를 위한 서곡 Eros and Irony: A Prelude to Philosophical Anarchism』, 『리차드 로티, 신실용주의의 시인이자 예언가 Richard Rorty: Poet and Prophet of the New Pragmatism』 등의 저서를 남겼다.

나는 내 경력에서 행복했던 이 시절을 회상하면서 그 산물이 무엇이든 우리의 협력은 그 자체로 해석의 대상이 될 만하다고 믿게 된다. 협력이란 의미가 어떤 방식으로 나타나며, 중국 문화 담론 안에서 어떻게 이해되며, 현

---

2 Dewey(1973)의 "Having an Experience" pp. 554~73을 보라.

대적으로 어떻게 이해될 수 있느냐고 하는 것과 연관되는 주제이며 이들은 매우 중요한 철학적 질문이다.

의미와 창조적 전진의 원천은 무엇인가? 좀더 간단하게 말해보자. 의미는 어떻게 만들어지는가? 내가 여기서 내놓을 대답은 공동 창조성이야 말로 유일한 창조성이라는 것이다.[3]

이 글에서 내가 던질 다섯 가지의 질문은 다음과 같다.

1) 우리는 인간 체험의 어느 영역에 창조성의 개념을 적용할 수 있을까?
2) 창조성과 독창성(originality)은 혼동되고 있는가?
3) 어떻게 자기 완결성, 진정성, 성실함 그리고 창조성의 개념들이 연결되는가?
4) 창조성에서 감정과 사유의 역할은 무엇인가?
5) 창조성은 중국 철학의 용어로 어떻게 표현되는가?

---

3 앵글로 색슨 언어에는 (중국어에도 물론이지만) '대칭어' 가 있다. 대칭어는 비결정적인 두 단어의 결합으로 새로운 의미가 만들어지는 말을 뜻한다. '검의 폭풍(a storm of swords)' 은 전쟁이고, '고래의 목욕탕(the whale's bath)' 은 바다이며, '단어 저장실(word-pantry)' 은 사전이다. 겉보기에는 어울리지 않는 색다른 사물 사이의 관계를 감지하고 절묘하게 웃기는 표현을 하는 능력을 의미하는 재치 응답에서, 기술로서 '기지' 와 지식의 원천으로서 대칭어는 같은 것이다.

2. 『中庸』의 대한 두 가지 독법: 토대주의적 접근과 과정적 접근

　우선 우리가 최근에 번역하고 해설한 『中庸』에 대해 말해보도록 하자. 『中庸』은 유가 전통에서 짧지만 핵심적인 문헌으로서, 일찍이 『禮記』의 한 장 혹은 독립된 문헌으로 널리 읽혀왔다. 13세기 이후, 과거 시험에 응시하려는 중국의 지식인들이 반드시 암기해야 하는 四書 가운데 하나로 지목된 이후 그 중요성은 더해졌다.

　『中庸』의 첫 구절의 고전적인 영어 번역은 1861년 스코틀랜드 출신 선교사 제임스 레그(James Legge)에 의해 이루어졌다. 이 번역은 초기 제수이트 선교사의 번역을 참고한 것이며, 후대의 『中庸』에 대한 유럽 언어 해석에 심대한 영향을 끼쳤다. 레그는 『中庸』의 첫 구절은 우주의 질서에 대해 기독교적 세계관에 가까운 설명을 하고 있는 것으로 보았다.

　　하늘이 부여한 것을 본성이라고 한다. 이 본성에 일치하는 것을 의무의 길이
　　라고 하고 이 길을 규제하는 것을 가르침이라고 한다.

　　What Heaven has conferred is called THE NATURE; an accordance
　　with this nature is called THE PATH of duty the regulation of this path
　　is called INSTRUCTION.

레그의『中庸』읽기에서 이 믿음직스러운 이 첫 구절은 불행하게도 인간의 창조력에 자유를 부여하여 신성모독에 이르게 되고 이를 찬양하는 경지에 도달하여 결국 기독교 신앙의 근원을 무너뜨리는 논리로 전개된다. 레그는『中庸』번역을 마치면서 깊은 신앙에서 우러난 의혹의 눈초리로 중국 전통이『中庸』의 내용과 영향력에 부여한 높은 평가에 도전한다.

> (『中庸』의) 첫 구절의 시작은 매우 좋다. 그러나 지은이는 우리를 거의 길을 찾기 힘든 몽매함으로 이끌어 가면서 이 첫 구절을 말하는 법이 없다. 겨우 거기에서 빠져 나왔을 때 우리는 아름답지만 있음직하지 않은 성인의 모습에 당황하게 된다. 그는 중국 민족의 자존심을 높이는 데 기여했다. 그는 자기 민족의 성인들을 신이나 숭배받는 모든 것들 이상으로 격상시켰다. 그리고 대중에게, 이 성인들 외에 아무것도 필요로 하지 않는다고 가르쳤다. 이러면서『中庸』은 반기독교적인 것이 되어간다. 얼마 지나지 않아 기독교가 중국을 지배하게 되면, 사람들은 그들의 조상들이 신이나 그 자신들에 대해 아무것도 모르고 있었다는 증거의 하나로 이 책을 찾게 될 것이다. [4]

여기서 지적할 것은, 레그는 유신론적인『中庸』첫 구절의 해석과 이어지는 인간 중심의 사유의 다이나믹스가 양립 불가능하다는 것을 잘 깨닫고 있었다는 것이다. 그는 그렇지 않기를 바랐지만,『中庸』은 자연적, 사회적, 문화적 환경 안에서 스스로 협력하는 인간이 어떤 초월적 신성의 도움 없이도 자신을 실현하는 데 모든 것을 가지고 있을 뿐 아니라 인간의 창조성

---

4 Legge(1960):55. 그는 다른 곳에서『莊子』에 나오는 북해와 남해에 사는 숙과 홀이 혼돈에 질서를 부여하다가 죽어버린 우화에 개인적인 주석을 달고 있다. 그는 "그러나 이 일은 혼돈이 다른 나라를 다스리게 되는 것보다는 나은 일이다. 숙과 홀은 나쁜 일을 한 것은 아니었다"고 한다. Legge(1962):267.

에 의해 고무되는 이 세계도 자신을 넘어서는 어떤 궁극적 실재에 호소할 필
요가 없다고 주장하고 있는 것이다. 우주적 창조성은 인간과 그 세계 사이
의 완전한 협력을 의미하며 존 버트롱(John Berthrong)이 말한 대로 "세계
에 의존하는 신"이라는 실재 개념과 일치하는 우주론이다.[5]

레그가 위와 같이 『中庸』을 평가할 때 그 문헌적 근거는 뚜렷했다. 『中
庸』의 25장은 誠에 대한 설명이다. 이 용어의 보통 번역은 '성실함
(sincerity)'이나 '자기 완결성(integrity)'이다. 하지만 위의 새로운 우주
론을 적용할 때 우리는 誠을 '창조성(creativity)'으로 번역하는 주석가들
에게 동의하게 된다.[6]

> 창조성은 자기 완성적이고 그 길은 자기 지향적이다. 창조성이란 처음에서
> 끝까지의 과정을 말하며 이 창조성 없이는 어떤 사물이나 사건도 없다. 그러므
> 로 군자는 창조성을 중요하게 여긴다. 창조성은 한 사람을 스스로 완성시킬 뿐
> 아니라 다른 사물과 사건을 완성시키는 것이다. 스스로 완성됨은 행동이 권위
> 있게 된다는 것이며 다른 사물과 사건을 완성시킨다는 것은 세계를 알아간다는
> 것이다. 그것은 성향의 성취된 탁월함이며 내적인 것과 외적인 것을 통합하는
> 방법이다. 그러므로 이러한 탁월함을 적용할 때면 언제나 척척 맞아들어간다.

> Creativity is self-consummating, and its way is self-directing. Creativity
> references a process taken from its beginning to its end, and without
> this creativity, there are no things or events. It is thus that, for
> exemplary person, it is creativity that is prized. But creativity is not
> simply the self-consummating of one's own person; it is what

---

5 Berthrong(1998):1.
6 우리의 이러한 번역을 정당하게 해주는 주석적인 증거는 Hall & Ames(2001): 30~5를 보라.

consummates other things and events. Consummating oneself is becoming authoritative in one's conduct(仁); consummating other things and events is realizing the world(知).**7**

It is achieved excellence(德) in one's natural tendencies(性) and is the way of integrating what is more internal and what is more external.**8**

Thus, when and wherever one applies such excellence, it is fitting.

[誠者 自成也 而道 自道也 誠者 物之終始 不誠 無物 是故 君子 誠之爲貴 誠者 非自成己而已也 所以成物也 成己 仁也 成物 知也 性之德也 合內外 之道也 故時措之宜也]

의미를 만들고 세계를 이해하는 인간의 능력을 찬미하는 다른 구절에서 『中庸』은 인간을 문자 그대로 하늘과 땅의 공동 창조자로 묘사한다. 22장 은 세계를 만드는 데 인간과 사회적 자연적 환경들 사이의 협력을 그려내고 있다. 그리고 인간과 자연적 창조성 사이에 심오한 공생관계가 있음을 주장 한다.

세계에서 최고로 창조적인 사람만이 그들의 성향을 최대로 발휘할 수 있다. 그들의 성향을 최대로 발휘할 수 있을 때만 타인의 성향도 최대로 발휘할 수 있

---

7 이 장은 『論語』의 6.23을 연상시킨다. 공자가 말했다. 지혜로운 이는 물을 즐기며 권위 있는 행 위를 하는 이는 산을 즐긴다. 지혜로운 자는 능동적이며 권위 있는 행위를 하는 이는 고요하다. 지혜로운 자는 즐거워하며 권위 있는 행동을 하는 이는 길게 견디어 낸다[The Master said, "The wise(知) enjoy water; those authoritative in their conduct(仁) enjoy mountains. The wise are active; authoritative persons are still. The wise find enjoyment; authoritative persons are long-enduring." (子曰知者樂水 仁者樂山 知者動 仁者靜 知者 樂 仁者壽)]. 지혜는 맥락에 잘 들어맞음을 의미한다.(『論語』 6.22을 보라) 그러므로 자신을 알기 위해서 자신의 상황을 아는 것이 필수적이다.

8 중요한 것은, 內外의 구분이 음양과 같은 상관적인 개념이라는 것이다. 이는 '대략' 을 의미한 다. 성격과 행동은 배타적인 구분으로 여겨질 수 없다.

게 해준다. 타인의 성향을 최대로 발휘할 수 있게 해줄 때만 사물과 사건의 성향을 최대로 발휘할 수 있게 해준다. 사물과 사건의 성향을 최대로 발휘할 수 있게 해줄 때만 천지의 변화하고 양육하는 행위를 도울 수 있게 된다. 천지의 변화하고 양육하는 행위를 도울 수 있을 때만 사람은 천지와 더불어 그 성원으로 자리매김될 수 있다.

Only those of utmost creativity(至誠) in the world are able to get the most out of their natural tendencies(性). Only if one is able to get the most out one's own natural tendencies is one able to get the most out of the natural tendencies of others; only if one is able to get the most out of the natural tendencies of others is one able to get the most out of the natural tendencies of things and events(物); only if one is able to get the most out of the natural tendencies of things and events can one assist in the transforming and nourishing activities of heaven and earth; and only if one can assist in the transforming and nourishing activities of heaven and earth can human beings take their place as a member of this triad.

[唯天下至誠 爲能盡其性 能盡其性 則能盡人之性 能盡人之性 則能盡物之性 能盡物之性 則可以贊天地之化育 可以贊天地之化育 則可以與天地參矣]

『中庸』의 31장은 인간의 창조성과 성인의 덕성을 동일시함으로써 이 찬미를 한 걸음 더 진전시킨다. 인간은 의미의 원천일 뿐 아니라 우주적인 매력의 원천이기도 하다. 『中庸』은 해, 달 등의 천체적(天體的) 수사를 동원하여 인간이 세계를 만들어가는 가치와 과정을 그려낸다.

세계에서 극히 성스러운 사람만이

나라를 굽어보는 데 필요한 명석함과 민첩함을 가지고 있다.

타인들을 인내하여 얻는 데 필요한 관용과 유연함을 가지고 있다.

지속을 계속하는 데 필요한 힘과 꿋꿋함을 가지고 있다.

존경을 받는 데 필요한 안정감과 흠 없음을 가지고 있다.

분별하는 데 필요한 문화와 세밀한 관찰력을 가지고 있다.

이들은 필요할 때면 언제나

광대하고 드넓고 심오하게 깊은 자질을 드러낸다.

광대하고 드넓은 것은 하늘과 같고

심오하게 깊은 것은 심연과 같다.

이들이 나타나면 사람들은 모두 그들을 존경하고

이들이 말하면 사람들은 모두 그 말을 신뢰하고

이들이 행동하면 사람들은 모두 그 행동에 즐거워한다.

이 때문에 명성은 중국에서 흘러나가 남과 북의 만맥에 까지 이른다.

배와 수레로 미칠 수 있는

인간의 힘이 닿을 수 있는

하늘이 덮고 땅이 짊어진

해와 달이 비추는 서리와 이슬이 있는 어디에나

피를 가지고 숨쉬는 모든 것이 서로를 존경하고 사랑한다.

그러므로 그들은 하늘을 도와준다고 말하여진다.

Only those of utmost sagacity(至聖) in the world:

have the acuity and quickness of mind needed

to oversee the empire;

have the tolerance and flexibility needed to win

them the forbearance of others;

have the energy and fortitude needed to maintain their grasp;

have the poise and impeccability needed to command respect;

have the culture and discernment needed to be discriminating.

So broad, expansive, and profoundly deep, they demonstrate these several qualities whenever needed. So broad and expansive like the heavens themselves; so profoundly deep like a bottomless abyss: they appear and all defer to them; they speak and all have confidence in what they say; they act and all find pleasure in what they do.

It is for this reason that their fame spreads out over the Central States, extending to the Man and Mo barbarians in the south and north. Everywhere that boats and carriages ply, everywhere that human strength penetrates, everywhere that is sheltered by the heavens and is borne up by the earth, everywhere that is illumined by sun and moon, everywhere that the frosts and dew settleall creatures that have breath and blood revere and love them. Thus it is said that they are the complement of tian(天).

[唯天下至聖 爲能聰明睿知 足以有臨也 寬裕溫柔 足以有容也 發强剛毅 足以有執也 齊莊中正 足以有敬也 文理密察 足以有別也 溥博淵泉 而時出之 溥博 如天 淵泉 如淵 見而民莫不敬 言而民莫不信 行而民莫不說 是以聲名洋溢乎中國 施及蠻貊 舟車所至 人力所通 天之所覆 地之所載 日月所照 霜露所隊 凡有血氣者 莫不尊親 故曰配天].

"모든 사람이 성인이 될 수 있다"는 유가의 낯익은 주장은, 성인은 인간 본성에 보편적으로 주어진 가능태이며 이것이 실현될 때 사람에게 특출한 능력이 부여되어 이를 통해 탁월하게 세계에 영향을 미친다는 식의 토대주의적 독법으로 자주 읽힌다. 그러나 이 주장은 이 과정적 세계의 사회적, 자연적, 문화적 맥락 안에서 인간의 체험을 최고로 활용하는 것이 진정 창조적인 것이자 최선이며, 일상사의 계속인 현재 속에서 진정한 의미가 자발적으로 출현하는 것이 성인의 탁월함의 의미이자 내용임을 긍정하는 것으로 읽힐 수도 있다. 즉, 이 세계 안에서 그들의 체험을 최대로 발휘하는 사람은 누구나 성인인 것이다.

어떤 이는 레그가 『中庸』을 창조자 신의 역할에 도전하는 인간의 만용으로 해석하는 이유를 19세기 영국에서 흄의 회의주의에 저항하여 나타난 기독교의 종교적, 도덕적인 현상 유지를 확고하고 명백하게 옹호하는 철학운동인 스코틀랜드의 보수적인 '상식주의(Common Sensism)' 에서 기인한 것으로 여기기도 한다. 그 근원이 어디 있든, 인간을 우주적 창조성의 완전한 파트너로 인정하기 싫어하는 것은 지금도 우리에게 뿌리 박혀 있는 습성인 것 같다. 그리고 그것은 현대의 『中庸』 해석에도 반영되고 있다.

레그의 추종자들은 『中庸』 첫 구절의 유신론적 해석을 따른다. 그들은 우주적 질서를 만드는 데 협력하는 인간의 지위를 부정하고 신의 창조력과 인간의 만용 사이의 긴장을 레그의 방식으로 해소한다.[9]

최근 펭귄 출판사에서 발간된 앤드류 플랙스(Andrew Plaks)의 『中庸』 번역을 예로 들자. 플랙스는 "(『中庸』의) 저자가 우리가 이를 문자 그대로 받아들이기를 바랐는가는 다만 추론할 수 있을 뿐이다" 라고 말하면서 상식에 어긋나게도 인간 창조성을 하늘과 같은 가치로 고양시키는 『中庸』의 담론에 의심의 눈초리를 보낸다(ms. p.43). 그러나 우리가 22, 25, 31장에서 보았듯이 『中庸』은 인간의 창조성을 분명하고 뚜렷하게 말하고 있어서 플랙스는 다음과 같이 인정할 수밖에 없었다.

---

9 예를 들어 Wing Tsit-Chan(1963)의 95에서는, '天道'를 "시공간, 실체와 운동을 초월하고 동시에 쉬지 않고 영원하며 자명한 것" 이라고 말한다. Andrew Plaks는 誠을 "자기 완결적 전체(integral wholeness)" 라고 번역하며 『중용』 전체가 "추상적 보편적 이상을 구체적 인간 실현으로 바꾸어 놓는 것" 이라고 묘사한다. (ms.):16.

다시 말하여, 우주의 과정에 잠재적 '참여'라는 기존의 함축은 우주의 역동
적 구조 안에서 인간이 완전한 파트너가 되는 높은 힘으로 고양된다(ms. p. 43).

그러나 이러한 인간의 완전한 파트너십에 대한 관찰은 플랙스가 "우주의
'거대한 근원'의 정체적 총체(ms. p.12)"와 인간의 창조성의 적당한 한계
사이를 비교하기 위해 습관적으로 존재론적 언어(ontological language)
를 도입할 때 어긋나게 된다. 플랙스에게는 "우주적인 존재와 지상의 존재
사이"에는 근본적인 차이가 있다. 그러므로 "인간의 계발은 추상적 우주의
이상이 구체적인 실현으로 변화"하는 것에 불과하다(ms. p.16). 그리고
그는 근본주의적인 『中庸』 독법의 근거를 제시한다.

전통적인 주석자들은 사물과 인간 안에 본성적으로 내재하는 보편적인 道
때문에 인간 스스로는 어떤 계발을 할 필요가 없다는 점에 동의하고 있다
(ms. p. 20).

이러한 독법에 따르면 인간이 우주의 창조성에서 완전한 파트너라고 한
다해도 그 파트너는 실상 실재적인 아무것도 우주에 더해주지 않는 존재이다.
여기서 플랙스는 유가적 세계관을 '닫힌 우주'로 해석하고 있다. 이는
윌리엄 제임스가 비판한 것이었다. 존 듀이는 그의 스승인 윌리엄 제임스가
사용한 이 용어를 아래와 같이 설명한다.

그는 기계론과 관념론을 아주 싫어했다. 그 이유는 두 세계관 모두 새로움과
모험에 어떤 가능성도 남겨두지 않는 닫힌 우주를 의미하고 있기 때문이었다.
이 두 세계관은 개인성과 개인성을 구성하는 모든 도덕적, 미적 가치들을 절대
적 관념론과 기계적 유물론을 위해 희생시키고, 개인은 전체에 의해 언제나 결
정되는 부분이라고 생각하였다. 실재적이고 내적인 다원주의 철학, 진정한 비

결정론 철학 그리고 변화의 철학만이 개인성에 의미를 던져줄 수 있다. 그것들만이 창조적 활동이 필요로 하는 투쟁을 이해하고 진정한 새로움이 등장할 수 있는 기회를 부여해준다. [10]

---

[10] Dewey(1994):35.

3. 서양 전통에서 창조성이란 말이 갖는 함의

　만일 우리가 일상적으로 '창조적'이란 말을 어떻게 사용하는가를 성찰해 보면 레그와 플랙스가 『中庸』 해석에서 깎아내린 창조성의 가치가 바로 우리가 평소 생각하고 말하는 방식과 얼마나 깊게 연관되어 있는지 알게 될 것이다.

　'창조성'이란 개념은 픽션이나 예술품과 관련된 예술과 문학적 작업과 자연스럽게 연결된다. 그런데 우리가 일상의 진지한 일들, 도덕, 신학, 과학, 그리고 '일상사'에 창조성이란 개념을 적용하면 매우 우스꽝스럽게 된다. 만일 우리가 엘리엇 도이취(Eliot Deutsch; 하와이대 철학과 교수, 미국 철학계의 원로이자 에임즈의 절친한 동료이다-역주)가 도덕적으로 창의적이라고 알게 된다면, 나는 그의 매력에 찬탄하기는 하겠지만 내 아름다운 부인과 순진한 아이들이 그와 사귀려고 할 때 상당히 걱정할 것이다.[11] 나의 친구 앤드류 형제가 신학적으로 '창조적'이라고 알려진다면, 나나 교황은 그의 불멸의 영혼의 지위에 대하여 걱정하게 될 것이다. 만일 우리의 친구 류조 야나기마치(Ryuzo Yanagimachi; 세계에서 최초로 생쥐의 복제에 성공했으며, 복제한 쥐를 5대까지 연속 복제하는데 성공한 하와이 대학의 연구

---

11 사실 그의 새로운 책 *Persons and Valuable Worlds: A Global Philosophy* 안에 "A Creative Morality"라는 장이 있다는 것을 언급해야겠다. 그는 미학적인 전환을 꾀하면서 도덕성에 대한 전통적 사유방식에 의식적으로 도전한다.

원·역주)가 그의 빛나는 생쥐 실험이 '창조적'이라고 대중들에게 묘사된다면, 그의 수백만 달러의 지원금은 매우 위험한 지경에 놓이게 될 것이다. 그리고 나의 재정 조언자의 조언이 '창조적'이어서 나를 굉장한 부자로 만들고 또 국세청이 그것을 알게 되었다면, 나는 감옥에 갔거나 회계감사를 받고 있을 것이다. 철학 분과 내에서는 철학이 오랫동안 스스로를 특징지어온 아리스토텔레스적 진지함에 도전하는 까닭에 가다머적 '유희'와 차크라바트적인 '재미'가 철학적으로 흥미로운 것이라고 논할 수도 있겠다. 그러나 결국 리차드 로티(Richard Rorty)가 체셔 고양이처럼 이빨을 내놓고 비웃으며 철학을 공격하자 그는 철학과 밖의 스탠포드의 비교문학과로 추방되었고 그는 전문 철학자 모임에서 공식적으로 파문당하게 된다.

더 나아가 우리는 '창조성'을 우리의 문학적 예술적인 모험에 연관시키는 반면, 이를 인과적, 선형적 그리고 진보적인 체험의 영역에는 연관시키지 않는다. 우리가 예술사에 가지고 있는 생각을 기독교적, 마르크스주의적, 헤겔적, 과학적 역사 기술과 비교해보라.

같은 문제가 '자발성(spontaneity)' 개념의 사용에도 나타난다. 영어의 용례에서 이는 '無로부터 창조'라는 창조 개념에 압도되어 있다. 'Spontaneity'는 어떤 탁월함이 아니라 우연이라는 함의를 지니고 있다. 'spontaneity'의 동의어는 '충동적, 본능적, 무의식적, 그리고 자동적'이다. 이는 분명한 외적 원인 없이 발생하는 어떤 것을 의미한다. 'Spontaneity'는 제약되지 않고 학습되지 않은 행동 방식을 의미하지, 계발된 반응을 의미하지 않는다. 이런 독법에서 의미의 'spontaneous'한 발생은 탁월함과는 관계가 멀며 인간의 계발을 필요로 하지 않는 것으로 보인다.

그러나 中-美사전에서 영어 spontaneity의 대응되는 중국어는 自然이다. 自然의 재귀적 자아의 측면인 自는 관계와 역할의 맥락 안의 인간으로 이해되어야 하며 분리되고 고립된 자아로 이해해서는 안된다. 사실상, 自然은 『莊子』에 등장하는 장인들과 현자들의 행동과 성격을 묘사하는, 걸림없이 탁월한 기예를 의미한다.

영국 철학자 존 홉 메이슨(John Hope Mason)은 최근 발간된, 『창조성의 가치: 현대적 믿음의 기원과 등장 *The Value of Creativity: The Origins and Emergence of a Modern Belief*』이라는 책에서 '창조성'이 가치(영웅주의, 영광, 경건, 그리고 다양한 덕성처럼)의 하나로 등장한 때는 과학과 기술의 발달이 인간의 독립을 촉진시키고 자유시장경제가 혁신을 고무하며 교육적 '진보'가 기대되었던 19세기 중엽이라고 했다. 그러나 홉 메이슨에 의하면 오늘날 우리가 생각하고 사용하는 것을 규정짓는 창조성의 개념은 적어도 두 가지의 근본적으로 다른 복잡한 역사를 가지고 있다고 한다. 레그와 플랙스의 『中庸』독법에 함축된 하나의 끈질긴 전통은 창조자 신과 연관되는 창조성이며 신플라톤적이고 도덕적 선, 조화 그리고 영성을 함축하고 있다. 신은 세계를 존재하게끔 하고 "보시기에 좋았더라." 시편 24장은 "온누리와 거기에 살고 있는 그 모든 것도 주의 것이다. 우리를 만든 것은 그이지 우리 자신이 아니다"라고 말한다. 초월적이고 완벽한 신 안에서 우리는 창조성과 도덕성의 사이의 완전한 일치를 이룰 수 있다.[12]

둘째 전통은 프로메테우스적인 것이다. 거기서 창조성은 과감하게 독창적이지만 동시에 비도덕적이고, 위험하고, 전복적이며, 갈등을 일으키는 것이다. 이는 제우스의 정의와 인간 문명의 개척자인 거인 프로메테우스 사이의 갈등의 산물이다. 홉 메이슨은 칸트, 컬리지, 칼라일 그리고 아놀드를 신플라톤적인 창조성의 예로 보고 마키아벨리의 군주, 괴테의 파우스트, 밀턴의 악마, 매리 셸리의 '빅터' 프랑켄슈타인, 니체의 초인을 신플라톤

---

12 흥미롭게도 처녀 태생의 순결함의 개념은 무로부터 창조라는 교리를 반복하는 것이다. 통일성, 순수성, 신의 성령을 유지한다. Hope Mason(2003):26.

적인 감수성에 공격을 가하는 프로메테우스적 주제의 변주라고 생각한다.13

흥미롭게도 신플라톤적 모델과 프로메테우스적 모델 모두 새로움과 독창성을 강조한다. 그 창조성은 무로부터 창조라는 원천, 즉 유일하고 분리된 행위자의 상상력으로부터 나온다. 창조성은 신이 유일하게 가지고 있는 능력이 아니라면 무모하고 자기 의지적이며 무섭도록 독립적이고 타협할 수 없고 고립되어 미쳐버리기 쉬운 방황하는 프로메테우스의 산물이다. 신성한 질서에 도전하는 고독한 자만심의 화신으로서의 프로메테우스이다. 여기에서 인간의 창조성과 도덕성은 신플라톤적인 전통과 프로메테우스적 전통 모두에서 양립 불가능하다. 전자에서는 창조성과 도덕성은 신의 독점물이기 때문에, 복종이 강조되며 인간의 창조성은 만용(huburis)이 된다. 후자에서 제우스가 정의를 독점하고 있어서 도덕성은 인간의 창조성만이 넘을 수 있는 인간 자유의 장애물이 된다.14

홉 메이슨의 창조성에 대한 논의를 레그의 『中庸』의 비판적 독법에 적용해본다면 레그는 『中庸』에 나오는 귀에 거슬리는 인간 창조성의 주장이 인간을 신에 대항하게 하는 만용이라고 본 것이다. 그렇게 해석하는 레그는 홀로 초인적인 능력을 성취하는 영웅이자 자존심 강하고 두려움을 모르며 외로운 창조자로 유가의 성인을 그리고 있는 것 같다. 레그에게 인간의 창의력은 간교함(sagacitas)과 같은 것이고 이는 신적인 것에 해당되는 지혜(sophia/sapientia)와는 반대되는 것이다.

---

13 이 공격의 좋은 예로는 니체의 가식적인 바그너에 대한 공격이다. 흔히 행해지는 『莊子』와 니체의 비교는 인간 실현의 비교적 모델로 이루어져야 한다. 니체의 불가지론적인 주조는 초인을 헤라클레스적으로 묘사한다. 그의 탁월함은 투쟁력 때문임을 찬양한다. 보다 수용적인 『莊子』의 주조는 "사물들과 함께 서 있음(齊物)"을 말한다. 『莊子』는 모든 강제성을 거부하고 일상사에서 탁월함을 좇는 인물로 眞人을 제시한다.

14 Hope Mason(2003):30.

4. 『中庸』의 과정적 철학

　그러나 『中庸』에 나타나는 성인의 이미지는 일상사에서 역동적인 인간의 공동체를 조화시키고 우주를 고무하는 탁월한 능력을 지닌 협력자이자 의사소통자이다. 공자와 같은 성인은 영웅적이거나 독창적이지 않다. 도리어 궁극적으로는 지역적, 민족적 성격을 지니는 공동체의 존중의 패턴에 의해 구성되는 집단적 정체성이다. 성인(聖人)―어원적으로 보면 귀(耳)와 입(口)으로 구성 된―은 유능한 의사소통자이며, 문화의 체현자이며, 끈끈하게 맺어진 공동체의 초점이다. 『中庸』에서 발견하는 고대 중국의 협동적 창조성과 관계적 자연 우주론은 자신의 자리에서 창조(creatio in situ)를 의미하지 無로부터의 창조(creatio ex nihilo)를 의미하지 않는다. 상황은 독립된 행위자보다 우선적이며 행위자로서의 개인은 단지 구체적이고 구성적인 관계를 관념적으로 추상화한 것으로 여겨질 뿐이다. 창조성의 이러한 의미는 독창성이나 새로움보다 의미를 강조하게 된다. 창조성이 고립적이고 독립적인 행위에 불과하다면 거기에는 아무런 의미가 없다.

　『中庸』을 포함한 고전 문헌들은 한 사람이 지은 것이 아니고 여러 사람의 공동 작품이다. 거의 모든 고전 문헌들은 거리낌 없이 동시대에 존재하는 다른 작품들에서 필요한 구절들을 빌려온다. 그것들은 세대를 거쳐 축적되어 이루어진 복합적인 문헌이다. 경전의 편집은 후대에 붙여진 주석과 함께 전승되고 그것이 수세기를 걸쳐 증가되면서 새로운 의미를 더해가는 것이다.

이는 회화의 경우에도 마찬가지이다. 박물관 벽을 장식하는 회화의 걸작들이 독창적인 개인의 작품인 경우는 드물다. 그것은 수세기에 걸쳐 전승되면서 畵題와 서예와 감식가의 낙관이 계속해서 축적된 그 작품만의 독특한 판본이 등장하는 과정으로 이해되는 것이다.

이 '자신의 자리에서 창조'를 이해하는 하나의 방법은, 탕쥔이(唐君毅)가 말한 고대 중국의 과정적(生生不息) 우주론의 일반적 특징을 상기해보는 것이다. "일자와 다자, 유일성과 다수성 사이의 연속성(一多不分觀)." 탕쥔이(唐君毅)가 이 표현으로 의미하고자 했던 것은 살아 있는 체험으로부터 우주적 질서가 발현함을 성찰할 때 우리는 역동적 연속성과 다양한 다수의 관점으로 바라볼 수 있고 동시에 과정적이면서 절정에 이르는 사건으로 체험을 동시에 바라볼 수 있다는 것이다.

예를 들어 인간은 그들의 독특한 개인성과 그들을 둘러싼 타인과의 관계의 연속성에서 '일자'이다. 그리고 그들은 많은 페르소나가 발현되는 자신들의 장 안에서 갈등하고 분리되는 '다자'가 되는 것이다. 어떤 사람의 선생이면서 어떤 다른 사람의 애인이며, 어떤 사람의 부모이자 어떤 다른 사람의 자식이며, 어떤 사람의 동료이자 어떤 다른 사람의 적수이며, 어떤 사람의 수취인이자 어떤 다른 사람의 심판관이다.

이것이 『道德經』 42장에 표현된 관계성의 복합적 본질이다. 그것은 다자 배후의 일자라기보다 살아 있는 체험 안에서 어떻게 사물들이 함께 존재하는가에 대한 일반적 통찰이란 의미에서 '우주론적'으로 읽혀야 한다.

길 만들기는 연속성의 개념을 불러일으킨다.
연속성은 차이의 개념을 불러일으킨다.
차이는 다양함의 개념을 불러일으킨다.

다양함은 일어나는 모든 것의 개념을 불러일으킨다.

Way-making(dao) gives rise to the notion of continuity,

Continuity gives rise to the notion of difference,

Difference gives rise to the notion of plurality,

And plurality gives rise to the notion of everything that is

happening.

[道生一 一生二 二生三 三生萬物]

　　(윗 그림) 동양 회화의 걸작들은 한 개인의 작품이 아니다. 그것은 수세기에 걸쳐 전승되면서 畵題와 서예와 감식가의 낙관이 지속적으로 추가된, 결국 그 작품만의 독특한 특성이 등장하는 과정으로 이해되어야 한다.

5. 誠을 어떻게 번역할 것인가?
― 듀이와 제임스

제임스와 듀이의 급진적이면서 과정적인 언어들은 고대 중국의 세계관에 전제되어 있는 과정적 氣 우주론과 생산적인 공명을 이룬다. 우리는 이들을 『中庸』에서 말한 인간의 창조성을 진지하게 이해하기 위한 설명적 자원으로 도입할 수도 있을 것이다.[15] 듀이는 그의 '개인성(individuality)'에 대한 '창조적' 이해를 제시하며 존 스튜어트 밀의 '개인주의'를 비판적으로 언급하면서 자신의 이해를 부각시킨다. 그는 '모든 사회 현상은 인간 본

---

15 또, 우리는 피에르 부르디외의 *Logic of Practice*에서 발전된 '구조들, 아비투스, 실천'을 관계성의 내적, 구성적 본질과 체험의 전일성을 표현하는 다른 언어로 탐구할 수 있다.

16 듀이는 초기부터 체험의 역사적, 발전적, 맥락적인 측면을 간과하는 것을 "철학적 사유의 가장 흔한 오류"라고 보았다. 그가 본 방법론적인 문제는 "유기체의 한 요소를 추상화하고 거기에 의미를 부여함으로써 절대적인 것으로 만들어 버리는 것"이며 그렇게 됨으로써 한 요소를 "모든 실재와 지식의 근거와 원인으로" 환치해버리는 것이다(EW1:162). '철학적 오류' 개념의 역사, 발전 그리고 그 맥락을 파악하기 위해서는 J. H. Tiles(1988):19~24를 보라. John Hope Mason(2003):9에서는 두 가지 형태의 오류를 구분한다. 하나는 발생론적인 것이고 하나는 원인론적인 것이다. 발생론적 오류는 최초의 목적과 원인을 아는 것이 곧 결과를 아는 것이라는 믿음이다. 원인론적 오류는 최초의 작인에 완전한 것이 제시되어 있다는 것이다. 타일즈는 철학적 오류를 논의하면서 듀이를 인용한다. "인격, 자아, 주체는 결국 유기체적이며 사회적인 조직화된 상호작용의 복잡한 기능과 더불어 등장한 기능이다. 개인적 개인성은 이 간단한 사실에 그 기초와 근거를 두고 있다"(Late Works 1:162). 그리고 타일즈는, 이로부터 듀이는 "개인적인 인간이 사회적 관계와 독립적으로 거기에 들어가기 전에 이미 의식적이고 이성적인 존재라고 생각하는 것을 철학적 오류로 여겼다"고 추론하였다. Tiles(1988):21.

성의 현상'이고, 즉 "사회 속에서 인간은 개인적 인간의 본질의 법칙으로
부터 파생되거나 그것으로 분해되는 것 이외에는 어떤 특성도 가지고 있지
않다"는 밀의 주장을 비판적으로 검토한다. 평민을 강력한 토착 귀족 계급
으로부터 해방시키려는 밀의 동기를 인정하면서도 듀이는 그가 다른 곳에
서 '철학적 오류(Philosophical Fallacy)'라고 규정지은 이러한 이미 완결
된 인간 개념을 옹호하려 들지 않는다.16

듀이는 밀의 개인과 사회의 관계에 대한 전제를 뒤엎고자 한다. 듀이에게
특수한 사회 조건으로부터 독립한 인간 본성이라는 고정된 구조를 논하는
것은 잘못된 논의의 시작이다. 왜냐하면 그것은 한 부족·가족·민족이
다른 부족·가족·민족으로부터 구별되는 차이점을 조금도 설명하지 못하
기 때문이다. 즉, 그것은 사회적 상황에 대해 아무것도 설명하지 못한다.17

듀이는 다음과 같이 말했다.

> 인간 본성이 불변한다는 주장은 받아들일 수 없다. 왜냐하면 인간 본성의 어
> 떤 요구가 지속적이라면 만들어내는 결과물은(이미 존재하는 문화의 상태 ─ 과
> 학, 도덕, 종교, 예술, 산업, 법 때문에) 인간 본성의 원래 요소들을 새로운 형태
> 로 만들기 위해 다시 반작용하기 때문이다. 전체적 패턴은 이에 의해 수정된다.
> 무엇이 일어나는가를 설명하고 무엇이 일어나게 하기 위해 어떤 정책을 만드는
> 데 단지 심리적 원인에만 호소하는 것은 명백히 헛된 일이다. 만일 인간 본성이
> 그룹이나 당파에 의해 강제적으로 수행되는 정책을 '합리화'하는 편리한 도구
> 로 사용되지 않는 한 말이다.18

듀이에게 인간은 사회적 성취이며 사회적 지성의 적용을 통해 가능해지

---

17 Dewey(1993):223.
18 Dewey(1993):223~4.

는 순응적인 성공이다. 변화의 실제를 고려하면 이 성공은 항상 일시적이
며, 항상 새로운 우발적인 환경이라는 도전 때문에 우리를 불완전한 존재로
만들어버린다. 그러나 이 성공은 진취적, 계획적 그리고 성취적인 것이다.
"우리는 과거의 경험을 이용하여 미래에 새롭고 더 나은 경험을 구성한다." **19**
     듀이가 행한 이미 결정된 개인과 '개인성' 의 개념 사이의 비교는 외적 관
계와 내적인 관계의 개념 차이와 같다. 이를 도표로 그리면 다음과 같다.

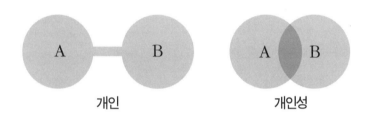

개인   개인성

     이미 존재하는 개인이 관계들을 맺는다는 것과, 구성하는 관계의 계발을
통하여 개인성이 형성된다는 것 사이에는 큰 차이가 있다. 듀이의 개인성의
모델에서, 사귀는 삶과 개인적 협력이 의미하는 것은 분리된 인간을 관계성
속으로 가져오는 것이 아니라 이미 구성적으로 관계된 것을 더 생산적으로
만든다는 것을 뜻한다.
     듀이에게, 우리는 공동체 안에서 사귀는 개인들이 아니라 공동체 안에서
사귀기 때문에 개인으로서 독특해지는 것이다. 우리는 마음을 가진 후에 남
들에게 말하는 것이 아니라 다른 사람과 말함으로써 마음을 가지게 되는 것

---

19 *Middle Works* 12:134.

이다. 우리는 심장을 가진 후에 타인에 대해 동정심을 느끼는 것이 아니라, 서로에게 동정심을 느끼기 때문에 진심의 공동체가 되는 것이다.[20]

　달리 말하자면, 공자는 계속 사회-정치적으로 형성된 '군자(君子)'와 공동체에 주어진 가능성의 역할과 관계를 계발하는 데 실패한 '소인(小人)'을 비교하고 있다. 그러한 소인들은 그들 세계의 開花에 어떤 기여도 하지 않을 뿐 아니라, 타인에게 제대로 응대하고 공동체의 책임 있는 구성원이 되게 하는 부끄러움의 감각을 발달시키는 데 실패하여 사회의 질서에 실제적인 위협이 된다. 브린다 발미야는 "'아무것도 하지 않음'이 어떤 것을 하는 것만큼 폭력적일 수 있는" 경우를 말한다.[21] 이러한 폭력의 난폭한 모습은 한나 아렌트가 아돌프 히틀러를 '사려 없는' 인간으로 묘사 —괴물을 좀 부드럽게 표현한 것으로 들리기도 하지만— 함으로써 강조되었다. 그러나 아렌트의 핵심은 히틀러의 '사려 없음' —배려 없는 후안무치한 개인의 전형— 은 사려와 감정이 결여되어 폭력을 저지르는 小人의 행동이 강화되는 가운데에서 나왔다는 것을 강조하는 데 있다.

　우리 스스로를 개인으로 생각할 때 우리는 개인적 정체성의 잣대로 우리의 몸(body)을 쉽게 생각한다. 그래서 영어로 'somebody', 'anybody' 그리고 'everybody'라는 말을 사용하게 된다. 그러나 우리가 개인을 관계성 속에서 구성되는 것으로 생각할 때, 윌리엄 제임스가 생각한 대로 몸

20　『論語』의 한 구절은 부끄러움과 '체면'의 문화의 핵심을 표현하고 있다. 공자는 말했다. 백성을 행정적 금지를 통해 이끌고 형법으로 질서 지우려고 한다면 백성들은 이를 피하겠지만 부끄러움을 느끼지 않을 것이다. 백성을 탁월함으로 이끌고 예를 지킴으로써 질서 지우려 한다면 백성들은 부끄러움을 알게 될 뿐 아니라 그들 스스로 질서를 형성하게 될 것이다 [The Master said: "Lead the people with administrative injunctions and keep them orderly with penal law , and they will avoid punishments but will be without a sense of shame. Lead them with excellence and keep them orderly through observing ritual propriety and they will develop a sense of shame, and moreover, will order themselves." (子曰 道之以政 齊之以刑 民免而無恥 道之以德 齊之以禮 有恥且格)].

21　Dalmiya(1998):523.

은 "우리 각자의 물질적 자아의 가장 내적인 부분" 이다.[22] 동시에 "우리를 인식하는 사람들의 숫자만큼 많은 사회적 자아들" 을 가지고 있는 자아로 이해해야 한다.[23] 핵심적인 것은, 이 구성적 관계가 여러 자아들의 場에 분산되어 있을지라도 우리들의 육체적 자아만큼 실재적이고 구체적이라는 것이다. 게다가 우리는 이 같은 관계의 계발을 통해서 우리를 질적으로 개성 있는 인간으로 구성한다. 사귀는 삶에서 인간의 협력은 공동체를 의미 있게 하고 꽃 피우게 한다. 그리고 이 협력이 삶을 의미 있게 만드는 것이다. 다시 말하면, 『中庸』과 제임스와 듀이에게서 유일한 창조성은 공동 창조성인 것이다.

협력을 통해 체험을 최고로 활용하는 주제는 윌리엄 제임스의 기억할 만한 구절들을 빌려서 보다 구체적으로 탐구할 수 있을지도 모른다. 제임스는 삶의 체험을 최고로 활용하는 것의 문제를 성찰하면서 심장과 마음의 인식론, 즉 사유와 느낌의 인식론을 도입하고 있다. 그는 "무엇이 삶을 의미 있게 만드는가?" 에 대해 질문을 던지고 대답한다.

방관자인 우리들은 무신경하게 바라보는데도 모든 철수는 매력적이고 무엇에 홀린 듯 그의 사랑 영희(역주—본문에 나오는 철수는 원문에서 'Jack' 이고 영희는 'Jill' 이다. 이는 영어권에서 가장 흔한 남녀의 이름이며 특정 개인을 뜻하는 것이 아니기에 우리 문화에서 흔한 남녀 이름인 철수와 영희로 번역하였다)를 바라본다. 누가 절대적 진리를 바라보는 더 나은 시각을 가지고 있는 것일까? 철수일까? 우리일까? 어느 것이 영희의 체험의 본질을 사실로서 더 생생하게 통찰할 수 있을까? 철수는 이 문제에 대해서 광적으로 지나친 것일까? 아니면 우리는 영희의 매력의 중요성을 무시하는 단점을 가지고 있는 것은 아닐까?

---

22 James(1984):83.
23 James(1984):85.

분명히 후자는 맞는 말이다. 분명 철수에게는 매우 심오한 진리가 드러났다. 영
희의 애처롭게 두근거리는 심장의 박동은 창조의 경이로움 중 하나이다. 이는
공감적인 관심의 가치가 있는 것이다. 우리가 철수와 같이 느끼지 못하는 것은
부끄러운 일이다. 철수는 영희를 구체적으로 알고 있지만 우리는 그렇지 못하
기 때문에 그러하다. 그는 그녀의 내면의 삶과 결합하려고 그녀의 감정에 푹 빠
져보려 하고, 그녀가 무엇을 바라는가를 짐작하려고 그녀의 한계를 남자답게
이해하려고 어렵지만 애쓰고 있다. 그는 여기에서조차 어떤 맹목으로 괴로워하
고 있다. 무관심한 군중인 우리는 이러한 것들을 추구하려 하지도 않는다. 다만
영희라는 영원한 사실의 부분이 없는 듯 존재하고 있는 것에 만족한다. 그녀 자
신의 내면을 잘 아는 영희는 철수가 이것을 진실되고 진지하게 —아주 중요하
게— 받아들이고 있음을 안다. 고대의 맹목의 구름을 이 두 사람 누구에게도 거
두어 가지 않기를! 아무도 우리의 진실된 존재를 알려고 하지 않았거나 이러한
긍정이 되돌아와서 우리의 통찰에 대가를 치르려 하지 않았다면 과연 지금 우리
는 어디에 있을 것인가? 우리 모두는 각자 서로를 이렇게 강렬하게 공감하면서
중요하게 여겨야 한다. 만약 당신이 우리가 모든 사람과 당장 사랑하는 것은 어
리석은 일이라고 말한다면, 나는 사람들이 우정에 대한 거대한 능력과 다른 사
람의 삶에 즐거움을 느끼면서 존재하고 있음을 단순히 지적하고자 한다. 그리
고 그런 사람은 그들의 심장이 그리 크지 않지만 진리에 대해서 더 많이 알고 있
다는 것이다.

제임스의 인용에서 특히 시사적인 것은 영희에 대한 진실을 알아내는 위
치가 철수의 심장과 마음 안에 있는 사려 깊은 감정이라는 주장이다.[24]

---

24 제임스가 감정과 진리 사이의 격절을 붕괴시킨 것은 마음이 심장에서 분리될 수 없는 중국어 心
의 개념을 연상시킨다. 인지적인 것은 감성적인 것과 분리될 수 없다. 감정이 결여된 이성적 사
유는 존재하지 않고 인지적 내용이 결여된 조야한 감정도 존재하지 않는다. 停滯와 형식보다
과정과 변화가 우선하는 고대 중국의 세계관에서 인간의 몸을 관찰할 때 생리학이 해부학보다,
기능이 위치보다 우선된다. 그렇다면 心은 '사유와 감정'을 의미하며, 이 체험들이 연결되는
은유적이고 파생적인 기관이라고 주장할 수 있다.

소중한 사람이라는 영희의 미술적 중요성과 동시에 사실로서의 영희에
대한 완벽한 진실이 이 즉각적인 느낌 안에서 실현된다. 사람들은 그들의
관계에 의해서 구성되며 그 관계는 자신의 체험의 장의 초점을 맞추어 집중
하는 과정에서 가치 있게 되며 구체적인 것이 된다. 영희에게 가장 선명하
게 초점을 맞추어 집중한 것은 바로 철수였다. 영희를 창조의 경이로움으로
즉시 긍정하게 되자 그녀는 철수의 감성적인 맥락의 관계 안에 자리잡는다.
창조적인 상호 교섭은 사람들 사이의 행위와 체험들 ─ 각자의 그들의 느낌
을 타인에게 드러내는 것을 의미한다. 그러므로 정서적인 주조와 느낌의 주
관적 형식은 공동의 창조적 과정의 독특한 관점의 장소에서 함께 나타난다.
우리는 새로운 체험으로 나아가는 운명을 느낀다.

미국 프래그머티즘의 아버지 윌리엄 제임스
(1842~1910). 그는 하버드 대학을 졸업하고
모교의 심리학 교수를 거쳐 철학 교수가 되었다.
『심리학 원리 *Principle of Psychology*』
(1890)에서 그는 로크의 요소적인 의식 개념을
거 부 하 고   의 식 의   흐 름 (stream of
consciousness)에 주목하였다. 그는 세계가 정
신도 물질도 아닌 체험으로 구성되어 있다고 주장하고 프래그머티즘의 급진적
체험론(Radical Empiricism)의 선구가 되었다. 『프래그머티즘, 오래된 사유
방식의 새로운 이름 *Pragmatism, a New Name for Some Old Ways of
Thinking*』(1907), 『급진적 체험론 *Essays in Radical Empiricism*』(1912)
등의 저서가 있다.

　　좀더 기술적인 수준에서 제임스의 인용문은 『中庸』의 핵심어인 誠이 어떻게 '성실함', '자기 완결성', 그리고 '창조성'으로 분석될 수 있는가를 이해할 수 있게 해준다. 철수와 영희의 관계는 점점 서로를 상대방에 대한 감정을 통해서 친숙하고 즉각적으로 알게 되면서 심오한 성실함으로 성장하게 된다. 이 관계의 계발은, 그들이 지속적으로 독특함을 가진 존재를 유지한다는 의미에서 자기 완결성을 가질 뿐만 아니라 둘이 하나가 된다는 의미에서는 통합성을 의미한다. 그리고 그들의 관계에서 의미의 자발적인 출현이야말로 창조성의 의미 그 자체를 이룬다. 그들의 협력은 인지적이면서 감성적이고, 미적이면서도 강렬하게 종교적이다.

　　誠이 어떤 조건 아래서는 '창조성'으로 적절하게 분석된다는 사실은 우리를 좀더 심오한 질문으로 이끈다. 만일 '창조성'이 중국 철학의 진지한 주제라면, 다른 어떤 표현들이 있을 수 있을까?

　　나는 중국 언어에서 '창조성'이란 '수사학적'이란 말과 비슷하다고 생각한다. 중국 전통에서는 수사학적인 것과 철학적인 것이 분리되지 않아서 어떤 학자는 중국 전통에는 우리 문화에서 중요한 의미를 지니는 수사학이 존재하지 않는다고 주장하기도 하였다. 동시에 중국 철학의 중요 주제는 언어의 '존재론'이다. 이는 우리가 사물을 '이름 짓는(名)' 방식이 세계를 존재하게 '명령(命)하는' 것이기 때문에 언어는 '항상 조절되어야 하며(正名)' 때에 맞추어 사용되어야 한다는 주장이다.

　　誠뿐 아니라 『中庸』에서 담론을 일반적으로 묘사하는 데 사용되는 동명사적 언어는 창조적 차원을 지니고 있다. 예를 들어 道는 '길'일 뿐 아니라 '길 만들기'이기도 하다. 장자가 우아하게 표현했듯 "걸어가면서 길은 만들어진다."

　　위에서 인용한 단락에서 제임스는 모든 철수가 그들만의 영희의 완전함과 매력에 매혹되었다고 하였다. 철수와 영희의 서로를 긍정하는 상호적인 감성과 자각적 앎 속에서 '사려 깊은' 느낌 속의 매혹이 등장하게 된다. 이러한 종류의 공유된 긍정은 몇 가지 의미가 있다. 분명히 그들은 서로 상대의 성질, 의미, 거대함 등 최선 이상의 것들을 긍정한다. 그리고 그렇게 함으로써 상대를 최고로 찬양한다. 그러나 서로를 긍정하는 성장의 능력은 단순히 서로의 관계 안에서 시작하고 끝나버리는 개인적 향유를 넘어가게 된다. 결국 이 긍정은 문자 그대로 그들이 생성한 우주에 가치를 더하는 '가치창출'로 넘어가게 된다. 이들의 공유된 우주는 더욱 긍정되고 그들이 갖는 서로에 대한 깊은 느낌 때문에 한층 거대한 시간과 공간이 된다. 이것이 우주를 매혹하는 인간의 체험의 능력이다. 그리고 이것이 바로 '개별성을 긍정'하는 더 중요한 의미이다.

데이비드는 죽음을 몇 주 앞두고 사람들에게 더욱 감사하게 되었다. 그는 우리 안에 창조적이고 자발적으로 참여하여 죽음의 바로 그 순간에도 감동과 축복을 받은 사람들이었다. 그리고 그가 아직 우리 안에 있으므로 앞으로도 우리는 계속 축복받을 것이다.

제 II 부

『道德經』: 이 초점과 場의 고전

1. 역사적 입문, 역사적 맥락

『道德經』이 등장한 戰國時代(B.C. 403~221)는 말 그대로 전쟁 국가들의 시대였다. 中原의 전쟁 국가 간의 살육의 전쟁은 날이 갈수록 더욱 치열해졌다. 민병의 단순한 집합으로부터 方陣 형태로 배치된 효과적인 군대 대형에 이르기 까지 전쟁 '기술'의 발달로 살상의 규모는 기하급수적으로 늘어나게 되었다. 騎兵의 도입, 수동식 石弓, 攻成 기계 등 전투 수단의 발달은 방어라는 행위를 우습게 만들어버렸다. 요새화된 도시들의 장벽은 돌파되었고, 경계는 계속 다시 그어졌으며, 동맹은 곧 배반당하기 일쑤였고, 조약도 헌신짝처럼 여겨졌다. 죽음이 삶의 한 양식이 되었고 어머니들은 태어날 아이들이 몇이나 살아남을지 확신을 못한 채 아이들을 낳을 수밖에 없었다.

통일 제국을 이루려는 기나긴 여정에 너를 죽이지 않으면 내가 죽고 마는 게임의 법칙이 지배하였다. 패배한다는 것은 영원히 소멸한다는 것을 의미했다.

심오한 중국 문화가 탄생하기 전 수세기 동안 펼쳐진 이 진통의 시기에 가장 널리 읽힌 책은 종교적이나 철학적인 논저가 아니라 군사 책략이었다. 이 왕실 저 왕실을 오가던 철학자들의 대부분은 군주들에게 확실한 승리를 장담해주고 그 방법의 지혜를 전달하고자 했던 사람들이었다. 그들이 국가의 융성에 필요한 사회적 정치적 개혁을 논할 때, 오늘날에도 그렇듯이, 강력한 군대와 전쟁 방법을 집중적으로 논의하곤 했다. 『道德經』은 중국 어린이들의 피가 곡식을 자라게 하고 그들의 썩은 육체가 땅을 비옥하게 하던, 참으로 어두운 시대에 대한 하나의 대답으로 씌어졌다. 그것은 인간의 체험이 어떻게 될 수 있는 하는가에 대한 代案的인 비전이었다. 황폐해져가는 세계에서 『道德經』은 세계를 회복시키려는 靈藥이었던 것이다.

2. 『道德經』의 본질과 그 적용

위대한 프랑스의 중국학자 마르셀 그라네(Marcel Granet)는 다음과 같이 말했다.

"중국의 지혜는 신의 개념을 필요로 하지 않는다."[1]

이와 같이 신이 세계를 비롯해서 그 아무것도 창조하지 않은 중국의 세계관에서, 『道德經』도 그 창조자 없이 등장하였다. 물론 이 텍스트는 老子혹은 그 말이 의미하는 '늙은 선생' 이라는 假名과 오랫동안 연관지어왔다. 아마 이 가상의 저자는 역사적 실존보다 그의 이름이 전해주는 정보가 더 중요할지 모른다.[2] 그래험은 『老子』가 기원전 250년에 비로소 노담(老聃)과연결되는 신화에 대해서 언급한다.

이 지은이 없는 텍스트에 대해 우리는 무엇을 알고 있을까? 윌리엄 백스터(Willam Baxter)는 그 수사 방식이나 운율에 근거해 『道德經』은 시기가

---

1 Granet(1934):478. 동서를 불문하고 중국학자들은 독특한 자기만의 언어로 중국의 우주론이 실재/현상의 이분을 의미하는 초월적 절대자의 개념을 거부하고 있다고 말한다. Tang Junyi(1988):100~03, Xiong Shili(1977):180~91, Zhang Dongsun(1995):271~72, Graham(1989):22, Needham(1956): 290,Sivin(1995):3, Hansen(1992):215, Giradot(1983):64. 를 보라.

2 Graham(1990)

기원전 400년으로 거슬러 올라가며, 기원전 4세기 초나 중반에 편집된 것으로 추정하였다.3 『道德經』이 기원전 4세기 후반이나 3세기 문헌 ─『莊子』, 『戰國策』, 『呂氏春秋』, 『韓非子』 등 ─ 에 널리 인용된 것을 보면 어떤 형식이든 『道德經』 텍스트가 기원전 4세기 후반 이전에 나타났던 것 같다. 1993년 고대 추나라 수도 북쪽 후베이성(湖北省) 귀디엔(郭店) 무덤에서 발견된 기원전 300년경의 『道德經』의 일부는 백스터의 추정을 확증해준다. 『道德經』의 귀디엔 판본이, 81장이 확립되는 과정에서 중간에 구두로 유행하던 것인지 아니면 이미 존재하는 완전한 판본을 누군가 축약해 놓은 것인지는 불분명하다.

그러나 우리는 이 '부분적'인 텍스트에서 보이는 명백한 反유학적인 논지로 이 책이 유가와 도가 사이의 명백한 분화 후에 편집된 것이라고 추정할 수 있다.

『道德經』이 지은이가 없다는 사실을 이해하기 위해 口語의 문제를 생각하는 것은 도움이 될지 모른다. 고대 중국의 구어와 문어의 관계는 문헌의 역사와 미래를 생각하는 데 심대한 의미를 갖는다. 이는 구비 전통 속에서 어떻게 텍스트가 태어났고 어떻게 후대로 전달되었냐는 문제이다. 다른 곳에서 나는 헨리 로즈먼트(Henry Rosemont)와 함께 다음과 같이 주장했다.

한문은 갓난아이와 같다. 눈에 아이가 보이기는 하지만 무슨 소리를 하는지 알아들을 수는 없다. 오늘날 文語로 강연을 하려는 사람들은 결국 혼잣말만 하다 끝나게 된다. 이는 음성이 문어와 연관 없었으며 지금도 없다는 것을 의미하지는 않는다. 동음이의어, 운율들, 두운법 등은 분명히 개개 글자의 음성적인 부분이기 때문이다. 게다가 이러한 언어적 도구는 분명히 텍스트의 많은 부분

---

3 Baxter(1998):233, 249.

들을 기억하게 하여 논의의 기초를 제공하기 위해 중요한 것이었다. 이것이 의미하는 바는 우리의 전반적인 입장의 중요한 전제이기도 한데, 이는 다음과 같다: 중국어의 구어는 분명히 음독으로 이해되었고 현재도 그러하다. 한문은 음독으로 이해되지 않았고 지금도 그러하다. 결론적으로 중국어에서 구어와 문어는 두 개의 다른 언어적 매개체였으며 지금도 그러하다. 문어는 분명히 단순히 말을 받아쓴 것은 아닌 것으로 보인다.[4]

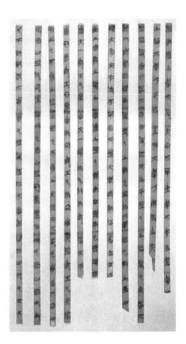

    1993년 후베이성 징먼시 교외의 궈디엔이란 마을의 초나라 무덤에서 『老子』 죽간본이 발견되었다. 1973년 발견된 전한시대의 馬王堆 帛書나 가장 대중적인 왕필본보다 더 앞선 것이며 현재 통용되는 판본의 2/5 정도 분량으로 갑, 을, 병 3종으로 구성되어 있다. 사진은 발견된 죽간본의 일부.

---

4 Ames, Rosemont(1998):38~9.

어느 시점에 특정한 목적을 위해 사용된 많은 언어가 구비 전통처럼 기억의 방법으로 전승되어온 것이다. 구비 전통이 오늘날 고급의 지적 대화에서 셰익스피어나 포프, 니체, 에머슨의 격언을 사용하는 것처럼, 세련된 대화들을 풍요롭게 했다는 것을 인정한다면 문어가 구어를 받아 적은 것이 아니라는 주장은 힘을 얻는다.

라우(D. C. Lau)는 텍스트에 대해 많은 것을 우리에게 알려준다. 라우는 『道德經』의 번역을 준비하면서 보통 알려진 '도' 경과 '덕' 경의 분리를 따랐다. 동시에 텍스트를 81 '장' 으로 나누는 전통에도 주의를 기울였다. 그런데 그는 한 걸음 더 나아가서 이 81장을 모두 196개의 부분으로 나누고 거기서 더 세부적으로 나누었다. 그는 텍스트를 연결할 수도 분리할 수도 있는 내적 운율과 텍스트의 내적 일관성이 매우 느슨하다는 그의 관찰에 기초해서 『道德經』을 세분화시켰던 것이다.[5] 라우는 『道德經』의 반 이상을 차지하는 이 운율이 있는 구절들은 아마도 구두 설명의 의미와 더불어 암기된 부분일 거라고 주장하였다.[6]

마이클 라파제(Micahel LaFargue)는 우리에게 『道德經』의 본질과 기능에 대해 더 깊은 통찰을 보여주고 있다. 그는 이 텍스트가 "철학적 논지를 설교하고 있지" 는 않으며 다만 두 부분으로 나뉘는 '격언' 을 포함하고 있다고 한다. 상식들을 교정하려는 "논쟁적인 격언" (속이는 자는 성공하지 못한다)과 자기 수양의 어떤 양생법을 권유하는 격언들이 그것들이다.[7]

라파제는 중요한 점을 지적하고 하고 있는데, 보통 이 텍스트가 신비하다고 왜곡되고 있는 것과 달리 『道德經』의 말들은 "이해 능력을 공유하고 있

---

5 아이러니컬한 것은 추측을 가리키는 故와 是以가 이들이 없었으면 연결되었다고 볼 수 없거나 연결되었다 하더라도 연관성이 적은 단편들을 텍스트 안에서 연결시키고 있다는 것이다. Lau(1982):139를 보라.

6 Lau(1982):133.

7 LaFargue(1998):263.

는 집단의 사람들에게 확실하고 단일한 의미를 전달하고 있다"고 주장한다.[8] 그것은 텍스트를 구성하는 격언들은 이미 역사적 시기와 삶의 경험의 맥락 안에서 기대된 청중들에게 의미 있었다는 것이다.

우리가 위에서 언급된 통찰을 결합하고 확장한다면 우리는『道德經』의 유래와 정합성 그리고 적용에 대해 합리적인 추론을 할 수 있다.

첫째, 매우 다른 시기와 장소의 고고학적 유적지에서 무작위적으로 발견된『道德經』의 죽간본과 백서본이 매우 비슷하다는 사실은『道德經』이 매우 널리 읽혔던 일종의 '베스트셀러'이거나 적어도 이들이 매우 일찍부터 경전적 '텍스트'였다는 것을 방증한다.

여기서 '텍스트'에 방점을 찍고 베스트셀러라는 표현을 사용한 것은 문자적 형태의『道德經』이 본질적으로는 구비 전통의 부산물로 보이기 때문이다.

결국 우리는 지혜의 문헌이 문자 형태로 전승된 것이라고 흔히 생각하지만, 암기와 구비 전승이 고대 중국의 학술적 전통에서 핵심적인 역할을 했을 것이라는 분명한 증거들이 있다.

『道德經』과 다른 복원된 텍스트에서 널리 쓰이는 다양한 假借字는 그들이 음을 먼저 표현한 뒤 글의 맥락과 추리를 통해서 개념을 표현하려고 했음을 보여준다. 이는 텍스트들이 死者가 저승으로 가는 여행에서 읽을거리를 마련해주기 위해 암기로부터 문자로 쓰인 구비 전통의 일부라는 것을 의미한다. 이러한 씌어진 텍스트의 축적은 당시 국가의 학문 기관 왕실 도서관 구축에 기여하였고 일급의 학자들을 불러 모아 군주의 영향력을 과시할 수 있게 한 듯하다.

표준화 과정에 영향을 미쳤을 만한 다른 요소는 풍부하고 장황한 구어와 당대의 지혜들을 효율적으로 압축한 격언들의 구어 서적으로서 '텍스트'

---

8 LaFargue(1998):260.

와의 관계이다. 이 격언들은 토론을 시작할 때 제시되는 '주제어'로 친근한 속담처럼 구어에서 사용이 가능했고 일상적 구어로 더욱 발전할 여지를 남겨 두고 있었다. 이 문헌들은 전달되면서 변질되었을 것 같지만, 최근의 고고학적 발견은 초기 문헌 가운데 상대적으로 표준화된 텍스트를 많이 찾아내고 있다. 『道德經』은 정본화된 텍스트의 하나로 암기와 '경전화'가 텍스트를 공고히 하고 그 통합성을 유지하는 데 힘을 발휘했음을 암시하고 있다.

구어 전통과 그 사본의 관계는, 구약성경이나 꾸란이 그 집단에 문화영웅, 이야기, 우화, 격언적인 말 등을 공유하는 개념의 저수지 역할을 해준 것과 비슷한 관계이다.

우리는 『道德經』에서 운율 있는 부분은 잠언적인 지혜 문학으로 잘 묘사될 수 있을 것이라는 라파제의 주장에 동의한다. 『道德經』은 논문이라기보다는 공감대가 형성된 청중들의 상상력을 자극하고 경험을 끌어내려는 격언들의 모임인 것이다.[9]

그러나 우리는 이 운율적 격언이 서구 전통에서 보듯 환기적 경구나 경전의 말씀 그리고 서아프리카의 속담 이야기꾼이 가진 지혜의 의미에서 회상을 도울 뿐 아니라 기억할 가치를 느끼게 하는 것이라는 라파제의 주장에는 동의하기 어렵다. 즉 『道德經』을 이루고 있는 격언들의 질적 기능은 라파제가 강조하기 위해 사용했던(예를 들어 "착한 사람은 언제나 꼴찌"와 같은) 틀에 박힌 격언과 구별되어야 한다. 대화를 활기 있게 하기는 커녕 청중의 하품만 자아내는 틀에 박힌 말은 기지나 지혜라고 할 수 없다.

대조적으로 『道德經』에 나오는 작자 미상의 아름다운 격언들은 "토대로부터 나온 소리"이다. 그 토대란 타인과 공유한 언어와 지혜를 이해 능력이 있는 민중들 사이에서 지속시키는 문화적 기능을 가진 광범위하고,

---

9 LaFargue(1994):125~74.

흔히 비공식적이고, 널리 퍼진 문화적 기능인 습관적 원천을 의미한다.

이 습관적 원천인 일상적 노래와 『詩經』에 실린 일상적 노래의 精髓들이 어떻게 의미를 만들어내며 다른 철학적 논지를 강조하는 역할을 초기 중국 문헌에서 하게 되었나 살펴보는 것은 흥미로운 일이다. 이런 대규모의 노래 소통과 전달의 구어적 매체의 모습은 『道德經』에 더 적용 가능한 것일지도 모른다.

데이비드 샤버그(David Shaberg)는 전국시대와 秦代 민요들이 역사적으로 경전화되는 과정을 탐구하였다.[10] 주석자는 수수께끼처럼 이해 불가능한 노래를 어떤 재미있는 개인 혹은 사건의 특정한 역사적 우화와 연결시키고 재구성시켜, 이를 감상할 수 있고 이해될 수 있도록 코드를 변환하였다. 가수와 관객 사이의 적절한 공감대가 이루어졌을 때 이 노래들은 그 의미를 만들어내게 된다.

아마 대중들에게 불리고 기억된, 『詩經』에 기록된 시들과 같은 경전의 노래들은, 특정한 철학적 요점을 강조하려고 할 때 사용되며 그때만 의미가 해독되었던 것 같다. 그리고 비슷한 과정이 철학 문헌에도 작용된 것 같다. 사실 대부분 고전들 ─『論語』, 『墨子』, 『孟子』, 『中庸』, 『荀子』 등 ─의 흥미로운 특징 중 하나는 철학적 논의를 진행한 후 구어로 된 노래가 등장한다는 것이다. 여기에는 철학자와 노래 각자 나름대로의 이점이 있었던 것으로 보인다. 노래의 입장에서 이 경우 노래는 어떤 틀 안에서 명료화되며 고대적 의미의 존경받는 공동 의미의 저수지로서 재창조된다. 철학자의 입장에서는, 경전에 원천을 둔 노래를 인용하여 철학적 주장에 힘을 강화시킬 수 있었다.

詩가 철학적 주장에 더해지면 매우 효과적이다. 시들은 이미 텍스트의 독자들에게 널리 알려져 있어서 설득력이 있다. 또 저자 없는 시란 민중

---

10 Shaberg(1999)

이 일상생활에서 만들어낸 것이어서, 샤버그가 묘사한 것처럼, "완벽하고 제어할 수 없는 진심의 표현"인 것이다.[11] 이 순박한 자발성과 정직함 때문에 시들은 칭찬이나 비난의 수단으로 자주 쓰인다. 유덕한 행동에 대한 대중적인 찬동 아니면 불의에 대한 제어할 수 없는 항의 등이 그러하다. 철학적 텍스트가 자꾸 시로 표출되는 것은, 철학자들이 시는 거짓말 하지 않는다는 독자들의 믿음에 호소하고 있는 것이다. 철학자들이 시를 사용하는 것은, 논지를 명확히 하려고 할 뿐 아니라 시가 가지고 있는 의심할 나위 없는 진실성을 그들의 주장에 덧붙이고자 하는 것이다.

게다가 시는 논지를 드라마화할 뿐 아니라 감성으로 충전한다. 일반적이고 추상화된 주장은 특정한 역사적 상황에 자리매김되어 지상의 것이 되고 현실적인 것이 된다. 새롭게 현실화된 시는 철학자의 주장에 진실의 힘을 더해주고 그들의 주장에 열정을 부여해주는 것이다.

오랜 시간에 걸쳐 수많은 인물들이 『道德經』과 이를 구성하는 자료들을 기록하고, 정리에 또 정리를 하고, 편집하고, 서로 대조한 듯하다. 『道德經』의 텍스트가 독자들에게 간혹 부분적이며 연결이 매끄럽지 않고, 심지어 어느 부분은 훼손된 것처럼 보이는 것은 그래서 자연스러운 일이다. 특히 선형적이고 순차적인 논술 방식에 익숙한 현대 서구의 독자들이 『道德經』을 일관성 있는 온전한 책이 아니라고 생각하는 것은 당연할지도 모른다. 그러나 이 인상은 텍스트의 구성이 어떻게 되는 것인가를 생각하면 틀린 것이 된다.

첫째, 『道德經』의 지혜의 격언이 어떻게 기능하는가를 성찰해보자. 『道德經』은 마치 노래의 레파토리처럼 전통과 민중으로부터 나오는 의심할 수 없는 진실성이라고 생각할 수 있다. 이 진실성은 독자를 共著者로 만들어 하나의 공동체가 형성된다. 흔히 『道德經』은 두 가지 사항이

---

11 Schaberg(1999):337.

불분명하다. 『道德經』에는 어떠한 역사상의 세부적 사실도 실려 있지 않다. 『道德經』은 보편적 법칙이나 일반적 믿음과 같은 어떤 교리적 주장을 하지 않는다.

독자 스스로 『道德經』의 격언을 이해하는 것 자체가 텍스트와 독자 사이의 無爲의 협동, 非도그마적 철학의 실제적 교육인 것이다. '텍스트'는 독자에게 특정한 역사적 콘텍스트나 철학적 시스템을 부여하는 대신, 이해할 수 있는 독자들을 초대하여 자신의 체험에서 의미를 산출해내도록 독특하며 구체적이고 종종 드라마틱한 시나리오를 제공해주는 것이다. 독자들은 되풀이하여 읽어감에 따라 자신의 체험 속의 통찰을 통해 텍스트를 개성 있게 이해하게 된다. 이는 이해의 필수불가결한 과정이며 그것을 통하여 텍스트가 지속적으로 진화할 때 일관성을 획득하는 중요한 요소이다. 텍스트의 변화하는 일관성은 독자들이 다양한 시간과 장소에서 텍스트를 계속해서 자기 것으로 만들기 위해 초점을 다양하게 맞추어 감에 따라 이루어진다.

또 『道德經』은 처음 상상한 것보다 훨씬 높은 내적 일관성을 보여준다. 章은 특정 테마를 중심으로 묶여 있다. 예를 들어 1, 2장과 상호 연결의 주제에 관한 것이며, 18, 19장은 자연적 도덕과 관습적 도덕을 비교하고, 57장에서 61장까지는 국가를 다스리는 권고로 시작하며, 67장에서 69장까지는 전쟁 수행에 관한 것이며, 74장과 75장은 정치적 억압과 백성들이라는 대한 주제를 다루고 있다.

『道德經』의 일관성을 주장하는 또 다른 이유는 『道德經』이 다른 중국 고전과 같이 동음이의어적 놀이로 읽히고 습득되었다는 사실에 있다. 즉, 텍스트를 잘 읽어보면 독자들이 의미와 음성들을 그물과 같이 확장하여 연상하게끔 하는 반복되는 문자와 비유를 발견하게 된다.

또, 이 격언들은 상충되는 지혜로운 통찰을 잡동사니처럼 모아놓은 것은 아니라는 것이다. 이와는 반대로, 특정 격언은 텍스트의 전반적인 목적을 위하여 세심히 선택, 편집된 듯하다. 마이클 라파제를 비롯한 여러 탁월한 논자들이 ―특히 할 로쓰(Hal Roth)의 논의가 주목할 만하다― 설득력 있게 주장하는 것은, 『道德經』은 분명히 일관된 계발의 기획 아래 만들어졌다는 것이다. 『道德經』의 확고한 문제의식은 세상에서 체험을 최대로 발휘할 수 있는 자기 수련의 처방을 제공해주는 데 있다. 능력 있는 독자가 이런 지혜의 구절을 습득하게 되면 이는 인간의 변화로 이어지게 된다. 주목해야 할 것은 이러한 자기 변화는 묵시론적이거나 구원적인 것이 아니라 啓發的이라는 사실이다. 이는 세계를 더 좋은 곳으로 만들려는 인간의 성품을 북돋는 의미를 가지고 있는 것이다.

3. 철학적 입문: 상관적 우주론—해석의 맥락

1) 체험을 최대로 발휘하기: 이 초점과 場

우리는 『道德經』의 확고한 문제의식은 체험의 장을 형성하는 구체적인 사물과 사건을 온전히 긍정하기 위해 초점을 맞추고 생산적인 성향을 유지해 나가는 데 있음을 주장하려 한다. 그 기획은 독특한 체험의 量子인 우리 각자로부터 최고의 것을 발휘하게 하는 것이다. 탕쥔이(唐君毅)는 초기 논문에서 중국의 자연적 우주론의 전제를 언급하면서, 중국 문화가 한 중요한 공헌을 다음과 같이 요약하였다.

> 그것은 개체와 전체 사이의 공생과 상호성의 정신이다. 우리가 이해하기에 그것은 부분을 전체에서 고립시키지 않으려는 것이며 부분이 전체에 대해 최선으로 기여하는 것이다.[12]

만약 탕쥔이의 통찰이 이 텍스트의 확고한 문제의식이라면, 이 책의 이름 『道德經』이 던지는 통찰을 적어도 한 가지는 이해하게 될 것이다. 서구 학계에 이 책을 소개하는 여러 번역물들은 책 이름의 난해함 때문에 이를 번역

---

12 Tang Junyi(1988):8.

하지 않은 채 남겨두곤 했다. 그렇지 않다면, 저자라고 추측되는 이름을 그 대로 책명으로 써서, "Old Teacher" 혹은 "Laozi" 라고 남겨두어 왔다.

거의 모든 번역자들이 영어 번역의 까다로움 때문에 그냥 "*Daodejing*" 으로 남겨두는데 비해 몇몇 성실한 학자들은 이 책의 의미를 최선을 다해 이 해하거나 개인적 이해를 강조한 번역을 제기하였다. 예를 들어 허버트 가일 스(Herbert A. Giles)는 간결하고 불투명한, 불규칙적인 『道德經』의 언어 를 강조하면서 "노자의 유작(Remains of Lao Tzu, 1886)" 으로 이름 붙였 다. 알렌산더(G. G. Alexander)는 비유적인 접근으로 『道德經』에서 자 신의 종교적 감성에 공명하는 바를 발견하였다. 그리하여 "노자: 위대한 사상가, 신의 현현과 본성에 대한 그의 사상의 번역 *Lao-tsze: The Great Thinker with a Translation of His Thoughts on the Nature and Manifestation of God*.(1895)" 이라고 명명하였다. 이 변화무쌍한 저작 을 창백한 회색빛이지만 좀 신뢰 가는 것으로 만들려는 의도로 폴 카루스와 스즈키(Paul Carus and D. T. Suzuki)는 "이성과 덕의 경전: 노자의『道 德經』 *The Canon of Reason and Virtue: Lao Tzu's Tao Teh King*(1913)" 으로 번역하였다. 그러나 이 학자들에게 '이성' 은 결국 '신 성한 이성' 이고 '하늘의 아들' 은 "인간의 죄를 대속한 최고의 신이다" 라 는 것이었다.[13] 이 텍스트의 종교적 차원의 감수성(우리 전통에서 유래한 종 교적 감수성과는 크게 다르지만)을 주목한 것은 나름대로 장점이라 할 수도 있지만, 그들이 『道德經』의 탁월한 시들을 형편없는 문구로 번역해버림으 로써 인간의 죄가 더해진 듯하다. 『道德經』 6장의 번역을 보자.

계곡의 영혼은 소멸하지 않는다.

---

[13] Carus and Suzuki(1913):18~9.

이 조상을 일컬어 신비한 여성이라고 하고

신비한 여성의 문을 게다가 하늘과 땅의 뿌리라고 한다.

영원하고 영구하게 그것은 존재하는 것 같다.

그리고 그것을 쓰는 데 분명 힘이 들지 않는다.

The valley spirit not expires,

Mysterious woman 'tis called by the sires,

The mysterious woman's door, to boot,

Is called of heaven and earth the root.

Forever and aye it seems to endure

And its use is without effort sure.

[谷神不死 是謂玄牝 玄牝門 天地根 綿綿若存, 用之不勤]

아마 가장 대중적으로 알려지고 받아들여진 영어 번역은 아더 웨일리 (Arthur Waley)의 『길과 그것의 힘: "道德經"과 중국 사상에서 그것의 지위에 대한 연구 *The Way and Its Power: A Study of the Tao Te Ching and Its Place in Chinese Thought.*(1934)』일 것이다. 표면상 대중적이고 역동적이기는 하나 웨일리의 이 대중적 제목은 아직 '일자와 다자'의 형이상학을 함의하고 있다. 제목에서 지시대명사는 Way를 명사화시켰으며 'the Way'를 형이상학적으로 우주의 질서를 명령하는 '일자'로 만들었고, 창조적 변형의 에너지는 초월적 작인의 '힘'으로 여겨진다. 게다가 Way에 대문자 W를 사용함으로써 의미론적으로 초월적 신성함의 환유로 표현하고 있다. 웨일리의 언어는 진보적으로 들리지만 그의 제목 해석은 『道德經』을 실제적으로 연관된 중국적 세계관이 아니라 서구 독자들에게 친근한 서구적 세계관 속에 자리매김하고 있다.

우리는 불완전하지만 위에서 언급한 텍스트의 핵심적인 문제의식을 축약할 제목의 번역을 도입하고자 한다. 그것은 체험의 場을 형성하는 구체적인 사물과 사건을 온전히 긍정하기 위해 초점을 맞추어 생산적인 성향을 유지하는 데 있다. 우리는 『道德經』을 '초점(德)과 장(道)의 고전' 이라고 조심스럽게 번역하였다. 이어지는 철학적 도입은 우리의 번역을 명백히 하고 이를 논증하려는 논의이다.

2) 도가의 우주론: 해석의 맥락

『道德經』의 제목과 내용을 잠정적으로 '초점(德)과 장(道)의 고전' 이라고 번역해놓고 보면, 자연스럽게 질문이 떠오른다. '이 개별적 초점' 이라는 표현은 무엇을 의미하는가? 道家의 상관적 우주론은, 끊임없이 언제나 새로운 연속적 상황의 흐름이 바로 실재이며, 우리의 삶을 구성하는 사물과 사건들에 존재론적 등가성이 있다는 전제에서 시작한다. 존재(Being)만이 실재한다는 파르메니데스를 패러디한다면, 道家의 사상가들은 "개별자만이 실재한다"고 말한다. 그들은 한걸음 더 나아가 변화의 과정 자체를 강조하면서 "생성만이 실재한다"라고 말하는 것이다. 道家는 현상 배후의 영원한 실재의 존재를 전제하지 않으며, 변화의 우연성 배후에 그 토대가 되는 규정적 요소, 즉 불변의 실체가 있다고 생각하지 않는다. 멈추지 않고 율동하는 체험의 흐름만 있는 것이다.

사실상 道家 철학에는 多者 배후의 一者의 형이상학이 부재한다. 이는 고대 그리스 철학 용어인 '우주론(cosmology)' 이란 말로 도가의 세계관을 규정하며 무비판적으로 사용하는 것은 심각한 문제점이 있음을 의미한다.

초기 그리스 철학에서 코스모스(Kosmos)는 아르케(arche, 초기 물질 효능인/궁극적으로 증명 불가능한 원리), 로고스(logos, 배후의 조직 원리), 테오리아(theoria, 사유), 노모스(nomos, 법칙), 테이오스(theios, 신성), 누우스(nous, 지성) 등의 의미의 연합된 영역을 의미한다. 여러 결합에 따라 이 개념의 연합체는 하나의 질서로 구성된 신성의 개념을 연상시킨다.[14] 이는 인간이 궁극적으로 인식할 수 있는 자연법칙과 도덕률에 의해 지배되는 우주이다. 'Kosmos'는 특수한 문화적 용어이며 이것을 고전 道家의 세계관에 무비판적으로 적용할 때 의미의 차이를 은폐하는 문화적 환원주의를 초래하게 된다.

도가의 '萬物'로서의 우주 이해는, 우주가 일관된 유일한 질서가 지배하는 세계를 의미하는 한 어떠한 우주라는 개념도 가지고 있지 않다. 그러므로 도가철학자들은 실제적으로 '비우주론적(acosmotic)' 사상가들이다.[15]

이 '우주론'과 '비우주론'의 차이가 의미하는 것은 도가가 창조적 과정을 설명하는 데 '기원' 혹은 '질서'란 개념을 필요로 하지 않으며 철학적인 의미로서 '무정부적(an-archic)'이라는 것이다. 도가에게 어떤 것의 '본성'이 결국 種을 의미한다 할지라도, 그 '자연적 種'은 비슷한 현상을 비유해서 만드는 일반화 이상은 아니다. 이는 차이가 동일성에 우선함을 의미한다.

Kosmos를 한문으로 번역하려면 시간과 공간 사이의 상호 의존성을 표현하고 있는 宇宙란 낱말을 찾게 된다. World의 번역어로서 世界 역시 우주와 비슷하게 세대(시간)와 경계(공간)를 의미하고 있다. 고대 중국에서 시간성은 만물에 침투되어 있으며 부정되지 않는다. 시간은 독립적으로 존재하지 않는 사물의 핵심적인 한 측면이다. 영원성과 무시간성을 추구하여 시간과 변화의 가치를 외면한 서구와 인도의 전통과 달리 고대 중국에서 사

---

14 플라톤과 초기 아리스토텔레스에게 kosmos 는 '보이는 신(horatos theos)'이었다.
15 Hall and Ames(1995):chapter 2. 이 장의 여러 곳에서 이 개념을 발전시키고 있다.

물은 언제나 변화(物化)한다. 대상화하여 현상의 대상을 만들어내는 객체성이라는 개념이 없는 중국 전통은, 시간과 사물 사이에 하나만을 선택할 때 가능한 시간과 사물 사이의 어떤 분리도 없다. 시간 안의 빈 공간이나 무시간적인 영원한 존재 모두 가능하지 않다.

그리스에서 시작된 시간과 공간을 구분하는 서구의 형이상학적 전통에 있는 우리는 세계 안의 사물을 한정되고 제한된 형상적 관점에서 바라보게 된다. 서구인들이 현상의 형상적 측면에 존재론적인 우월을 부여하는 대신 변화하는 측면에 형상적인 측면과 같은 가치를 부여했다면, 고대 중국의 세계관과 같이 끝없는 변화의 관점에서 사물을 시간화했을 것이며, 현상을 '사물' 보다 '사건' 으로 이해했을 것이다. 과정적인 세계관에서, 각 현상은 시간의 흐름 속에 있는 물결 혹은 맥박과 같다. 계속 변화해가는 세계의 사건들의 포괄적이고 집단적인 힘이야말로 시간의 의미인 것이다.

道家의 우주론(우리는 우주론이란 말을 경계심을 가지고 쓰고 있다)의 두 번째 전제는 변화와 개별성의 인정이다. 개별적 '사물' 들은 사실상 과정적인 사건이며 그래서 내적으로 맥락을 부여하는 다른 사물들과 관련되어 있다는 것이다. 다른 방식으로 말하자면, 이 과정적인 사건들은 스며드는 성격을 지녀서 우리가 체험이라고 부르는 계속적인 변형 안에 흘러들어가고 있다는 것이다. 형성과 기능 — 물건의 모습과 그들이 타자에게 작용하는 것은 상호 의존적이며 이는 사건들의 상호 규정적인 성격을 보여준다. 이러한 이유로 사물들은 '규정' 되지 않는다. 규정 definition은 말 그대로 finis — 외적으로 구별되는 경계를 묘사하는 일이기 때문이다. 규정은 모든 연관을 외부에서 기인한 상호 관계로 환원하기 때문이다. 사물은 가변적이고 경계가 계속 변화하므로 독특한 것이 자기 완결적(integrity)이라는 의미는 **독존이나 전체성의 유지** 혹은 내적 가능성의 실현을 의미하지는 않는다. 통합성이 의미하는 것은 타자들과 공동 창조의 관계 속에서 전체로 생성함이다.

자기 완결성은 관계성의 극치인 것이다.

통합성이란 타자와의 관계 속에서 전체가 되는 공동 창조의 과정이다. 그 과정은 그 주변 환경에 의해 형성되고 스스로 환경을 형성하기도 한다. 변화가 내적 통합적 성격일 뿐 아니라 진정한 창조력이라는 것이야말로 지속적인 변화 과정이 있게 하는 조건이다. 우리의 즉각적 체험은 유동적이고 흡수적인 사건들에 의해 구성되며 그 사건들은 새로움의 자발적 발현과 지속, 연속과 비연속을 동반한다. 이러한 진화적인 질서 속에 친근한 리듬과 매순간의 새로움이 함께 있게 된다.

이미 존재하는 맥락 안에서 끊임없는 새로움이 발현되어 사건의 독특성을 가능하게 해준다. 결정적, 선형적 인과성, 예측 가능성 그리고 가역성과 같은 개념들은 거부된다. 세계는 언제나 새롭다. 한 치 앞의 빙하처럼 필연적인 것으로 보이는 사물의 성질 — 환경의 힘 — 은 새로움의 우연성이 침투하여 언제나 비결정적인 것이 된다.

우리는 『익숙한 것에 초점 맞추기: 『중용』의 번역과 철학적 해석 *Focusing the Familiar: An Translation and Philosophical Interpretation of the Zhongyong*』의 서문에서 화이트헤드가 그의 창조성 개념이 유대-기독교 우주론에서 기인한 '무로부터 창조'의 모델로 오해되는 것을 걱정하는 것을 인용하면서, 힘(power)과 창조성(creativity)의 근본적인 차이를 소개하였다. 유대-기독교 전통에서 전능한 신은 사물을 만들어내고 결정한다. 세계를 존재하게끔 한 전능한 타자로서 신은 세계의 생산자(maker)이지 창조자(creator)일 수 없다. 신이라는 완벽성이 존재함에 따라 우주에는 아무것도 더해지거나 덜해지지 않는다. 그러므로 유대-기독교적 세계에서 "창조성"이라는 행위는 사실상 완벽한 신의 힘에 대한 이차적이고 부차적인 행위일 뿐이다. 창조성은 모든 존재하는 사건들이 동등한 가치를 지니는 과정적인 세계에서만 의미를 지닌다.

힘은 외적 행위자가 의도된 효과를 노리고 만드는 행위이다. 반면, 진정한 창조성은 새로움의 자발적 생성을 의미하며 인과적 분석으로 환원될 수 없다. 힘은 타자에 대해 타자에게 행사되지만 창조성은 재귀적이며 '자아'에 대해 그리고 '자아'에게 행사된다. 과정적 세계에서 자아는 언제나 공동체적이기 때문에 창조성은 상호 교섭적이며 다층적이다. 따라서 창조성은 자기 창조성인 동시에 협동 창조성이다. 따라서 힘의 세계관에는 창조성이 존재할 수 없으며, 과정적 세계관에서는 모든 것이 창조성을 지니게 된다. 상호 교섭하는 협동적 창조성이야말로 자기 창조로서 자기 계발이 이기주의로 변질되지 않게 하는 것이다.

새로움의 자발적 발현인 창조성에 대해서 한 가지 더 말하자면, 아무것도 없는 데서 존재를 가능하게 한다는 무로부터 창조의 의미에서 서구적 창조성은 도가적 전통에서 보자면 심히 독단적이며 극단적인 것이다. 道는 '도야', '배움' 그리고 '일하기'란 말과 같이 과정과 더불어 창조된 생산물을 의미한다. 그것은 맥락화된 창조성이 일어나는 장소와 시간의 틀이다.

莊子의 "우리는 다른 모든 사물과 같다(齊物)"는 통찰은 모든 개별적인 사건들이 다른 모든 사건과 더불어 우리의 체험의 장 안에서 연속적임을 말한다. 그러나 이것은 철저한 주장인가? 우리는 계속되는 현재 안에서의 모든 현상에 대해 이야기하고 있는가? 세계는 과정적이기 때문에 그리고 창조성은 처음으로부터(ab initio)이지 무로부터(ex nihilo)가 아니기 때문에 이 구성적 현상을 가로질러 표현되는 맥락적인 창조성 — 이 질문에 대한 어느 대답도 일시적일 수밖에 없다. 현상은 원자적으로 분리 되거나 완결된 것이 아니다.

장자는 설명한다.

옛 사람들의 이해는 지극한 곳에 미치고 있었다. 그것이 어디인가? 더 이상 더해질 수 없는 그 높이와 극한이 이것이었다. 옛 사람들 중 어떤 이들은 사물이 되는 데 시작이 없었다고 생각했다. 또 다른 사람들은 사물은 있지만 그 사이에 경계선이 그어지기 시작하지는 않았다고 생각했다.

With the ancients, understanding had gotten somewhere. Where was that? Its height, its extreme, that to which no more could be added, was this: Some of these ancients thought that there had never begun to be things. The next lot thought that there are things, but that there had never begun to have boundaries among them.

[古之人 其知有所至矣 惡乎至有以爲未始有物者 至矣 盡矣 不可以加矣 其次 以爲有物矣而未始有封也]**16**

道家의 '우주론'의 세번째 전제는 드넓은 生은 우리 체험을 구성하는 동일한 현상을 통해서만 향유된다는 것이다. 체험의 장은 언제나 이 관점이 아니면 저 관점에 의해 구성된다. 무관점이란 있을 수 없으며, 외부적인 관점도, 맥락을 벗어난 객관적 관점도 있을 수 없다. 우리는 모두 하나의 場 속에 있는 것이다. 사물 사이에서 얻는 내적이고 형성적인 관계는 사물을 변화와 흐름 속에서 반성적이고 상호 의존적으로 만든다.

그러나 상호성은 어떠한 경우에도 특정한 관점의 독특함을 부정하지 않는다. 가족의 어떠한 성원도 그들 자신으로 전체 가족을 함축하고 제시하는 (표상한다기보다) 한편 성원들은 자신의 특정한 관점에서 가족을 체험하고 구성하고 있다. 가족을 그들만의 적절한 가족으로 만드는 개별의 구성원들

---

16 『莊子』 5.2.40과 여기에 대한 주석 63.23.58; Graham(1981):54, 104와 Watson의 번역 (1968):41, 257을 비교하라.

은 자신의 독특한 이름을 가지고 있는 것이다.

이러한 급진적 관점주의(radical perspectivism)는 우리 체험의 모든 독특한 요소는 홀로그래픽(holographic)적이라는 것을 의미한다. 홀로그래픽은 독특성 안에 전체의 체험의 장을 함축하고 있다. 여기 한 송이 꽃이 환경을 구성하는 흙과 공기로부터 나뭇잎과 뿌리로 영양분을 섭취한다. 땅은 성장과 소멸의 역사를 통해 이루어진 생성의 영양분을 함유하고 있다. 이는 생태계의 참여자들이 유기적으로 상호 의존하는 시스템이다. 태양은 꽃이 이러한 영양대사를 할 수 있도록 돕고, 공기는 꽃에 영양분을 공급하고 보호한다. 여기 이 구체적인 꽃을 보호하고 꽃 피우기 위해 힘을 합치는, 동심원을 그리며 퍼져가는 복잡성의 물결 안에 전체의 우주가 함축되어 있다. 이 복합적 현실을 우리가 '추상화' 할 때 이는 작동을 멈춘다. 道家 철학자에게는 체험의 어떤 독특한 요소에도 매혹적인 끝 모를 심연이 존재하고 있다. 우주의 전체가 여기 이 어린아이의 흙 묻은 미소 안에 행복하게 살아남아 있다.

만일 지속적 개별자(德)가 홀로그래픽적 이라면 사물의 차이는 어떻게 가능한가? 즉, 공동체에서 한 인간이 두드러지게 되며 존경의 대상으로 됨은 무엇을 의미하는가?

우선 道家뿐 아니라 고대 중국 자연 우주론은 이 홀로그래픽적인 감수성을 공유하고 있다. 예를 들어, 유가의 맹자도 그가 氣의 場을 도덕적 에너지로 해석하고 德을 이루기 위한 방법을 말하면서 이런 감수성을 표현하고 있다. 그는 浩然之氣를 키우는 방법과 능력에 대해 이야기하면서 이 기는 "지극히 크고(至大)", "지극히 강한(至剛)"[17] 것이라고 한다. 초점과 장의 언어로 다시 언급하자면, 맹자의 '호연지기' 는 무엇보다 '거대하고(extensive)' '강렬한(intensive)' 규모를 가졌다고 할 수 있다. 맹자는 거

---

17 『孟子』2A2

대한 場과 집중된 초점의 언어를 사용하여, 스스로를 제일 거대한 기의 場의 통합적 초점으로 만들면 기를 가장 잘 키울 수 있다고 말하는 것이다. 또 환경의 가장 가능한 폭넓은 관계를 얻음과 더불어 최대의 덕을 얻을 수 있다. 『孟子』에서 우리는 다음 구절을 읽을 수 있다.

> 모든 것이 여기 나에게 있다. 자신에게서 창조성을 발견하는 것보다 더 큰 즐거움은 없으며 타인을 내가 대접받는 것처럼 대접하는 일에 자신을 헌신하는 것보다 권위 있는 행동을 만드는 데 쉬운 것은 없다.

> Everything is here in me. There is no joy greater than to discover creativity(誠) in one's person and nothing easier in striving to be authoritative in one's conduct(仁) than committing oneself to treating others as one oneself would be treated.
> [萬物皆備於我矣 反身而誠 樂莫大焉 强恕而行 求仁莫近焉]**18**

'호연지기'를 가진 사람의 힘에 대한 도가적 변주는 지속적인 개체성의 강렬한 초점이 세계를 만드는 가장 넓은 힘과 영향력을 제공한다는 설명으로 이어진다. 간단히 말해, 그 힘을 가진 사람들이 그들을 둘러싼 환경을 바꾼다. 『道德經』 54장에 의하면 개인의 덕의 계발은 세계를 만드는 출발점이자 우주의 에토스를 강화하는 것이다.

> 한 사람에게 그것을 계발하면
> 그 계발된 인격은 진실하게 될 것이다.

---

18 『孟子』7A4

가족에게 그것을 계발하면
그 성격이 풍부해질 것이다.
마을에 그것을 계발하면
그 성격이 오래 지속될 것이다.
나라에 그것을 계발하면
그 성격이 번창할 것이다.
세계에 그것을 계발하면
그 성격은 퍼져나갈 것이다.

 Cultivate it in your person,
And the character you develop will be genuine;
Cultivate it in your family,
And its character will be abundant;
Cultivate it in your village,
And its character will be enduring;
Cultivate it in the state,
And its character will flourish;
Cultivate it in the world,
And its character will be all-pervading.
[脩之身 其乃德眞 脩之家 其德有餘 脩之鄕 其德乃長 脩之於國 其德乃豐
脩之於天下 其德乃普]

강렬한 초점과 폭 넓은 영향력의 관계는 28장에 묘사되고 있다.

그러므로 하는 일의 길 만들기에 헌신하는 사람은 스스로 그 길 위에 있게 된다.
스스로 하는 일의 성격에 헌신하는 사람은 스스로 그 성격을 이룬다.

그것을 잃는 사람들은 스스로 잃어버리는 것이다.

길 만들기는 그것을 스스로 잃어버리는 사람들에 의해 소진되는 것처럼

그 성격을 표현하는 사람에 의해 한층 더해지는 것이다.

Thus, those who are committed to way-making in what they do are on

their way.

Those who are committed to character in what they do

Achieve this character

While those who lose it

Are themselves lost.

Way-making is moreover enhanced by those who express

character,

Just as it is diminished by those who themselves have lost it.

[故從事而道者 道德之 同於德者 德德之 同於失者 道失之]

체험으로부터 최선의 것을 얻어 이를 가능한 최대로 계발하려면 계발과 검약으로 이해되는 자신의 근원을 육성함이 필요하다. 그 인격의 높은 선명성 때문에 그는 공동체에서 지속적인 영향력의 초점이 된다. 그는 공동체의 존경의 패턴을 통해 상승되는 것이다. 성취된 인격으로 인해 세계는 문제를 해결할 수 있다. 59장에서는 다음과 같이 말한다.

사람들 사이에 질서를 가져오고 하늘을 섬기는데

검약만큼 좋은 것은 없다.

검약을 통해서 그대는 일찍 도를 받아들이게 된다.

도를 일찍 받아들인다는 것은 당신의 축적된 인격이 배가된다는 말이다.

당신의 축적된 인격이 배가되면 모든 장애를 극복할 수 있게 된다.

만일 모든 장애물을 극복할 수 있게 되면 아무도 당신의 한계를 알지 못하게 된다. 아무도 당신의 한계를 알지 못하게 되면 당신은 그 영역을 통솔할 수 있게 된다. 그 영역의 어머니를 통솔하면서 당신은 오래 견뎌낼 수 있다.

For bringing proper order to the people and in serving tian,

Nothing is as good as husbandry.

It is only through husbandry that you come early to accept the way,

And coming early to accept the way is what is called redoubling

your accumulation of character.

If you redouble your accumulation of character, all obstacles can be

overcome,

And if all obstacles can be overcome, none can discern your limit.

Where none can discern your limit,

You can preside over the realm.

In presiding over the mother of the realm.

You can be long-enduring.

[治人事天 莫若嗇 夫唯嗇 是謂早服 早服謂之重積德 重積德則無不剋 無不
剋則莫知其極 莫知其極 可以有國 有國之母 可以長久]

　　道家의 과정적 우주론에서 연속성은 개체보다 앞서며 이로 인해 각 사건
적 성향의 특별한 성격은 연속적인 개성의 성취를 의미한다. 즉 각 사건들
은 전체 속에서 자신만의 독특성을 발전시킴으로서 스스로를 특징짓게 된
다. 자유는 구속 없음, 고립된 독창성이 아닌 성취된 독특성을 특정한 관계
망 속에서 온전하게 기여하는 것을 의미한다.

　　네 번째, 道家 우주론의 전제는, 우리는 수동적인 체험 수용자가 아니라

는 것이다. 세계는 세계를 구성하는 사건의 통합적인 성격인 변화의 에너지
를 그 자체에 내장하고 있다. 그러므로 외부의 효능인에 기댈 필요가 없다.
외적인 원인과 예정된 설계가 없는 이 변화의 에너지는 사물 사이의 협동적
관계로 표현되는 상호 포괄과 상호 창조에서 나타난다. 그것들이 적절한 힘
으로 변하면, 이 에너지는 주어진 상황의 창조적 가능성을 극대화할 수 있
다. 이러한 종류의 대응적 참여를 우리는 다른 곳에서 컨텍스트적 예술(art
contextualis)이라고 명명한 적이 있다.[19] 컨텍스트적 예술은 삶의 양식이
며 이는 단순히 체험의 다양성을 최대로 활용하기 위하여 세계와 관계를 맺
는 방법이며 시도이다.

3) 인간의 가능성을 최대로 계발하기

道家의 세계관의 기초를 이루며 도가 철학을 해석하는 맥락을 제공하는
몇 가지 서로 연결된 전제들은 체험을 최대한 발휘함을 목적으로 한 것이다.
은유적으로 말하자면『道德經』에는 우리의 삶의 가능성들을 최대한 계발
하기 위한 전략이 있는 것이다.

儒家의 가족에 대한 강조를 논의하는 것은 도가의 감수성을 이해하기 위
한 시발점이 될 수 있다. 비록 그 기준은 틀리지만 유가의 기획은 도가와 비
슷한 목적을 가지고 있기 때문이다. 우리는 다른 곳에서, 가족은 유가적 세
계관 안에서 사회적, 정치적 그리고 심지어 종교적 관계를 전반적인 은유로
표현하는 모델이라고 주장했었다.[20] 『論語』의 1장 2절은 인간으로서 가
장 생산적으로 행위하는 방식이 바로 든든한 효의 관계의 성취로부터 나온
다고 말한다.

---

19 Hall(1987),(1994), 그리고 Hall and Ames(1998):39~43, 111~12.

군자가 노력을 뿌리에 집중시켜서 굳건히 하면 그로부터 도가 자라난다. 효도와 형제애의 의무는 권위 있는 행위의 뿌리라고 나는 생각한다.

Exemplary persons(君子) concentrate their efforts on the root, for the root having taken hold, the way(道) will grow therefrom. As for filial and fraternal responsibility, it is, I suspect, the root of authoritative conduct(仁).

[君子 務本 本立而道生 孝弟也者 其爲仁之本與]

이 배후에 깔린 생각은 사람들이 인간의 다른 어떤 제도보다 가족에게 무조건적이고 온전하게 자신을 헌신한다는 것이다. 그러므로 가족이라는 제도는 가족 구성원이 스스로를 헌신하고 또 가족적인 인간 체험에서 최선의 것을 얻어 결국 스스로의 길을 만들어가는 모델을 제시한다. 가족 관계를 가장 고양시키는 것은 모든 사람들이 기꺼이 헌신하려는 노력이다.

자연적 가족과 공동체 관계가 이분되지 않고 초월적 종교성과 같은 관계가 가족에게 경쟁적인 것이 되거나 주종 관계를 맺으려 하지 않을 때, 인간 성장의 구심점으로서의 가족의 힘은 더욱 강력해진다. 한 인간은 가족이 바깥 영역으로 확대되면서 공동체적, 문화적, 궁극적으로는 종교적 존경의 대상으로 등장하게 된다. 여기에서 종교적 경배의 핵심은 초월적이고 타계적인 것보다 조상들에게 초점이 맞추게 된다는 것이다. 이는 신과 종속적인 관계와는 매우 다르며 인간관계는 종교적 느낌이 솟아나는 구체적인 장소이다.

앰브로스 킹(Ambrose King)은 고대 중국의 우주론에서 관계는 주로 가족적인 용어로 구성된다고 주장한다.[21] 우리는 좀더 나아가서 가족이란

---

20 Ames and Hall(2001):38~53.

조셉 니담(Joseph Needham)이 규정한 '유기체적' 이란 용어보다 더 적절하게 중국의 우주론을 묘사하는 적절한 은유라고 생각하고 사실상 이 세계 안의 모든 관계는 가족적인 것이라고 주장하고자 한다.[22] 이러한 은유는 분명 『道德經』에도 적용되는데 여기서 하나의 제도로서 통치는 가족의 모델을 사용하여 자연화된다. 어머니와 갓난아이의 이미지라는 창조성의 원형이 우주에 투사되는 것이다.

사실상 『道德經』에 편재되어 나타나는 거대한 비유는 도와 세계의 관계를 왕과 백성의 관계로 비유하는 것이다. 道 ― 그것이 우리 주위에 혹은 우리를 통하여 전개됨으로써 알 수 있는 세계의 판별 가능한 리듬이나 규칙성 ― 는 강제적인 것이 아니다. 도를 만드는 것은 강제함 없이 사물에 행해진다(道常無爲而無不爲).[23] 이러한 태도는 인간 세계에도 연장된다. 지배의 목적으로 동원된 강제력은 사물을 피폐화시키고 비인간적인 것으로 만드는 것으로 인식된다. 그러므로 도가에서 최고의 체험 자체에 대응하는 가장 탁월한 정치의 모델은 무위와 자연스러움으로 묘사된다.

> 가장 탁월한 지도자는
> 그 아랫사람이 그가 있다는 것만을 아는 것이고
> 다음은 사랑과 칭찬을 하는 지도자이고
> 다음은 두려움으로 다스리는 지도자이고
> 가장 나쁜 것은 모욕하며 다스리는 지도자이다.
> 모든 일이 이루어지고 사업이 완결되면서
> 백성들은 말한다. "우리는 이처럼 자연스럽다."

---

21 King(1985).
22 Hall and Ames(1998):35~7.
23 37장의 왕필본과 궈디앤본을 보라.

With the most excellent rulers, their subjects only know that they are
there, The next best are the rulers they love and praise,

Next are the rulers they hold in awe,

And the worst are the rulers they disparage.

With all things accomplished and the work complete

The common people say, "We are naturally like this." **24**

[太上 下知有之 其次 親之豫之 其次 畏之侮之 成功事遂 百姓謂我自然]

　　자발적인 행동은 성찰적인 대응이다. 그것은 응대하는 타자를 수용하는
행위이다. 이는 타자를 그 고유의 조건에서 이해하게 된다. 그러한 자발성
은 나와 타인 사이의 연속성을 인정하게 되고 나와 타인의 안녕과 서로의 관
심을 증진하는 행위로 대응하게 된다. 이는 한 사람이 다른 사람을 일방적
으로 모방하지 않게 하고 결국 상호 보완과 상호 조율로 이끌어간다. 악수
나 포옹은 타자와의 관계를 완성시키는 행위이다. 우주라는 무도장에 음악
이 흐르기 시작하고 파트너가 서로에게 팔을 벌릴 때 춤은 두 사람 사이의
아집 없는 행위의 조화가 된다.

4) 개체성의 긍정

　　도가의 체험의 최대 발휘는 윌리엄 제임스의 기억할 만한 몇 구절을 빌려
오면 더 구체적으로 탐색할 수 있을지도 모른다. 제임스는 서구의 운율을
사용하여 — 다른 종류의 '토대로부터의 소리'인 — 삶의 체험을 어떻게

---

24 17장을 보라.

최대로 발휘할 것인가에 대하여 성찰하고 있다. 그는 "무엇이 삶을 의미 있
게 하는가"에 대하여 질문하고 대답한다.

　　방관자인 우리들은 무신경하게 바라보는데도 모든 철수는 그의 영희를 무엇
에 홀린 듯 바라본다. 누가 절대적 진리를 바라보는 더 나은 시각을 가지고 있는
것일까? 철수일까? 우리일까? 어느 것이 영희의 체험의 본질을 사실로 더 생생
하게 통찰할 수 있을까? 철수는 이 문제에 대해서 광적으로 지나친 것일까? 아
니면 우리는 영희의 매력의 중요성을 무시하는 단점을 가지고 있는 것은 아닐
까? 분명히 후자는 맞는 말이다. 분명 철수에게는 매우 심오한 진리가 드러났
다. 영희의 애처롭게 두근거리는 심장의 박동은 창조의 경이로움 중 하나이다.
이는 공감할 만한 가치가 있는 것이다. 우리가 철수와 같이 느끼지 못하는 것은
부끄러운 일이다. 철수는 영희를 구체적으로 알고 있지만 우리는 그렇지 못하
기 때문에 그러하다. 그는 그녀의 내면의 삶과 결합하려고 그녀의 감정에 푹 빠
져보려 하고, 그녀의 바람을 짐작하려고 그녀의 한계를 남자답게 이해하려고
어렵지만 애쓰고 있다. 그는 여기에서조차 어떤 맹목으로 괴로워하고 있다. 무
관심한 군중인 우리는 이러한 것들을 추구하려 하지도 않는다. 다만 영희라는
영원한 사실의 부분이 없는 듯 존재하고 있는 것에 만족한다. 그녀 자신의 내면
을 잘 아는 영희는, 철수가 이것을 진실하고 진지하게 ―아주 중요하게― 받아
들이고 있음을 안다. 고대의 맹목의 구름을 이 두 사람 누구에게도 거두어 가지
않기를! 아무도 우리의 진실된 존재를 알려고 하지 않았거나 이러한 긍정이 되
돌아와서 우리의 통찰에 대가를 치르려 하지 않았다면 과연 지금 우리는 어디에
있을 것인가? 우리 모두는 각자 서로를 이렇게 강렬하고 동감을 가지고 중요하
게 여겨야 한다. 만약 당신이 우리가 모든 사람과 당장 사랑하는 것은 어리석은
일이라고 말한다면, 나는 사람들이 우정에 대한 거대한 능력과 다른 사람의 삶
에 즐거움을 느끼면서 존재하고 있음을 단순히 지적하고자 한다. 그리고 그런 사
람은 그들의 심장이 그리 크지 않지만 진리에 대해서 더 많이 알고 있다는 것이다.

소중한 사람이라는 영희의 미술적 중요성과 사실로서 영희에 대한 완벽한 진실이 이 즉각적인 느낌 안에서 동시에 실현된다. 사람들은 그들의 관계에 의해서 구성되며, 그 관계는 자신의 체험의 장에 초점을 맞추어 집중하는 과정에서 가치 있게 되며 구체적인 것이 된다. 영희에게 가장 선명하게 초점을 맞추어 집중한 것은 바로 철수였다. 영희를 창조의 경이로움으로 즉각 인정함은 맥락을 부여한 철수 안의 정서적인 관계 안에 자리잡는다. 상호 교섭은 사람들 사이의 행위와 체험들 ─각자 그들의 느낌─ 을 타인에게 드러내는 것을 말하는 것뿐이다. 그러므로, 정서적인 주조와 느낌의 주관적 형식은 공동의 창조적 과정의 독특한 관점의 장소에서 함께 나타난다. 우리는 새로운 체험으로 나아가는 운명을 느낀다.

도가의 세계관이 녹아 있는 중국어로 눈을 돌릴 때, 사실과 가치 ─ 인지적인 것과 감성적인 것, 사유와 느낌 ─ 가 분리될 수 없다는 제임스의 통찰이 확인된다. 어색하게 'heart-and-mind' 로 번역되는 글자 心은 그 자체가 사유와 감정이 분리될 수 없다는 고대 중국의 전통을 표현하고 있다.

心은 동맥의 모습을 본딴 상형문자로, '심장' 과 그 감정적인 함의를 포괄하는 글자이다. 우리가 감정 혹은 느낌으로 번역하는 글자인 情이 心과 음성 부분 靑의 결합이라는 사실은 우리의 이해를 뒷받침해준다.[25] 결국, 감정이나 느낌의 의미를 지닌 거의 모든 한자가 心을 그 부분으로 가지고 있다.

그러나 心이 'mind' 로 자주 번역되어 왔다는 사실과 'heart' 로 번역되면 그것 또한 부적절한 번역이라는 것에 우리는 신경을 써야 한다. 사유의 다양한 양식을 언급하는 다수의 한자가 心이라는 요소를 포함하여 구성된다. 결국 중국 고전 텍스트의 많은 구절에서 心은 '사유한다' 고 번역해야 제대로 이해될 수 있다.

핵심은 중국 고전의 세계관에서 mind는 heart와 분리될 수 없다는 것이다. 느낌이 없는 이성적 사유란 없으며 인지적 내용이 없는 조야한 느낌도 없다. 이러한 세계관을 가진 道家 철학자들이 강력하게 저항하는 내용은 인지적인 것과 감성적인 것의 이분법이며, 분리된 인지적 활동으로 지식에 특권을 부여하는 것이다. 화이트헤드가 "어머니는 미처 말로 표현하지 못한 많은 것을 가슴에서 걱정할 수 있다"[26] 고 할 때 이와 같은 걱정을 하고 있는 것이다. 지식의 실제적인 발생 장소인 구체적 느낌과 감성적인 토대를 무시하고 이론, 관념, 이름 등의 합리적 개념으로 환원하고자 할 때 이들은 추상화되고 생기를 잃게 된다.

과정과 변화를 형식과 停滯보다 우선하는 고대 중국의 자연적 우주론에서 인간의 몸을 이해할 때, 생리학과 장기의 기능이 해부학과 장기의 공간적 위치보다 우선시된다. 이러한 철저한 비이원론적 세계관에서 心은 해부학적 심장과 환유적으로 연합되는 고갈되지 않는 역동적 시스템이다. 그렇다면 心은 '사유와 감정'을 의미하며 체험과 파생적, 환유적으로 연결되는 기관이라고 말할 수 있다.

위에서 인용한 단락에서 제임스는, 모든 철수는 그들만의 영희의 완전함과 매력에 매혹되었다고 하였다. 철수와 영희의 서로를 긍정하는 상호적인 감성과 자각적 앎 속에서 '사려 깊은' 느낌 속의 매혹이 등장하게 된다. 이러한 종류의 공유된 긍정은 몇 가지 의미가 있다. 분명히 그들은 서로 상대의 성질, 의미, 거대함의 최선 이상의 것을 긍정한다. 그리고 그렇게 함으로써 상대를 최고로 찬양한다. 그러나 이 서로를 긍정하는 성장의 능력은 단순히 서로의 관계 안에서 시작하고 끝나버리는 개인적 향유를 넘어서게 된다. 결국 이 긍정은 문자 그대로 그들이 생성한 우주에 가치를 더하는 '가치 창출'로 넘어 가게 된다. 이들의 공유된 우주는 더욱 긍정되고 그들이 갖는 서로에 대한 깊은 느낌 때문에 더욱 거대한 시간과 공간이 된다. 이것

---

25 靑은 분명히 어음적인 요소이다. 그러나 의미도 무관하지는 않다. 靑은 '초록빛 나는 파란색'으로 무성한 잎, 덤불과 초목의 비결정적인 장과 연결된다.

26 Whitehead(1926):67.

이 우주를 매혹하는 인간의 체험의 능력이다. 그리고 이것이 바로 '개별성을 긍정' 하는 더 중요한 의미이다.

5) 반대되는 것들의 상호 의존

『周易』에서 체험은 음과 양의 양 국면의 연속으로 간단히 규정된다. "一陰一陽之謂道." 이는 모든 술어는 반전의 체험적 관찰을 추상적으로 표현한 것임을 의미한다. 질서와 혼돈은 서로 이어진다. 이 체험은 氣의 자연스러운 순환적 움직임으로 생기는 것이지 초자연적 힘 때문이 아니다. 그리고 이는 陰陽과 五行이라는 우주론의 은유적 언어로 표현된다.

『道德經』의 40장에서 보듯, 반대되는 것들의 상호 의존 때문에 "가버린 것"은 극점에 도달하여 다른 것이 되어 "다시 돌아온다."

돌아옴은 길 만들기가 움직이는 방법이다.

약함은 그것이 어떻게 작용하는가이다.

세계의 사건들은 결정된 것에서 일어난다.

그리고 결정된 것은 비결정적인 것에서 일어난다.

"Returning" is how way-making moves,

And "weakening" is how it functions.

The events of the world arise from the determinate,

And the determinate arises from the indeterminate.

[反者道之動 弱者道之用 天下万物生於有 有生於無]

위에서 언급된 반대되는 것의 등장은 '反' 이란 개념으로 다시 확인된다. 탕쥔이가 말하듯, 우주는 외적인 원인이 혼돈을 질서로 만들어 선형적인 제로섬 게임으로 승리하는 것이 아니다. 우주는 내적 변화의 에너지에 의해 추동되는 상승과 하강, 등장과 소멸, 움직임과 균형잡기의 끊임없는 교체이다.[27] 이러한 우주적 전개는 가역적이고 반복적인 의미에서 순환적인 것이 아니다. 언제나 돌아오지만 새로운 연속이라는 의미에서 나선형적이다.

현재의 상황이 반대되는 것을 필요로 하는 것, 그것이 모든 것의 속성이다. 『道德經』58장에서는 다음과 같이 말하고 있다.

행운은 불행에 기대어 있다.
행운 속에 불행이 엎드려 있다. 이 뒤바뀜이 어디에서 그칠까?

It is upon misfortune that good fortune leans,
It is within good fortune itself that misfortune crouches in ambush,
And where does it all end?
[禍福之所倚 福禍之所伏 熟知其極]

반대되는 것들의 상호 관계라는 이 통찰에는 몇 가지 함의가 있다. 아마 분명히 젊음은 '늙어가고 있는 젊음', 어두움은 '밝아지고 있는 어두움', 부드러움은 '단단해지는 부드러움' 일 것이다.

시간이 흐르면서 각 사건을 규정하는 어떠한 성질도 그 반대 성질에게 자리를 내어준다. 세상에 태어난 사람은 자라나서 결국 죽는다. 성숙을 향한

---

27 Tang Junyi(1988):13.

여행을 시작한 어떤 것도 그 첫 발자국을 내딛자마자 집으로 오는 길 또한 출발하게 된다. 사람이 최대의 가능성을 지니고 있는 순간은 태어난 아이가 생을 시작하려는 그 순간이다.

삶이라는 여행은 처음의 서약으로 돌아오는 것이자 그 서약이 점점 희미해지는 것이다. 사람이 체험을 최대로 계발하려면 삶의 여정에서 이 힘을 효과적으로 육성하여야 가능하다.

여행의 처음에서 종착역에 이르는 동안 만나게 될 피할 수 없는 부침에도 불구하고 당신이 상황 변화를 예견하고 지속적으로 초점을 맞추어 나아간다면 매 시간마다 가능성을 최대로 발휘하는 그 여행을 마음껏 즐길 수 있다. 적절한 기질의 성향을 함양하고 태어남에서 죽음에 이르는 삶의 국면들을 준비하여 환경을 최대로 계발하게 되는 것이다. 당신은 초점 맞추기 ─ 중심의 강렬함 ─ 로 삶의 체험에 집중하게 되며 존경의 대상이 되며 생산적인 삶과 건강한 죽음을 즐기게 된다.

다시 말하자면, 초점을 잃어버리고 이 여행에서 길을 잃고 방황할 때 顚覆이 일어난다. 젊은 시절에 소진시켜버린 에너지로 당신은 早老하게 된다. 55장에서는 이렇게 말하고 있다.

장대해져서 늙어버린 어떤 것을
사물의 길에서 벗어난 것이라고 한다.

For something to be old while in its prime
Is called a departure from the way of things.
[物壯則老 謂之不道]

사물의 성질에서 어긋나는 것은 불시에 종말을 맞게 된다. 타인을 공격한다면, 길로틴 박사의 길로틴의 경우와 같이 당신은 삶을 단축하게 된다. 74장의 내용은 다음과 같다.

망나니를 대신하여 처형하는 것은

대목을 대신하여 나무를 자르는 것이다.

대목을 대신하여 나무를 자르는 사람 중에

자신의 손에 상처를 입히지 않는 사람은 거의 없다.

To stand in for the executioner in killing people

Is to stand in for the master carpenter in cutting his lumber.

Of those who would thus stand in for the master carpenter,

Few get away without injuring their own hands.

[夫代司殺者殺 是謂代大匠斲 夫代大匠斲 希有不傷其手]

우리를 둘러싼 세계는 미처 예측 못한 것들이 일상성과 혼재해 있고 지속적 형식과 새로움이 상호 영향을 미치고 있다. 일상성의 맥락과 안정 속에서 새로움이 등장한다. 시간의 흐름에서 새로운 것이 일상적인 것이 되고 일상적이었던 것은 소수의 사람에게만 희미한 기억이 된다. 시간이 지나가면서 새로운 것은 일상적인 것이 되고 일상적인 것은 자신이 온 곳으로 돌아가게 된다.

이 顚倒의 개념은 단지 이론적인 것만은 아니다. 제이 마틴은 존 듀이의 전기에서 이런 전도의 개념을 1930년대 대공황 때의 역설적 상황을 설명하면서 사용했다.

왜 사람들이 배고프게 되었는가? 왜냐하면 현대 농업이 음식을 너무 많이 생산하기 때문이다. 왜 사람들은 넝마를 입고 있나? 면화도 방직기도 지나치게 많기 때문이다. 왜 실업자가 이렇게 많은가? 산업이 너무 발달했기 때문이다. 그들의 유토피아에 무슨 일이 일어난 것인가? 그것은 너무나 많이 실현되어버렸다. (ms. pp. 530~31)

하나의 극단은 반대 것에 길을 내어준다. 과잉은 결핍을, 풍요는 빈곤을 낳는다. 재벌과 정부의 협잡은 부흥하는 경제가 쇠퇴할 전조를 보여주는 것이다.

6) 미학적 조화

여기서 우리는 道家 철학에서 조화를 만들고 유지하는 나름의 양식을 설명하는 데 적용할 수 있는 미학적 분석 용어 몇 개를 소개할까 한다. 이 어휘들은 미학적 질서(aesthetic order)를 옹호하는 화이트헤드의 『과정과 실재』에서 빌려온 것이다.[28]

화이트헤드에 의하면 단순성과 복잡성의 균형에서 조화에 이르는 데 네 가지 기본 변수가 있다. 이 변수는 **사소함**(triviality), **모호함**(ambiguity), **좁음**(narrowness) 그리고 **넓음**(width)이다.

사소함(Triviality)은 지나친 분화에서 생긴다. 그것은 대조 없는 복잡성이다. 질서가 사소하다 함은 모든 것이 동등하게 향유되고 같은 중요성이

---

28 Whitehead(1978):110~15. Neville(1974):10ff 그리고 Grange(1997):51~60 에서 이 어휘들의 유용한 적용을 볼 수 있다.

주어진 요소들 가운데서 과도하게 분화된 것으로 특징지워진다. 시스템 이론은 이 사소함을 부조화를 발생하는 정보의 과잉이라고 부를지도 모른다. 그것은 '소음'에 불과하다. 그것은 혼돈이다. 조직적인 전략이 부재하며 위계질서가 없으며 분화의 중요성이 존재하지 않는다.

애매함(Vagueness)은, 화이트헤드가 사용한 대로 동일화의 과잉이다. 애매한 질서에서, 항목의 차이는 질서를 구축하는 데 관련 없는 요인들이다. 그것은 대비 없는 단순함이다. 애매한 질서는 성격의 미분화된 공통성만 보여주는 것이다.

좁음(Narrowness) 어떤 질서에서 다른 것들을 희생한 어떤 구성 요소에 대한 강조이다. 그것은 강렬한 대조를 찾는 단순함이다. 좁음에 의해 지배되는 질서는 초점이 강하게 분화된 다른 모든 요소들을 배경으로 하는 강렬함을 지니고 있다.

마지막으로 **넓음**(width)은 분화된, 각각의 독특성으로 질서에 기여하는 요소들의 조정에서 생겨난다. 이는 깊이와 범위의 대조를 위해 희생하는 복잡함이다. 학제간 대학 세미나의 토론에서 사람들이 기대하는 것은 그들이 넓음에 의해 성격지워진 질서에 기여하리라는 것이다. 넓음은 좁음과 애매함의 균형에서 생겨난다.

생산적 질서는 전경/후경의 결합의 다양한 형식으로 이 네 가지 성격을 모두 가지고 있다. 애매함과, 이것이 수반하는 부드러운 동일화는, 협소함에 의해 초점이 맞추어질 때 조화를 만들어내기에 적절한 대조를 만들어낸다. 대조는 변동하는 전경/후경의 게쉬탈트를 통해서 사소함과 애매함을 엮어내면서 생겨난다. 질서의 대조의 깊이는 복잡함의 정도의 기능이다.

『道德經』은 지속적인 독특성의 좁음(德)과 체험의 연속적인 장의 애매함(道) 사이의 가장 생산적인 관계를 계발하는 데 논의의 핵심이 있다. 텍스트의 일관된 주제 중 하나는 강제적이고 투쟁적인 행위는 초점과 장 사이의 균형을 감소시킨다는 것이다. 반면에 비강제적인 연관성은 넓이와 대조를 발생시키는 사소함과 애매함 사이의 교체를 추동한다는 것이다.

『道德經』의 추상적이며 어떤 구체적이고 묘사적인 사례도 포함하고 있지 않다는 것은 넓이를 수용하기 위해 가능한 복잡성과 강렬함을 포기해버린 것이다. 그래서 광범위한 적실성과 적용을 가능하게 한다. 그러므로 독자의 역할은 강렬함과 대조의 정도를 심화하는 좁음을 공급하는 것이다.

이 미학적 분석의 언어로 『道德經』과 『論語』에서 발견할 수 있는 자연주의적 도가와 좀더 좁은 인간 중심적인 유가 사이의 논쟁을 분석할 수 있을지 모른다.

유가의 입장에서 인간의 연관성의 애매함은 禮라는 위계적 역할과 형식적 실천에 의해서 초점으로 불려 들어왔다. 예를 통해서 인간은 스스로를 자리매김할 수 있게 되고 공동체의 다른 구성원과 상대적으로 구성되는 가치의 관점에서 자신의 자리를 찾는다. 禮化된 삶은 제도를 개성화시키고 각 인간의 관점의 좁음과 강렬함을 기록하는 도구이다. 그런 반면 실질적인 관용을 증진시키기에 충분한 넓이를 허용한다. 유가는, 인간 관심의 좁음은 강렬함으로 필연적으로 이어진다고 말한다. 도가의 과장된 포괄성이 인간을 생산적인 넓이로부터 비생산적인 애매함의 방향으로 옮겨버린다고 주장한다.

그러므로 도가의 사물관에 대한 유가의 불만은 도가의 애매함에 있다. 사실 유가는 도가가 좁은 초점의 강도를 너무 얇고 분산된 포괄성을 위해 희생해버렸다고 분명하게 비난한다.**29**

이에 대해 도가는 혼돈의 예술의 적자로서 유가의 좁음에 대한 주장은 거짓에 불과하다고 대응한다. 인간을 비인간화하는 왜곡된 규율과 인위적인 관계에 의해 부여된 질서의 획일성을 옹호하고 자발성을 무시하는 계략에 의해 결국 인간의 지속적인 독특성(德)과 자연스러운 감정의 강렬함은 소멸된다.

게다가 유가는 자연 환경에 관심을 가지고 있지 않기 때문에 유가적 좁음은 적절한 넓이에 의해 제공되는 체험의 강도와 깊이를 위협하는 일종의 비관용과 배타성으로 변형된다.

도가는 유가적 좁음이 결국 사회를 족벌주의, 파벌주의, 이기적 애국주의로 치닫게 하고 자연 환경에 대해서는 인간중심주의, 種 차별주의, 감정이입의 오류를 범하고 있다고 주장하였다.[30]

도가들에게는 인간과 그밖의 것을 환경의 각 관점의 非사소화된 표현으로 기록하고 설명할 수 있어야 좁음이 가능하다. 禮와 그것이 인간 세계 밖에서 보여주는 비관용성은 체험의 천박함과 상상력과 창의력의 축소로 귀결되는 것이다.

도가는 애매함에 빠져들지 않기 위해 無로 시작되는 덕목들을 적절히 사용함으로써 드러난 도야된 성향을 강조한다. 이 무로 시작되는 도가의 덕목에 함의된 존경의 의미는 지속적인 독특성의 초점과 협소함을 유지시키는 한편 사소함과 애매함의 적절한 결합으로써 넓음을 가동시킨다.

기술적 용어를 빌려 말한 이 주장의 핵심은 간단하다. 체험의 균형잡힌 복잡성으로 이끄는 변수들의 종합은 비논리적인 기준으로 이루어진다. 개개의 사소함, 애매함, 좁음, 넓음이 다른 것보다 우월한 것이라고 논증할 방법이란 존재하지 않는다. 그 이유는 이것들이 실현된 질서의 모든 전제들이

---

29 『論語』18:5~7와 Hall and Ames(1998):171~80.
30 Ames(forthcoming) 인간의 특별한 지위에 대한 도가와 유가의 비교를 이 책에서 설명하고 있다.

기 때문이다. 질서의 이러한 측면들의 정확한 섞임에 대해 조언해줄 수 있는 최종의 과학이라는 것은 존재하지 않는다.

최종적 어휘 혹은 확실성의 주장에 대한 도가적 저항에 동의하는 나는 특정한 하나의 잣대를 기준으로 삼아 도가나 유가 중 한 쪽이 더 우월하다고 말할 수 없다고 생각한다. 믿음이나 실천의 정통성을 기준으로 이 두 사상을 분리하는 방법은 존재하지 않는다. 자연과 사회에 있어서 질서와 조화의 성취, 다시 말해서 효과적인 길 만들기 혹은 도의 성취는 중층적 측면의 노력이어서, 객관적 원리나 올바른 행위의 형식을 밝히는 것이 아니라 맥락적 존경 안에서 창조성과 상상력을 발휘하는 것에 성패가 달려 있다. 사실 유가와 도가적 감성은 드넓은 맥락을 형성해 길을 만들어가는 사람들을 풍부한 근원으로 이끄는 데 공동으로 기여하였다.

7) 각성

『道德經』은 체험의 포괄적이고 과정적인 전체적인 모습을 온전히 이해하고 또 개성적인 특정 사건을 이 전체 속에서 긍정하고 제대로 자리매김하는 능력을 키워준다.

우리는 이 場의 체험의 광대한 시각 아래서 독특한 사건의 맥락을 찾고, 중심에서 지속적으로 초점을 지닌 채 한편으로는 미래의 변화를 예견하게 된다.

'중심을 지키고', '초점을 잡아서' 각자의 성향 속에서 선명함을 이루어낸다는 것이 과연 무엇을 의미하는가? "일자와 다자, 연속성과 다수성, 도와 다양하게 지속하는 개별자(德)들이 분리될 수 없다(一多不分觀)"는 탕쥔이의 통찰을 빌려온다면 우리는 상호 의존하며 상호 강화하는 두 가지

각성의 층을 『道德經』에서 확인할 수 있다. 그것은 초점의 각성과 場의 각성이다.

환경의 일반적 흐름에 영향력을 발휘하고 예측하기 위해 우리는 체험을 구성하는 특수한 개개의 사건에 초점을 맞추어 각성해야 한다.

우리는 다자 안에 함축되어 있고 다자에 영향을 발휘하는 일자를 의식해야 한다. 이 각성은 세계를 구성하는 지속적인 독특한 개별성(德)의 관점에서 초점을 맞추어보는 것이다. 그런데 개별 사건을 가장 잘 이해하고 초점에 드러나게 하기 위해서는 그것의 배후가 되고 존재하게 하는 조건의 場을 의식해야 한다. 우리는 많은 조건의 함축과 더불어 그것이 일자적 사건이라는 것, 연속적이라는 것을 의식해야 한다. 이러한 각성은 지속적인 독특함을 보다 넓은 체험의 연속적 흐름(道)의 관점에서 바라보게 하는 것이다. 특정한 초점을 통해서만 場으로 진입할 수 있으며 초점의 복잡성은 場을 연장함으로써 이해될 수 있다. 그러므로 초점의 각성과 場의 각성은 서로를 전제로 한다.

장의 각성을 관통하는 하나의 깨달음이 있다면 그것은 반대되는 것의 상호 필요성의 온전한 인식이다. 필연적인 반전의 과정을 이해하며 어떤 상황에도 협력을 추구하게 한다는 것이다. 그것은 사건의 매트릭스 안의 요소들의 관계적 성질과 그들 사이에서 얻어진 공생적 연속성을 전면에 내세운다. 그는 사물들을 이 통찰 상황이 어디에서 와서 어디로 갈 것인가를 예측하는 능력으로 고립시켜 연속적인 내러티브 중 어떤 특정한 국면만을 강조하는 배타적인 결정을 내리지 않게 된다.

무술 초보자는 다른 학생들의 놀라운 기술을 보고 자신이 처음 시도한 돌려차기 속도가 느리고 별로 성공적이지 못해 기가 꺾일 수도 있다. 장의 각성은 이 초보자가 처음에는 유연하지 못하지만 수련을 받으면서 마치 당겨진 용수철처럼 적절하고 놀라운 기술의 힘을 발휘하게 됨을 이해한다. 경직된 것이 부드러워질 때, 약한 것은 강한 것이 된다.

한편, 초점의 각성은 장을 구성하는 개별적인 초점의 완전한 이해와 긍정이다. 장의 각성은 이 개별적인 초점을 통해서 유지된다. 매 사건들의 개별성을 섬세하게 이해하고 거기에 영향을 주는 미세한 부분에 대해 주목함으로써 앞으로 변화할 질서에 대해 기대를 하게 되며 그들이 완전히 개화하기 이전의 초기 단계에 이미 그 기대된 변동을 고무하거나 억제할 수 있게 된다.

모든 중요한 사건은 아주 작은 데서 시작한다. 사건의 초기 단계에 있는 비교적 작은 변화는 후에 놀라운 결과로 그 현상을 압도하게 된다.

초점의 질서의 몇 가지 규정이 우리 각성을 조건짓는다.

첫째, 시간적 즉각성이다. 질서는 언제나 '바로 지금' 자리매김된다.

둘째, 공간적 즉각성이다. 질서는 여기서 시작하여 저기로 간다.

셋째, 초점의 질서는 언제나 협동적이다. 내적이고 구성적인 모든 관계들은 기획적이고 회귀적이다.

마지막으로 사람은 그 성향에 균형이 지워짐으로써 가장 적절하게 사건의 맥락에 맞춘 생산적인 조화를 성취하게 된다.

어떠한 무술의 '기술'도 이 독특한 학생의 심리적이고 육체적인 강약에 맞추어져야 한다. 최고의 능력은 바로 이 독특한 개별자에 대한 눈높이 맞추기이다.

초보 단계부터 습관들이기, 즉 '마음과 몸의 습관'에 매우 많은 주의가 기울여야 한다. 이 초기의 습관이 기술의 발전과 결국 독특한 개개인의 출현을 가능하게 해주는 것이다. 습관 훈련은 자각과 느낌의 혼합이다. 그리고 개인은 선명히 초점을 맞춘 채로 여러 주위의 변화에도 굴복하지 않고 全人으로 남아 있어야 한다. 무술 훈련은 다른 체험에서와 같이 이러한 변화하는 환경에서 어떻게 체험을 최대로 발휘하는 만족에 도달하는가에 달려 있는 것이다.

독특성을 완전히 이해하고 긍정하려면 사건에 내포되어 있는 관계의 복잡한 패턴에 대응하고 그것을 이해해야 한다. 그 패턴은 끝없이 많고 다양하며, 언제나 새롭게 변화하기 때문에 항상 독특하고 개성적이다. 그러나 또 강조하자면, 이 새로움은 언제나 벌써 익숙한 맥락 안에서 처음으로부터 (ab initio) 혹은 제 자리에서(in situ)에서 일어난다. 자발성은 실제적인 힘을 갖는 것이어서 자발적 사건을 정확한 예측과 정교한 인과관계로 분석하기는 불가능하다. 여기에는 과정의 불연속성이 항상 존재한다. 그러나 거기에는 '逝(감)'이나 '反(돌아옴)'이란 용어로 표현되듯 흐르는 연속성 또한 존재한다. 우리가 반대되는 것들의 상호 내포라는 관점에서 사건들을 이해하려면 체험의 연속성과 발현적 새로움을 모두 긍정해야 하는 것이다.

『道德經』은 이런 각성의 습관 계발에 대한 것이다. 이 각성은 일상사의 마술을 긍정하고 이해하게 한다. 상식처럼 이런 마음의 습관이 드러나는 것은 드문 일이다. 가장 지혜로운 자의 마음속에만 숨겨져 있는 고귀한 물건인 것이다.

8) 無로 시작되는 도가의 덕목들

『道德經』이 전달하는 순간의 번뜩이는 통찰은 여타 철학 학파들의 교리와 대조를 이룬다. 모든 교리는 인위적으로 만들어진, 창시자로부터 시작한 윤리와 사상적 계보를 가지고 있다. 이 교리는 지침과 지배적 원리에 의해 위계적으로 구성되고 교리의 습득과 전달을 위해 학습 과정이 요구된다. 교리를 구성하는 지침은 대리석으로 빛나는 아카데미에서 학식 높은 박사들에 의해 전문화된다. 이러한 학문적 박식꾼들은 그 지위와 보상에 걸맞게 현학적인 철학적 공격과 수비의 빛나는 재치를 발휘하여 무식한 민중을 겁

주곤 하였다.

그러나 『道德經』이 주고자 하는 것은 보다 간단하다. 그것은 無로 시작하는 도가의 덕목의 성향을 계발하는 것이다. 무로 시작하는 도가의 덕목은 개념, 이론, 인위적 도덕 지침을 파괴하고 그러한 추상적, 인지적, 도덕적 감성을 유지하는 데 필요한 에너지를 해방시켜버리는 데 있다. 이 非매개적인 에너지는 일상에 영감을 주는 구체적인 느낌에 제공된다. 우리는 비매개적 느낌을 통해서 세계를 알 수 있고 인간의 체험을 최대로 발휘할 수 있다.

이런 느낌의 앎의 윤리가 형식적 도덕주의자들의 관념으로 퇴락해가는 모습이 『道德經』 38장에 자세히 나타나 있다.

그러므로, 우리가 길 만들기를 잃어버린 후에야
탁월함이 있게 된다.
탁월함을 잃어버린 후에야 권위 있는 행위가 있게 된다.
권위 있는 행위를 잃어버린 후에야 적절함이 있게 된다.
적절함을 잃어버린 후에야 예의 바름이 있게 된다.
예의 바름은 최선을 다하고 남의 말을 믿는 가장 경박한 것이며,
이는 모든 문제의 시작이다.
'미리 앎'은 길을 겉만 번드르르하게 치장하는 것이다.
그리고 무지를 나타내는 첫 증표이다.
그러므로 대장부는 얇은 것이 아니라 두터운 것에 처한다.
꽃이 아니라 열매에 처한다.
그러므로, 이것을 버리고 저것을 취한다.

Thus, only when we have lost sight of way-making is there excellence,
Only when we have lost sight of excellence is there authoritative
conduct,

Only when we have lost sight of authoritative conduct is there appropriateness,

And only when we have lost sight of appropriateness is there ritual propriety.

As for ritual propriety, it is the thinnest veneer of doing one's best and making good on one's word,

And it is the first sign of trouble.

And "foreknowledge" is tinsel decorating the way,

And is the first sign of ignorance.

It is for this reason that persons of consequence:

Set store by the substance rather than the veneer

And by the fruit rather than the flower.

Hence, eschewing one they take the other.

[故失道而後德 失德而後仁 失仁而後義 失義而後禮 夫禮者 忠信之薄 而亂之首 前識者 道之華 而愚之始 是以大丈夫處其厚不處其薄 居其實不居其華 故去彼取此]

사랑과 생명으로 충전된 비매개적 느낌과 달리 도덕적 지침들은 공허해진 나머지 언제나 빈혈 증세를 보인다. 앎이 생산되는 곳은 파리한 도덕적 원리의 교리문답이 아니라 열정적인 삶의 체험 그 자체이기 때문이다. 그러한 느낌의 앎은 끈기 있게 초점을 맞추어 나아감으로써 유지되는 초점과 장의 각성의 계속된 과정 ― 즉 道를 만들어가는 과정 ― 자체이다.

초점을 지속해나가는 것은 쉬운 일이 아니다. 『道德經』의 가르침은 세상에서 길을 만들어가는 가장 탁월한 성향을 계발하는 방법을 직접적인 말로 언급할 수 없다고 언급하기는 하지만, 길을 만들어가는 최고의 선비들도 가까스로 중심을 지킬 수 있을 뿐이다. 41장에서는 다음과 같이 서술하고 있다.

길 만들기를 배우는 최고의 선비도 겨우겨우 중심을 지킬 수 있을 뿐이다.

when the very best scholars learn of way-making they are just barely
able to keep to its center.

[上士聞道 勤而行之]

우리가 도가를 핵심적으로 규정할 어떤 통찰을 찾는다면, 텍스트에 편만한 '일관' 된 어떤 것을 찾아야 할지 모른다.

도가적 사유 방식의 핵심적 초점은 관계의 유지와 확립에 있어서 존경의 결정적 역할이다. 우리가 위에서 말하였듯이, 과정적 세계관에서 통합성이란 어떤 '것' 이 아니라, 주위의 개별자의 맥락 안에서 사람이 성취할 수 있는 최고의 관계를 '이룸' 이다. 존경은 자기 계발의 과정에서 특정한 초점이 공유한 덕을 긍정함으로써 일어나는 양보함 혹은 양보됨 을 의미한다.

존경의 행위는 문자 그대로 자신을 타인의 위치에 세우는 것을 요구한다. 그렇게 함으로써 존경의 대상이 되는 것을 자신의 발전적 성향에 포함시킨다. 강화된 자신의 성향은 타인에게 존경받는 위치로 사용 가능해진다.

유가에서 자아는 인간은 예로 구조화된 역할과 관계에 의해 유인된 상호 존경(恕) 관계 속에서 지속적인 노력을 하고(忠) 이러한 자아를 사회와 문화의 장으로 투여하는 것으로 규정된다. 그러한 인간은 공동체의 존경의 초점(君子)이 되고 신성함(神)의 근원이 된다.

반면에 도가는 그들의 존경의 행위를 우리가 무로 시작하는 도가의 덕목이라고 부르는 것을 통해서 표현한다. 이들의 세 가지는 無爲, 無知, 無欲이다. 이들은 각각 '행위 없음' 혹은 사물에 덕에 합치하는 비강제적 행위, '지식 없음' 혹은 규칙이나 원리에 기대지 않는 종류의 앎, 그리고 '욕망

없음' 혹은 "대상을 소유하거나 지배하려고 하지 않으면서 바라기" 이다. 이 모든 실천에서 사람들은, 유가의 恕에서와 같이 합치될 것, 알려지는 것, 욕망의 대상의 위치에 서보는 것이 필요하다. 그렇게 하여 이들의 관점을 자신 안에 포괄할 수 있는 것이다. 여기서 우리의 핵심 목표는 존경의 행위의 도가적 이해가 자아의 초점-장 모델을 어떻게 표현하고 있느냐는 것을 논증해보는 것이다.

도가의 心 개념에서 보이는 느낌과 사유 ─ 즉 감정적인 것과 인식적인 것의 불가분성이라는 논의─를 미루어볼 때, 도가의 성인이 극복해야 할 자아에 대한 갈등은 이성적인 것, 욕망하는 것, 감정적인 것들 사이의 구획에서 일어나는 투쟁은 아니다. 결국 心으로 대표되는 관계적이며 비구획화된 자아의 모델을 생각해볼 때, 자아 내부에 갈등의 뿌리가 있으리라고 상상하기는 힘들다. 도가 철학자 중에서 사도 바울이나 햄릿을 발견하기란 쉽지 않을 것이다.

실현되지 않은 자아가 스스로에 대항하는 자아의 해리를 수반하지 않는다면, 도가가 극복하고자 하는 자아의 혼란의 근원과 본성은 과연 무엇인가? 그것이 개별화된 영혼의 내부를 언급하는 것이 아니라면, 그것은 자신의 완성의 맥락을 구성하는 관계 속에서 일어나는 혼란일 것이다. 다른 식으로 말하자면, 사람이 어떤 실체적이고 분리된 영혼으로 구성되어 있지 않다면, 사람은 그의 개인적, 사회적, 자연적 관계의 역동적 패턴으로 보이며 갈등은 이들의 구성적인 역할과 관계를 잘못 설정하는 결과로 나타나게 되는 것이다. 그러므로 마음의 갈등은 심리적으로 좁게 규정될 수 없으며 좀더 폭 넓은 윤리적 관심에서 정확하게 이해될 수 있는 것이다. 우리는 어떻게 살아야 하고 무엇을 해야만 하는가?

우리가 다른 곳에서 자세히 논의한, 가장 탁월한 무로 시작하는 도가의
덕목을 세 가지로 요약하자면31 무위 無爲는(불행하게도) 종종 'no
action' 이나 'non-action' 으로 번역된다. 그러나 그 의미는 영향력의 장
안에 포함되어 있는 독특한 초점(德)을 방해하는 어떤 행동도 부재하다는
것이다. 이미 저장된 지식이나 형성된 습관에 합치되지 않는 행위는 비매개
적, 비구조적, 비원리적, 자발적이다. 그것들은 행위하는 것과 합일하는
사건이나 항목에 존경으로 응대함으로써 얻어진다. 이러한 행위들은 自然
'자발성' '스스로 함' 이고 자신을 주장하지 않는 행위이다.

만물이 우리의 마음에 갈등을 일으키지 않고 세계를 풍성하게 만드는 것
은 이성과 감정의 내적 갈등이 아니라 '예민함(明)' ─ 세계의 사물들을 그
것들과 우리의 상호 의존의 관계로 있는 그대로 비추어 봄 ─이다. 다시 말
하자면 맥락과 마찰 없는 균형을 이룸으로써 통합성에 도달하는 것이 중요
하다는 것이다. 이것이 최상의 성장과 생산성으로 이끌어가는 협동적 관계
인, 성취된 균형의 상태이다. 도가의 성인들은 이런 상태를 다음과 같이 묘
사한다.

성인의 고요함은 단순한 말의 문제가 아니다: "고요한 것은 좋다!" 그리고
그들은 고요해진다. 그보다는, 그들은 만물이 그들의 마음을 어지럽히지 못하
므로 고요하다. 물이 고요할 때, 그것은 우리의 구레나룻과 눈썹을 비추어준다.
그 평온함에 장인은 그것으로 측정하는 기준으로 삼는다. 만일 물의 고요함이
밝음을 가져온다면, 사람의 정신도 당연히 그렇지 않겠는가? 성인의 마음의 고
요함은 세계의 귀감이 되고 만물의 거울이 된다.

The stillness of the sages is not simply a matter of their saying:

---

31 Hall and Ames(1998):45~58.

"Stillness is good!" and hence they are still. Rather, they are still because none of the myriad things are able to agitate their hearts-and-mind. When water is still, it illuminates one's whiskers and eyebrows, and in its placidity, it provides a standard so that skilled artisans can take their measure from it. If the stillness of water provides illumination, how much more so one's spirit. The stillness of the heart-and-mind of the sage makes it mirror to the whole world and the looking glass for all of the myriad things.[32]

[聖人之靜也 非日靜也善 故靜也 萬物無足以心者 故靜也 水靜則明燭鬚眉 平中準 大匠取法焉 水靜猶明 而況精神 聖人之心靜乎 天地之鑑也 萬物之 鏡也]

이러한 모습을 묘사하기 위해 자주 사용되는 靜(stillness, tranquility)은 단순히 수동적인 것만을 뜻하지 않는다. 그것은 지속적인 반성과 조절이 필요한 균형을 역동적, 지속적으로 이룸이다. 모든 상관적 쌍들은 그 반대를 필요로 한다는 점을 기억하는 것이 중요하다. 靜은 '動으로 가는 靜' 인 것이다. 그러므로 靜은 動과 중요한 관계를 지니며 動을 부정하거나 배제하지 않는다. 다른 상관적 쌍을 고려할 때도 우리는 똑같이 생각해야 하며 그렇지 않으면 이 관계를 잘못 이해하게 된다. 虛-實이나 淸-濁의 관계 역시 그러한 것이다.

無知는 'no knowledge' 로 자주 번역되지만 사실 존재론적 현전 (ontological presence)에서 기인하는, 지식이 결여되어 있다는 뜻을 갖고 있다. 존재론적인 현전을 거부하는 지식은 곧 '비우주론적' 사유를 의미한다. 이 사유는 단일하게 질서지워진 세계와 그 지적 구조물을 상정하지 않

---

32 『莊子』33.13.2. Graham(1981):259와 Watson(1968):142를 비교하라.

는다. 그러므로 그것은 '비원리적(unprincipled)' 지식이다. 이러한 지식은 존재, 의미, 현상의 운동을 규정하는 원리나 법칙에 의존하지 않는다.

無知는 사물의 개체적인 독특함과 초점의 의미를 드러내는 것이지 사물의 보편자, 種, 개념과 같은 지식을 생산해내는 것이 아니다.

궁극적으로 無知는 이 개체적 초점과 그것이 만든 장에서 마주보고 있는 것들, 즉 道와 德의 관계의 파악이다.

비원리적 앎은 자신의 조건 위에서 사물의 이것과 저것을 분리하는 분별의 규칙 없이 이 세계를 받아들이는 것이다. 최고 원리, 마음과 행위의 습관, 확립된 표준, 전승된 방법, 조작된 개념과 범주, 율법, 자연의 법칙, 관습 등 모든 편견은 "그들이 올 때 환영하고 갈 때 배웅하게 되면(즉 익숙하게 되면)" 스티브 골드버그(Steve Goldberg)가 말한 대로 '범주의 경직화'를 결과하게 된다. 우리는 과거의 체험을 저장하고, 그것을 고정된 표준이나 법칙에 의해 조직화하고, 이 구분에 의해 세계를 기억하고 예측하여 참여한다.

그러나 성인은 세계를 비추어보고 "사물과 작별하지도 만나러 나가지도 않는다." 그렇게 하여 그들은 "아무것도 소유하지 않고 모든 만물에 대응한다." 그들은 매순간 흘러가버린 세계의 모습과 아직 오지 않은 세계의 비결정된 모습을 예감으로 비추어본다. 그러므로『道德經』10장은 말한다.

> 심오한 거울을 윤을 내고 닦는데
> 모든 불완전함을 제거할 수 있겠는가?
> 사람들을 사랑하고 나라에 생명을 불어넣는데
> 지혜에 기대지 않고 가능하겠는가?
> 자연의 대문이 열리고 닫히는데
> 암컷으로 머물 수 있겠는가?

사방을 관통하는 그대의 통찰로

지혜에 기대지 않고 그것을 할 수 있겠는가?

In scrubbing and cleansing your profound mirror

Are you able to rid it of all imperfections?

In loving the common people and breathing life into the state,

Are you able to do it without recourse to wisdom?

With nature's gates swinging open and closed

Are you able to remain the female?

With your insight penetrating the four quarters

Are you able to do it without recourse to wisdom?

[滌除玄覽 能無疵 愛人治國 能無爲 天門開闔 能爲雌 明白四達 能無知]

중요한 것은 도가의 기획이 수동적이지도 主靜的이지도 않다는 것이다. 물은 영양의 근원이고 거울은 빛의 근원이다. 마음은 변화의 에너지의 근원이다. 거울과 같이 '안다'는 것은 표상적인 지식이 아니다. 그것은 세계에 어떤 불빛을 비춘다는 것이다. 그러한 행위적인 '앎'은 세계를 건강하게 생산적, 능동적으로 해석하고 실현한다는 것이다. 이 마음에 대한 비유들은 표상(representation)이 아니라 제시(presentation)를 의미하고 대응(correspondence)이라기보다는 조정(coordination)을 의미한다. 모든 요소가 상호 의존적 전체를 구성하는 흐름 안에 있으므로 '거울에 비침'은 상호 협동적이고 응대적인 듯하다.

無欲의 최선의 번역어는 '객체 없는 욕망'일 것이다. 無爲와 無知는 세계 혹은 그 중 어느 한 요소라도 엄격한 의미로 객체화 — 주변의 체험으로부터 독립적이고 분리된 객체들을 만드는 일 — 시킬 수 없다. 그러므로 도가적 감수성에서 욕망은 엄격한 의미에서 '비객체적' 인 것이다. 무욕은 사건을 지배하거나 소유하거나 규정하지 않고 즐거울 수 있다. 그러므로 무욕은 욕망의 결여나 소멸보다 존경심을 갖는 욕망의 성취를 의미하게 된다.

세계와 무위적 관계를 지니고 거울에 비춰보는 세계 이해를 기초로 한 욕망은 소유하고 정복하고 소비하는 욕망이 아니라 찬탄하고 즐거움을 향유하는 것일 뿐이다. 그것이 바로 존경이라는 것이다. 욕망은 욕망을 불러일으키는 것들을 위한 것이다. 그들이 욕망의 대상이 되기 위해 존재하기 때문에 그러하다. 그러나 이러한 것들은 그 자신을 존경받게 해야 한다. 이는 자신을 욕망의 대상이 되게 해서는 안 된다는 것을 의미한다. 욕망의 대상이 되게 요구한다는 것은 욕망하는 자를 복속시켜 지배함을 의미하기 때문이다. 구분이 일시적이고 단순한 습관이라고 이해되는 사건과 과정의 세계관에서 욕망은 주어진 순간에서 '사물을 그냥 움직이게 두는' 능력이다. 이런 의미에서 무욕은 조작하지 않고 객체 없는 욕망이다.

道家의 욕망에 대한 문제는 무엇을 바라느냐는 문제가 아니라 바라는 방식에 대한 것이다. 도가 철학자들은 욕망한 것을 잃어버릴지도 모르는 사실에도 '불구하고' 즐거워하는 것이 아니라 바로 이 사실 '때문에' 즐거워한다. 변화의 과정의 복합적 집합인 세계는 결코 쉬지 않는다. 사물이 변화(物化)한다는 것은 우리가 집착하는 것이 영원할 수 있노라고 위선을 떨어서는 안 된다는 것을 의미한다. 도가 철학자들은 유일한 욕망은 사물들을 그대로 존재하게 두는 것이며 세계를 특정한 형태로 구축하려 하지 않는다. 특정한 형태로 구축하려 함은 변화하는 사물의 세계를 멈추게 하는 것이기 때문이다.

무욕을 이해하는 ― 사실 도가의 핵심인 모두 무로 시작하는 도가의 덕목을 이해하는 ― 중요한 점은 객체들과 객관성 사이의 비교에 있다. 서구의 인식론적 용어를 사용하면, 『道德經』과 『莊子』에 표현된 세계는 실재적 관점(realist perspective)의 세계라고 말할 수 있을지도 모른다.[33] 우리의 왜곡된 지각과 범주화하려는 경향에도 불구하고 도가들에게 언어에 의해 초래된 매개의 혼란을 넘어 '객관적' 인 실재의 세계는 존재한다. 우리의 과제는 그 세계를 가능한 '객관적으로' 체험하는 것이다.

도가들의 시각에서 문제는 '객관적 세계' 가 대상들 ─ 즉 우리와 맞서는 구체적이고 불변의 사물들 ─ 로 이루어진다고 주장하는 것이다. 그것들은 우리에게 "나는 이의 있소!" 라고 스스로를 표현하며 우리에 맞서는 것들이다. 이런 의미에서 도가들의 객관적 세계는 세계의 가구의 최종 목록을 거부하며 항상 변화하는 도상에 있으므로 객체적이지 않다.

역설적이게도 도가 철학자들에게 객관적 세계는 객체적이지 않다. 성인들은 변화하는 세계를 전망한다. 그들은 분별의 구분된 패턴으로 시간적으로 냉동시키지만 동시에 이 구분을 넘어선 것을 분명히 바라보고 인식한다.

도가 철학자들에게 이 변화하는 전망의 결론은 세계에서의 지식, 행동, 욕망은 인위적으로 구성된 것이 아니라는 것이다. 대상화된 타자가 만들어 내는 긴장 관계에서 우리는 서로의 의지를 관철하려고 공격적 혹은 방어적으로 행동한다. 원리나 고정된 표준은 지식의 객체를 구축하게 할 수 있다. 이렇게 하여 한 개별 항목은 '같은 종' 의 하나의 사례나(같은 종의 '독특한 하나' 가 되는 것이라기보다는) 결과를 성취하기 위한 도구(목적 자체가 아니라)가 된다. 객체에 의해 촉발되는 욕망은 우리를 객체의 소유로 이끌어가고 우리의 요구를 채워줄 때만 대상을 중요하게 여기게 된다. 욕망의 객체에 의해 소비되는 자아는 있는 그대로의 세계를 협소화시키고 생략하고 어둡게 만든다.

반면에 비강제적인 행동, 원리 없는 앎, 객체 없는 욕망은 다음과 같은 공

---

33 그러므로 약간의 수정과 더불어 우리는 그래험의 주장인 "『莊子』는 의심 없이 세계를 있는 그대로 받아들였다" 는 말에 동의한다. Angus Graham(1989):194.

통점을 가지고 있다. 그들은 자발적인 실행의 과정을 통해 실현되고 세계를 더욱 풍성하게 만드는 동시에 최대로 세계에 기여한다. 우리는 아마 무로 시작하는 도가의 덕목들의 실천이 세계를 있는 그대로 있게 한다고 말할 수 있을지도 모른다.

그러나 이 주장은 우리가 세계를, 긍정된 탁월함을 존경하는 창발적 패턴으로 이루어지는 수많은 자발적 상호 교섭으로 이해할 때만 가능하다. 도가에서 세계가 자신의 환경을 구성하지 않으면 자아는 사라지게 된다.

이러한 무로 시작하는 도가의 덕목은 ― 無爲 無知 無欲 ― 스스로 향유하고 존경하고 객체 없는 세계에 기여하는 방법을 알려준다. 그러므로 성인들은 사람들을 다스릴 때 대상에 의존하지 않는 행위, 지식, 욕망을 촉진시키고 체현하는 데 관심을 기울이는 것이다.

무로 시작하는 도가의 덕목들을 도가적 자아의 최적의 성향으로 이해할 때 왜 『道德經』은 성인이나 보통 사람에게 똑같이 강요와 지배를 거부했는가를 이해할 수 있다.

현명한 이를 숭상하지 않으면
사람들이 싸우지 않을 것이다.
얻기 힘든 재산을 귀하게 여기지 않으면
사람들이 도둑이 되지 않을 것이다.
욕심 날 것을 보여주지 않으면
사람들 마음이 어지럽지 않을 것이다.
그러므로 성인의 다스림은
사람들의 마음을 비우게 하고 배를 채워준다.
바램을 약화시키고 뼈를 강하게 해준다.
사람들로 하여금 앎을 원리적으로 받아들이지 않게 하고

욕망에 객체가 없게 하여

안다고 하는 사람을 움직이게 못하게 하리.

모든 것이 다스려지게 하려면

일을 비강제적으로 하여야 한다.

Not promoting those of superior character

Will save the common people from becoming contentious.

Not prizing property that is hard to come by

Will save them from becoming thieves.

Not making a show of what is desirable

Will save them from becoming disgruntled.

It is for this reason that in the proper governing by the sages:

They empty the hearts-and-minds of the people and fill their stomachs,

They weaken their aspirations and strengthen their bones Ever

teaching the common people to be unprincipled in their knowing

And objectless in their desires.

They keep the hawkers of knowledge at bay.

It is simply in doing things non-coercively

That everything is governed properly.

[不上賢 使民不爭 不貴難得之貨 使民不盜 不見可欲 使心不亂 聖人治 虛其

心 實其腹 弱其志 强其骨 常使民無知無欲 使知者不敢爲 爲無爲則無不治]

그러나 무로 시작하는 도가의 덕목들은 무위, 무지, 무욕 외에도 『道德
經』 전반에서 발견된다. 또 다른 하나는 'the nameless' 로 번역되는 無
名이다. 그것은 사물들에 고정된 설명을 부여하지 않는 이름짓기를 의미하
고 있다.

우리는 환경과 효과적으로 조율하기 위해 사물을 구별할 필요가 있다. 이 구별은 분명히 모종의 기능적인 능력이다 그러나 이 구별은 우리가 세계를 이해하는 방식을 왜곡할 수 있다. 우리는 화이트헤드가 지적하는 "잘못 놓여진 구체성의 오류(fallacy of misplaced concreteness)" 에 쉽게 빠지게 된다. 우리는 추상적인 것을 물상화시키고 물상화된 것들이 체험의 움직임보다 훨씬 더 실재적이라고 느끼게 되는 것이다. 우리는 삶의 과정의 연속성을 지나치게 단언하여 배후에 존재하는 불변의 토대로 쉽사리 만들어 버린다. 그러한 언어적 습관은 과도하게 정체된 세계상을 제도화시킨다. 결국 우리는 언어와 삶에서 창조적 가능성을 잃어버린다.

도구적 도덕성으로서 언어를 지시적으로 사용하고 세계가 있어야 할 방식에 대해 표현하면 권력과 지배력을 쉽게 손에 넣을 수 있다.

권력으로서 이름짓기는 이름의 사용에서 창조적 측면을 심각하게 훼손시킨다. 과정적인 세계에서 당신이 어떤 것의 이름을 지을 수 있다는 것은 당신과 세계에 대한 구체적 관계를 그려낼 수 있다는 의미이다. 그리고 그것을 기초로 하여 창조적으로 대응할 수 있다는 것을 뜻한다. 이름짓기는 추상적이고 분리하는 행위로 이해될 수 있지만 도가적 이름짓기는 관계를 개성화하며, 언급하는 바를 고정시키는 유혹을 떨쳐버리고 성장하는 친밀한 공동의 토대로서 이름을 이해하고자 한다. 그러한 이름짓기는 표상적이라기보다 제시적이다. 묘사적이라기보다 규범적이고, 발화 매개적이라기보다 발화적이며, 단순한 말이라기보다 실천과 앎이다.

지식으로서 이름짓기는 그들이 '행위하고 체험함' 이 심화되고 점점 강렬해짐에 따라 이러한 변화된 관계를 수용할 수 있는 가변성을 가져야만 한다. 그러한 앎은 사물의 비결정적 측면을 깨닫는 것이다. 체험을 계속 만드는 것은 세계를 있는 그대로 표상하는 것이 아닌 그것이 어떻게 될 것인가를 예측하는 상상과 창조적 투사를 요구한다.

독자들을 낯선 땅의 여행으로 인도하는 『山海經』의 '색인'에서 만나는 신기한 동물과 새들의 울음소리는 사실 자기 스스로의 이름이다. 그들은 (다른 사물들과 같이) 그들의 존재를 소리쳐 알린다. 그리고 어떤 것의 이름에 다가간다는 것은 그것을 인지적 의미에서 아는 것뿐 아니라 그것을 어떻게 다루는가를 아는 것이다. 이름짓기는 친밀함에 주목하는 가장 중요한 반응이다. 그러므로 그러한 지식은 느낌과 행위이다. 이것은 어떤 하나를 주인으로 만드는 고정된 표상이 없는 이름짓기이다. 이는 사실상 상황을 부정하는 것이 아니라 상황을 인정하여 구별하는 이름짓기이다.

무로 시작하는 다른 중요한 도가의 덕목은 無心이다. '마음 없음'은 '매개되지 않은 사유와 감정'으로 해석될 수 있다. 『道德經』 49장을 살펴보자.

성인은 직접적으로 생각하고 느낀다.
그들은 사람의 생각과 감정을 자신의 것으로 여긴다.

Sages really think and feel immediately
They take the thoughts and feelings of the common people as their own.
[聖人無心 以百姓心爲心]

성인은 사회, 정치적 질서를 옹호하는 음악을 만들지 않는다. 음악은 보통 사람의 자연스러운 표현이다. 성인의 역할은 보통 사람의 노래를 주의 깊게 듣는 일이며 그들의 사유와 감정을 조율하는 것이다. 백성들은 공동체 질서의 직접적인 원천이기 때문에 그들은 성인의 마음에 떠오르는 내용 안에 있는 것이다. 그 마음은 개화하는 공동체의 원천이라기보다는 그 결과물이다. 백성들은 마음을 가지고 있기 때문에 서로 소통을 시작하지 않는다. 그들은 소통하는 공동체에 온전히 참여하여 헌신적인 구성원이 된다.

『莊子』에서 핵심적인 용어인 無情은 감정 없음이 아니라 직접적 느낌으로 이해할 때 잘 이해된다. 무정의 이러한 이해는 우리에게 『道德經』 49장의 유용한 설명을 제공해준다

혜시가 장자에게 말했다.

"사람이 감정이 없이 사람일 수 있을까?"

장자는 대답했다. "당연히 그렇지."

혜시가 물었다.

"그런데 아무런 감정이 없다면 어떻게 사람이라고 부를 수 있지?" 장자는 대답했다.

"그 사람의 맥락이 모습과 모양을 부여해주었는데 우리가 사람이라고 부르지 못할 이유가 있나?"

혜시는 물었다.

"우리가 그 사람을 이미 사람이라고 부르고 있는데 어떻게 감정이 결여되어 있을 수 있을까?" 장자는 대답했다.

"그게 내가 감정이라고 하는 바가 아닐세. 내가 그 사람들은 감정이 없다고 할 때 감정이 없다는 것은 그들이 좋고 싫음에 의해 스스로의 몸을 해치지 않고 자연스러운 것에 응대하면서 삶을 덧붙이려 하지 않는 것을 말하는 걸세."

Hui Shi said to Zhuangzi, "Can someone be a person without feelings?"

"Not a problem," replied Zhuangzi.

"But how can someone be called a person," asked Hui Shi, "if they don't have feelings?"

Zhuangzi said, "Their context provides them with the appearance and the shape of a personwhy wouldn' t we call them such?"

"Since we are already calling them persons," asked Hui Shi, "how could it be that they are lacking feelings?"

"This is not what I mean by feelings," replied Zhuangzi. "What I mean when I say that they are 'without feelings(wuqing)' is that they do not injure their own persons with likes and dislikes, and are always responsive to what is natural without trying to increase life." **34**

[惠施謂莊子曰 人故無情乎 莊子曰 然 惠子曰 人而無情 何以謂之人 莊子曰 道與之貌 天與之形 惡得不謂之人 惠子曰 旣謂之人 惡得無情 莊子曰 是非 吾所謂情也 吾所謂無情者 言人之不以好惡內傷其身 常因自然而不益生也]

자연스러운 사람은 직접적 감정 관계에서 산다. 인위적인 가치를 따르다가 시야를 잃은 사람은 구체적인 환경에서 멀어지게 되고 자신을 이전보다 비인간적으로 만들어버려 결국은 비존재의 나락으로 떨어지게 되는 것이다.

『道德經』에서 발견되는 다른 무로 시작하는 도가의 덕목은 無事이다. '일 없음', 무로 시작하는 도가의 덕목으로 이는 '일을 행하는 데 非간섭적임'을 의미한다. 57장은 자발성의 정치적 실천을 의미한다.

세상에 금지와 금기가 늘어날수록 사람들은 빈곤에 빠진다.
사람들이 날카로운 도구를 많이 지닐수록 나라의 앞날은 어두워진다.
사람들 사이의 술책이 늘어날수록 사악하고 기괴한 일은 늘어난다.
법령과 위세가 늘어날수록 약탈자와 도둑은 늘어난다.

---

34 『莊子』14.5.54. Graham(1981):82 와 Watson(1968):75~6을 비교.

그러므로 성인이 말하기를

우리는 비강제적으로 일을 한다.

그래서 사람들은 스스로 자라난다.

우리는 균형을 중요하게 여긴다.

그래서 사람들은 스스로 질서를 잡는다.

통치에 간섭을 하지 않는다.

그래서 사람들은 스스로 번창한다.

우리는 욕망에 대상이 없다.

그래서 사람들은 스스로 깎지 않은 통나무가 된다.

The more prohibitions and taboos there are in the world,

The poorer the people will be.

The more sharp instruments in the hands of the common people,

The darker the days for the state,

The more wisdom hawked among the people,

The more that weird and wonderful things will proliferate.

The more prominently the laws and statutes are displayed,

The more widespread will be the brigands and thieves.

Hence in the words of the sages:

We do things non-coercively

And the common people develop along their own lines;

We cherish equilibrium

And the common people order themselves;

We are non-interfering in our governance

And the common people prosper themselves;

We are objectless in our desires

And the common people are of themselves like unworked

wood.

[天下多忌諱 而人彌貧 人多利器 國家滋昏 人多伎巧 奇物滋起 法物滋彰 盜

賊多有 故聖人云 我無爲 人自化 我好靜 人自正 我無事 人自富 我無欲 人

自朴]

『道德經』에 무로 시작하는 도가의 덕목 중 또 다른 하나는 바로 無爭이
다. 이는 '다툼 없이 노력함이다.' 66장에서 성인의 행위는 이러해야 한다
고 결론짓는다.

　　세상의 그 누구도 그들과 싸울 수 없는 것은 그들이 싸우지 않고 노력하기 때
　문이 아닌가?

　Is it not because they strive without contentiousness that no one in the

　world is able to contend with them?

　[以其不爭 故天下莫與之爭]

　우리가 텍스트에서 발견하는 무로 시작하는 도가의 덕목들은 어떠한 상
황에서도 최선의 발휘를 하게끔 하는 강제 없는 협동 행위를 통해 관계를 최
대한 계발시키는 성향을 긍정한다. 상황의 독특함 때문에 최적의 성질은 일
반화시켜 말하기 힘들다. 발성법 선생은 학생들이 훈련에서 만날 장애물을
일반적으로 묘사할 수 있다. 그러나 각 학생들은 자기만의 어려움을 극복하
면서 자신의 목소리로 자신의 노래를 불러야 하는 것이다.

9) '습관 형성' 으로서 無로 시작하는 도가의 덕목들

우리가 무로 시작하는 도가 덕목의 성향의 계발을 『道德經』의 어휘 안에서 좀더 구체적으로 표현하자면 **'예술로서의 삶**(life as art)' 이라고 할 수 있다.

그 예술로서의 삶에서 도가적으로 계발된 마음의 관습과 습관은 인과적인 작위를 통해 새로움을 만들어내는 것이 아닌 상황을 최적하고 그 힘을 발휘함을 통해 창조적 가능성을 발현시킨다. 이 축적된 습관은 의심할 바 없이 사회적이며 개개의 마음의 행위에 드러나는 무의식적인 사회적 경향이다.

예를 들어 어떤 특정인의 독특함과 연결되는 지속적인 개별성은 반드시 주어진 자연적 사회적 문화적 세계의 맥락 안에서 역동적 과정으로 그려지고 관계적으로 이해되어야 한다. 특정한 인격은 자연적 본능이 아니라 의미 있게 조직되고 만들어진 것이다.

공시적으로, 사람은 그들이 특정한 공동체를 위해 기여하는 동시에 문화와 공동의 삶의 양식을 개인적 풍요를 위해 원용하기에 관계적이다. 통시적으로, 그러한 독특한 성격은 모든 몸짓과 사유에 관심을 갖는 지속적이고 쉬지 않는 각성으로 이해되어야 하고 모든 행위에서 정제된 성향으로 표현된다.

원시 유가들에게 이 禮化된 각성 ─가족과 공동체의 관계와 역할 속에서 삶을 살아가는 것─ 은 사람의 일상에 나타나는 축적된 습관에 초점을 맞춘다. 우리는 『익숙한 것에 초점 맞추기: 『中庸』의 번역과 철학적 해석 Focusing the Familiar: A Translation and Philosophical Interpretation of the Zhongyong』에서 유가적인 성향의 개념에 대해 어느 정도 성찰을 했다. 여기서는 도가적 감성을 자리매김하고자 한다.

우선 도가에 초점 맞추어진 각성은 인간의 공동체를 넘어서 자연 환경을 포괄하게 된다. 이러한 인간과 환경 사이에 습관 형성의 상호 관계는 넓게 구축된 관습과 문화 안에서 일어나는 것이다. 이 생태학적인 감성은 도가 철학에 심오한 우주적 차원을 추가한다.

유가의 예나 도가의 생태적 감성을 규정짓기 위해 '습관(Habit)' 이라는 단어를 사용하는 것은 그다지 매력적으로 보이지 않는다. 인간중심적이든 좀더 광범위하게 구성된 것이든 강렬하고 아름답게 창조적인 인간의 체험을 일상과 반복의 틀로 만들어버리는 것 같은 느낌이 들기 때문이다.

그러나 사실 그것은 하루의 반복과 일상사들을 주변적이고 잠시 스쳐가는 순간의 사건이 아니라 삶의 심오한 의미가 실현되는 것으로 승화시키는 것이다. 그리고 적절하게 이해된다면 이 습관은 우리의 매일을 聖化시키는 과정에 반드시 필요한 것이다.

우리는 습관이라는 것을 강박적으로 반복된 행위, 혹은 쳇바퀴 도는 일상과 같이 부정적인 것으로 생각해왔다. 즉 우리는 결정된 행위의 영역 안에 습관을 넣어 생각하기를 좋아했던 것이다. 습득된 성향으로서 습관은 세계의 질서를 초월적 창조자의 결과로 이해하거나 초월적 자연 법칙 산물로 이해할 때 별 중요성을 지니지 못한다. 그러한 경우에 있어서 습관적 행위는 단지 사물의 필연성을 재생산하는 것이다. 이렇게 이해된 습관은 주어진 본능과 필요의 기계적 표현인 것이다.

습득된 성향이 사물의 존재 양태 해석에 건설적으로 공헌하려면 세계는 과정적이고 변화하는 성격을 지니고 있어야 할 것이다. 우리가 당연하게 여겼던 습관의 의미를 다시 생각해야만 도가의 세련된 생태학적 의식을 습관적 행동이라고 이해할 수 있다.

아리스토텔레스는 Hexis란 용어를 처음 사용하였다. 그리스어 hexus는 '소유' 혹은 '어떤 것을 가졌음' 을 의미한다. 초기부터 hexis는 어떤 것의 '조건' 이나 '상태' 라는 함의도 지녔었다. 그러므로 이는 자연적인 혹은 성향적으로 조건지워진 사물의 '경향' ─덩쿨나무의 '습관' 처럼─ 을 의미하곤 했다. 아리스토텔레스는 hexis를 창조물의 자연적 혹은 내적인 행위를 언급할 때 사용했다. 습관이 가졌던, 이 의미들 ─어떤 것이 가지는 상태나 조건, 그 결과로서 경향─ 을 결합해내면 우리는 미국 실용주의적 전통에서 가장 탁월하게 발견된 습관의 의미에 비로소 도달하게 된다.

존 듀이는 토대화된 인간 본성의 개념과 결정론적인 본능 이론의 핵심인 이성 개념과 습관을 비교하면서 "자연적 행위의 의미는 자연적이지 않다. 그것은 습득된 것이다" 라고 주장하였다.35 우리는 습관 그 자체이다. 우리가 습관을 가지고 있는 것이 아니라 습관이 우리를 가지고 있다는 표현이 옳다. 듀이는 "중요한 차이는 이성과 습관 사이에 있는 것이 아니라 비지성적인 습관과 지성적인 습관 즉 예술 사이에 있는 것" 36 이라고 지적한다. 습관은 다른 방식으로 행동하지 않고 특정한 방식으로 행동하는 습득되고 계발된 성향이다. 습관은 새로운 충동과 예측되는 반응에 뿌리를 두고 연결된 생명이 존재의 패턴을 통해서 에너지 흐름의 통로를 만들고 에너지의 폭발이 일어나게 하는 중요한 형식이다.

이렇게 창조적인 의미에서 습관을 이해하는 것은 우리의 직관을 확인시켜주는 것이다. 많은 사람들은 예술적 노력에 있어서 기술의 특별한 기여를 인정한다. 미적 감각을 가지고 정신적으로 문장을 분석하거나 육체적으로 악보와 화음을 연주하는 능력 없이 글짓거나 음악 연주는 가능하지 않다. 前반성적이고 성향적인 기술은 행위하는 예술가를 창조적으로 해방시켜준다. 자발성이 체험을 통해서 실현된다.

미적 체험은 즉각적이기 때문에 새로움을 창조하고 체험하는 과정이나 규율을 만들어내기란 불가능하다. 가능한 것은 비매개된 경험이 자극되고,

---

35 MW 14:65.
36 MW 14.55.

분화되고, 그 主調가 달라지고, 지속적으로 변형될 수 있는 상황을 만드는 것이다. 습관은 비매개적인 것의 체험을 가능하게 하는 습득된 구조이다. 좋은 습관이 형성되어 있을 때 좋게 느껴지는 것이 좋은 것이다. 습관은 자발적이고 창조적 행위의 배경이지만 이 성향은 새로운 상호 관계에 의해 지속적으로 재형성되고 새롭게 방향지워진다는 의미에서 비결정적이다.

중국의 세계관에 의하면, 사물들이 습관을 가지는 것이 아니라 사물은 바로 습관인 것이다. 습관은 존재의 양식이다. 습관적 행위는 고대 중국 사회를 지배한 미적인 감수성을 요약하는, 가지는 것과 있는 것 사이의 관계를 잘 설명해준다. 중국 철학 연구자들은 계속해서 중국어 연결사에는 '존재한다' 는 뜻을 지닌 'to be' 의 의미가 결여되어 있다고 지적해 왔었다. 有는 연결사로서 '소유하다', '현전하다' 라는 의미를 지닌다. 연결사로서 존재한다는 의미의 being과 중국적인 소유라는 의미로서 有사이의 차이는 두 가지 현전의 양식을 드러내고 있다. 그것은 매개적인 것과 상대적으로 덜 매개적인 것의 차이이다.

매개적인 체험은 이것의 본질이나 저것의 본질로서 존재가 세계의 구체적 존재들을 통해서 표현된다는 사실을 의미한다. 여기에서 인간은 선험적인 기질이나 가능성의 현실화이다. 이는 실체나 형식을 근본으로 생각하는 실체주의적 존재론과 우주론의 특성이다. 그리고 하나의 구체적 존재들의 경험을 강한 목적론적인 지향에 의해 지배되는 것으로 이해한다. 즉 실체는 형상과 개념을 통해서 파악되며 실체보다 우선 존재하거나 그것들로부터 추상화되는 방식으로 알려지게 된다. 이 형상들은 예정된 설계를 반영한다.

비매개적 체험은 구체적인 개별자 자체가 앎의 대상이다. 그러한 개별자는 즉각적으로 파악된다. 이것이 체험을 '가졌다' 는 의미이다. 체험을 하게 하고 의미를 결정하는 구조는 계발된 습관이다. 그것은 사람을 그 체험을 향한 경향성을 가지게 한다. 嗜好와 感賞의 언어가 이 체험을 묘사하는 데 적절한 것이다.

본질과 실존을 대조시키는 존재의 개념은 매개적이며 개념적이고 발생론적이며 토대적인 지식을 옹호한다. 그러나 합리적이고 논리적인 것에 반대되는 의미로서 심미적 관점은 비매개적인 형태의 체험함을 의미한다. 매개적인 체험은 사물의 토대를 소유하거나 파악하는 것을 요구한다. 비매개적 심미적 경험은 단순히 체험을 '가질' 뿐이다.

분석적 인식론적 언어인 'getting', 'grasping', 'comprehending' 과 한문을 비교해보자. 한문은 일상에 초점을 맞추고 상관적으로 이해하여 비매개적인 것을 '체험하는' 성향적인 언어이다. 매개의 사물의 토대가 개념을 통해서 추상화되는 언어가 아니다. 인지적이고 담론적인 지식과 구체적 지식의 내용으로서 느낌의 체험이라는 비교도 역시 유용할 것이다.

유가가 비매개적인 禮로 표현된 계발된 성향에 초점을 맞춘 반면, 도가는 그러한 계발의 지나친 강조는 인위적인 인간 문화가 자연의 자발적인 자연적 성질을 압도하는 정반대의 의도하지 않는 부작용을 낳을 것이라고 걱정하였다. 도가는 자연의 율동이 교육과 우리의 자연스러운 감성을 도야하는 원천으로 가장 적절하다고 여긴다. 도가의 유가 비판에서 禮는 경직된 도구적 도덕이며 비매개적 표현을 불가능하게 하고 인간의 공동체를 자연적 리듬으로부터 분리시킨다는 전제가 깔려 있다. 제도화된 예는 인간의 행위를 매개하게 되어 자발적이고 자연스러운 습관을 억압한다. 유가와 도가는 느낌을 체험하기 위해 성향을 계발할 필요성이 있다는 것에는 동의한다. 그들이 동의하지 못한 것은 그러한 성향을 어떻게 만들고 유지시키느냐 하는 방법이었다.

제 III 부

禮와 원시 유학의 非신론적 종교성

1. 신 없는 종교, 유학

원시 유학은 비신론적인 동시에 심오하게 종교적이다. 이는 신이 없는 종교이다. 축적된 인간의 체험 자체를 긍정하는 종교이다. 유학은 인간의 성장과 확장의 과정이 전체의 의미에 의해 만들어지는 한편 그것들이 전체의 의미에 기여하기도 한다고 말한다. 나는 이를 '공동 창조성Co-Creativity'이라고 부른다. 고전 문헌에서 공동 창조성의 과정은 인(仁), 군자(君子), 신(神), 화(和), 중용(中庸) 등 수많은 연관된 표현을 가지고 있다. 이 표현들이 가리키는 것은 듀이의 표현을 빌리자면, 체험을 최대한 계발하려고 노력하며 '행동하고 체험하기'이다.

유학의 이런 종교성은 서양의 문화적 내러티브에서 종교의 의미로 규정되는 아브라함 전통(유대교, 이슬람교, 기독교를 가리킨다— 역자 주)의 종교성과 몇 가지 큰 차이가 있다. 이 논문에서 나는, 시간적으로 최초에 있는 것, 자존적인 것, 외적인 원인을 경외하는 쉴라이어마하가 '절대적 의존'이라고 부른 숭배의 모델의 종교와는 달리 유학의 종교적 체험은 그 자체가 개화하는 공동체의 산물이라는 것을 주장하고자 한다. 유학에서 종교적 삶의 질은 공동체적 삶의 직접적 결과이다. 종교는 공동체의 토대가 아니라 공동체의 산물이며 개화인 것이다.

두 번째 중요한 차이는 유학의 종교성이 구원적이거나 종말론적이 아니라는 것이다. 유학의 종교성은 어떤 변화를 이끌어내지만 그 변화는 일상사에 있어 인간 삶의 질적인 변화이다.

나는 앞으로 『論語』와 『中庸』에 분명히 언급되어 있는 禮 중심의 종교성을 '비신론적' 이라고 규정할 것이다. 이는 원시 유학을 '天' 중심으로 해석하는 '기독교적' 해석과, 유학은 세속적 휴머니즘에 불과하다는 주장에 모두 도전하는 것이다. 나의 논의는 현대 우리의 상황에 적합하리라 믿는다. 이 논의가 펠릭스 아들러[Felix Adler(1851~1933) 어린이 노동을 반대한 사회 개혁가이자 유대교의 개혁을 요구한 종교인], 커티스 리즈[Curtis R. Reese(1887~1961) 종교적 휴머니즘을 주장한 유니테리언], 찰스 프랜시스 포터[Charles Francis Potter(1885~1962) 유니테리언 목사이자 급진적 인본주의자― 역주], 존 듀이 등이 20세기 초반에 미국에서 주도한, 그러나 성공하지 못한 무신적 종교적 '휴머니즘' 혹은 '자연주의' 에 대한 일종의 모범을 제시하고 있기 때문이다.[1] 위의 철학자들은 현대 문화에서 인간은 특히 과학의 발달로 선택의 기로에 서게 되었고, 유신론적 신과 같은 종교의 초자연적인 영성은 이미 낡은 것이어서 인간의 품위를 잃게 한다고 여겼다. 그래서 그들은 인간 공동체의 무한한 가치를 찬미하는 종교적 감수성을 대안으로 총체적인 종교개혁을 요구하였다. 이 종교적 휴머니즘이 대중의 지지를 얻지 못한 이유는, 대중들이 지배적인 유신론적 종교의 초자연주의에 함몰되어서 이 새로운 메시지를 듣지 못하였다는 것과 이 학설이 서구 역사에서는 매우 낯선 것이라는 점 때문이었다. 우리가 원시 유학을 이해한다면 이 종교 개혁가들을 더 잘 이해할 수 있을 것이다.

---

1 듀이 스스로 가끔 자신의 철학을 가리켜 '휴머니즘' 이라는 용어를 썼음에도 불구하고 자연의 경외를 강조하는 그의 입장은 '자연주의' 라고 묘사되는 편이 낫다. 그는 전혀 인간중심주의적인 사유를 하지 않았기 때문이다. 인간중심주의와는 달리 그의 맥락주의(contextualism)는 인간을 자연세계에 근본적으로 뿌리 박은 존재로 본다. 인간 공동체는 이 자연의 율동과 리듬에 공명하는 것이다.

　　원시 유학의 종교성을 논의의 핵심으로 가져오기 위해, 나는 유학적 의미
의 '공동 창조성(中庸)' 체험을 최대한 계발하기와 초월적, 초자연적 근원
에 호소하는 종교들의 맥락 안에서 이해되는 '힘으로서의 창조'를 구분해
보려고 한다. 창조성과 힘의 근본적인 차이를 이해하면 유학의 종교성에 맞
는 대안적 용어들을 만들어낼 수 있게 되며, 인간의 일상사의 체험 — 공동
체와 가족에서의 역할과 관계를 통해 禮化된 삶 — 이 어떻게 강렬한 종교
적 체험의 창조적 근원이 될 수 있는가를 잘 이해할 수 있게 된다. 나는 역동
적인 사회적 문법으로서 禮가 어떻게 인간을 제자리에 있게 하고 의미 있게
창조하여 심오한 종교적 삶을 살 수 있게 만드는지 그 과정을 탐구해보고자
한다. 문자 그대로 禮는 교육을 받지 않으면 미숙하게 남아 있을 인간을 '확
충'하여 영적 체험의 역동적 핵심으로 만드는 인간 '교육'의 과정이라고
나는 생각한다.

2. 창조성과 힘

데이비드 홀(David Hall)은 화이트헤드의 과정적인 개념인 '창조성'을 논의의 초점으로 끌어들이면서 무(無)로 시작하는 도가적 감수성인 無爲, 無知, 無欲과 연결하고 있다.

> '창조성(creativity)'은 자기실현의 관점에서만 규정할 수 있는 개념이다. 구성 요소들 사이에 긴장을 요구하고 그들 중 하나를 선택하여 해소되는 힘의 관계와는 달리, 창조력에 의해 규정된 관계에서는 완전한 타자란 있을 수 없으며 분리하거나 거리를 두거나 극복해야 할 대상이 없다.[2]

이러한 '창조성'의 규정은 외적 행위자의 결단에 호소하는 절대주의적 종교의 교리와는 잘 맞지 않는다. 사실 홀은 서구의 '무로부터 창조'라는 교리 안에서 유학의 종교적 체험을 표현하려고 할 때 나타날 개념상의 혼란을 우려하였다.

> 無로부터의 창조를 제대로 이해한다면, 사실 이는 힘의 관계의 패러다임임을 깨닫게 된다. 창조자는 피조물을 완전히 지배하기 때문이다. 피조물은 여기

---

2 Hall(1982):249을 보라. 이 생각에 대한 좀더 최근의 논의를 보려면 Hall and Ames(1998)를 보라.

에서 말 그대로 無, 아무것도 아니다.[3]

이 힘의 관계에서는 실재와 현상, 일자와 다자가 존재론적으로 분리되며, '창조성'이 '힘'(힘을 가진 창조자가 피조물을 결정한다는 의미에서)으로 환원된다. 여기에서 자기실현으로서 '창조성'의 가능성은 배제된다. 짜라투스트라가 말했듯이 "거기에 신들이 존재한다면 창조한다는 것이 다 무슨 의미가 있는가?"[4]

스티브 오웬(Steve Owen)이 한문 '詩'를 이를 영어 'Poem'으로 해석하기를 망설이는 이유도 이 힘과 창조성의 구분 문제와 깊은 연관을 맺고 있다.

> 만일 우리가 '詩'를 'poem'으로 번역한다면 그것은 편이상 이유일 뿐이다. 詩는 'poem'이 아니다. 詩는 사람이 침대나 그림, 신발을 만드는 것과 같이 만들어진 것이 아니다. 詩는 작업되고, 가다듬어지고, 기예가 더해질 수 있으나 근본적으로 '존재'하지는 않는다. 詩는 작가의 '대상'이 아니다. 그것은 작가 자체이며 그의 내부이면서 외부이다.[5]

오웬의 핵심은 詩는 자신 외부의 타자를 창조해내는 예술적 '힘'이 아니라는 것이다. 詩는 자기실현의 창조적 과정이다. 오웬은 아리스토텔레스에게 가장 저급의 과학인 '기술 제작술(poietike techne)' ― 그의 『詩學』이 전형적인 예로 꼽혔다 ― 로부터 詩를 구출하려 한다.

결국 존재론적 이분법을 부정하고, 만물의 존재 가치가 동등하게 실현되

---

3 Hall(1982):249.

4 Thus Spake Zarathustra II, 2. Nishitani(1990):49 trans. By Graham Parks.

5 Owen(1992):27. 오웬의 詩에 대한 성찰에서 보이는 한 가지 문제가 있다면, 그는 위의 통찰을 시 이외의 다른 예술현상에 적용하려 하지 않는다는 것이다. 화이트헤드가 언급하듯 "예술은 자연의 교육이다." 이는 자연 형상의 모방으로서의 예술(플라톤), 자연 기능의 모방으로서 예술(아리스토텔레스), 자연의 변형으로서의 예술(실존주의자와 낭만주의자), 자연의 승화로서 예술(프로이드)과 비교되어야 한다.

며, 독특한 개별자와 그 환경이 서로를 만들어가면서 '창조적'으로 의미 있게 구성되는 것은 이 '공동 창조성'의 과정을 통해서만 가능하다. 달리 말하자면, '창조성'은 항상 '공동 창조성'을 의미한다. 창조성은 언제나 상호 교섭적이며, 과정적이며, 협동적 노력을 의미하는 것이기 때문이다.

사실 서양 철학의 발전에서 자발적으로 발현하는 새로움이라는 창조성의 과정적 개념은 최근에 생겨났다. 1971년에 발간된 옥스포드영어사전의 '보충사전'에 비로소 이 새로운 항목이 추가되었다. 이 사전은 창조성의 세 가지 풀이 가운데서 두 가지를 화이트헤드의 『형성 도상의 종교 *Religion in the Making*』(1926)에서 빌려오고 있다.

이에 비해 유가와 도가 모두를 포함하는 비우주발생론적 중국 전통에서 '공동 창조성'의 개념은 매우 친근한 것이다. 도가에서 無爲가 그것이며 유학 전통에서도 이에 대응하는 수많은 표현을 발견할 수 있다. 예를 들어 『論語』에서는 이렇게 말한다.

> 권위 있는 사람들은 자신을 완성시키기 위해 타인을 완성시키고 스스로 거기에 도달하기 위해 타인을 증진시킨다. 자신의 행동을 자기 가까운 곳과 연관시키는 것은 바로 권위 있는 사람이 되는 방법이다.

> Authoritative persons establish others in seeking to establish themselves and promote others in seeking to get there themselves. Correlating one's conduct with those near at hand can be said to be the method of becoming an authoritative person(仁).[6]
> [夫仁者 己欲立而立人 己欲達而達人 能近取譬 可謂仁之方也已]

---

6 『論語』 6.30.

3. 독특함의 내러티브에서의 공동 창조성(誠)

誠은 '성실함(sincerity)'이나 '자기 완결성(integrity)'으로 자주 번역된다. 자기 완결성의 개념은 창조성과 힘의 구분에 따라 두 가지 매우 다른 의미를 지니고 있다. 첫째, '힘으로서의 창조력'의 세계관에서는 완전체인 대상을 의미하는 것이다. 둘째, 환경을 만들고 환경에 의해 만들어지는 '공동 창조성' 모델 안에서 변화하는 사건의 연속성과 지속성을 의미하는 것이다. 이때 '자기 완결성(integrity)'은 곧 '통합성(integration)'을 뜻한다.

실재와 현상의 이원적 세계를 결여한 고대 중국 전통은 이원론적인 세계관이 가지고 있는 객체로서 실재라는 개념이 없다. 거기에는 '대상'의 외부에서 시각으로 대상을 대상물로 만드는(이렇게 하여 그것들은 우리와 대치하게 된다) 객체의 개념 없이, 대상은 우리 주위의 변화, 흐름과 유동 속에 녹아들어간다. 그들은 대상이 아니라 사건이다. 사건은 다른 사건들과 연쇄를 이루며 우리 체험의 상호 교류의 과정 속으로 녹아들어가게 된다. 비객체화되고 비사실화된 담론은 과정의 언어로 구성되며 그 언어를 듣고 말하는 것은 바로 사물의 흐름을 체험한다는 것이다.

주어진 본질에 의해 완전체로 규정되는 개체의 세계에서 자기 완결성이란 동일한 류라는 선천적 본성을 공유한 개체들의 자기 동일성을 의미한다. 그들은 자기 독자적인 존재로서 의미가 있는 것이다.

이원론적 세계관에 주어진 본질이라는 개념이 있다면 과정적인 세계관에는 구체적 '사건' 의 구성적 관계의 독특함과 지속성을 의미하는 誠이란 언어가 있다. 이 세계관 아래서는 '사건' 이 '대상' 이나 '사물' 보다 적절한 용어이다. 그 체험은 독특한 하나이며 의미는 관계성 속에서 이루어진 것이기 때문이다. 『中庸』은 이 질문에 대해 바로 대답하고 있다.

창조성은 자기 완성적이고 그 길은 자기 지향적이다. 창조성이란 처음부터 끝까지의 과정을 말하며 이 창조성 없이는 어떤 사물이나 사건도 없다. 그러므로 군자는 창조성을 중요하게 여긴다. 창조성은 한 사람을 스스로 완성시킬 뿐 아니라 다른 사물과 사건을 완성시키는 것이다. 스스로 완성됨은 행동이 권위 있게 된다는 것이며 다른 사물과 사건을 완성시킨다는 것은 세계를 알아 가는 것이다. 그것은 성향의 성취된 탁월함이며 내적인 것과 외적인 것을 통합하는 방법이다. 그러므로 이러한 탁월함을 적용할 때 언제나 척척 맞아들어간다.

Co-creativity(cheng 誠) is self-realizing(zicheng 自誠), and its way(dao 道) is self-advancing(zidao 自道). Co-creativity is an event(wu 物) taken from its beginning to its end, and without this co-creativity, there are no events. It is thus that, for exemplary persons(junzi 君子) it is co-creativity that is prized. But co-creativity is not simply the self-realization of one's own person; it is what realizes events. Realizing oneself is authoritative conduct(ren 仁); realizing events is wisdom(zhi 知).**7**

This is the excellence(de 德) of one's natural tendencies and is the way of integrating what is more internal and what is more external.

---

7 이 구절은 『論語』의 6.23을 생각나게 한다. 공자가 말했다. 지혜로운 이는 물을 즐기며 권위 있는 행위를 하는 이는 산을 즐긴다. 지혜로운 자는 능동적이며 권위 있는 행위를 하는 이는 고요하다. 지혜로운 자는 즐거워하며 권위 있는 행동을 하는 이는 오래 견뎌낸다.[The Master said, "The wise enjoy water; those authoritative in their conduct enjoy mountains. The wise are active; authoritative persons are still. The wise find enjoyment; authoritative

Thus, whenever one applies this excellence, it is fitting.

[誠者 自成也 而道 自道也 誠者 物之終始 不誠 無物 是故 君子 誠之爲貴

誠者 非自成己而已也 所以成物也 成己 仁也 成物 知也 性之德也 合內外

之道也 故時措之宜也] [8]

내러티브에 본질적이고 변하지 않는 요소가 있다고 가정하는 발생론적
오류를 誠의 개념에서는 찾아볼 수 없다. 공동 창조성은 사건이 언제나 변
화하는 맥락을 형성하고 다시 맥락이 사건을 만들어내는 과정, 내러티브 자
체의 지속성과 연속성의 일관성을 의미하는 것이다.

이 형이상학적 차이를 좀더 구체적인 용어로 표현하면 인간 본성을 과정
과 체험의 축적으로 파악하는 사유는 인간 본성을 물상화시킴으로써 이를
이미 완결된 것으로 파악하는 철학과 대결하고 있는 것이다. 공동체의 기초
는 형이상학적 동일성을 지니고 선험적으로 구성되어 있는 마음이 아니며
도리어 '기능적' 이고 '도구적' 인 과정적인 언어로 표현되는, 앞으로 완성
될 마음이다. 마음은 효과적인 공동체적 마음을 만들기 위해서 필요한 목
표, 믿음, 바램, 그리고 앎을 의사소통을 통해 생산해낸다. 인간의 실현은
공동체의 삶의 형식에 전심전력을 다해 참여하는 것에 의해 이루어지지 않
고, 도리어 개체를 전심전력으로 형성하는 공동체적 삶에 의해 이루어진다.

사회적 교류와 효과적인 의사소통으로부터 마음이 만들어진다는 생각은,
誠에는 '자기 완결성' 이라는 번역이 완전히 표현하지 못한 차원이 존재한
다는 것을 의미한다. 그리고 그것이 '공동 창조성' 이라는 번역문에 분명히

---

persons are long-enduring(子曰知者樂水 仁者樂山 知者動 仁者靜 知者樂 仁者壽)] 지혜
는 맥락에 따른 적절한 대응을 동반한다. 『論語』 6.22을 보라. 그러므로 자신을 알기 위해서는
자신의 상황을 아는 것이 필수적이다.

8 『中庸』25장

표현되었다고 할 수도 없다. 誠의 번역어로 남은 대안은 가장 친근한 용어인 '성실함(sincerity)'일 것이다. 성실함이란 용어의 미덕은 아마 자신의 목적의 헌신, 행위의 질, 자기실현의 과정의 경건한 긍정 등을 포함하고 있다는 것이다. 이것은 '운명을 사랑하기(Amor Fati)'의 유학적 표현인 것이다.

4. 일상사에 중심을 두고 머물기로서 中庸

나는 이 논문에서 仁과 같은 '공동 창조성'의 다른 표현으로 원시 유학의 中庸이라는 개념에 초점을 맞추고자 한다. 이는 『論語』의 6.29에 맨처음 나타난다.

공자가 말했다. 일상의 일에 중심을 유지하면서 생겨난 탁월함이야말로 가장 위대한 것이다. 사람들 중에 이것을 오랫동안 유지하는 이는 매우 드물다.

The Master said, "The excellence born of staying centered in familiar 9 affairs is of the highest order. It is rare among the people to be able to10 sustain it for long." 11

[子曰中庸之爲德也 其至矣乎 民鮮久矣]

---

9 'Familiar'는 庸을 적절히 번역한 것이다. 이는 가족family을 연상시킨다. 가족은 뒤에서 언급 되듯 유학의 종교 체험에서 핵심적 위치를 차지한다.

10 『中庸』의 3판의 같은 구절에 발견된 能자가 있는 것으로 가정하였다.

11 이 『中庸』 구절은 『論語』의 12.1을 연상시킨다. "군자는 한 끼 식사 때라도……," 4.5에서 "권위 있는 행위를 벗어나지 않는다." ["If for the space of a day. 一日克己…… "Exemplary persons do not take leave of their authoritative conduct even for the space of a meal." (君子無終食之間違仁)]; 4.6에서 "사람들은 하루도 거르지 않고 권위 있 는 행위를 하기에 전력을 다 했는가?"Are their people who, for the space of a single day,

인간을 과정적이고 축적으로 보는 우리의 내러티브에 비추어보면, 유학은 인간은 길을 걸어가면서 필요한 변화와 수정과 더불어 적절한 조절을 행하면서 스스로를 세계에서 개화시키는 임무를 지니고 있다. 종교적 체험과 종교적 안식을 주는 곳에 도달하려면 삶의 일상사에 중심을 잡고 머무르며 균형을 잡으려고 지속적으로 주의를 기울이는 것이 필요하다. 균형(中) ― 자연적, 사회적, 문화적 환경 안에서 중심을 잡고 머무르는 학습된 능력이며 이는 인간을 어떤 맥락에 놓이게 하기도 하고 구성하기도 한다 ― 은 존경의 패턴을 통해 성취되는 역동적 조화(和)의 산물이다. 이 존경의 패턴을 통해 인간은 점점 확충되어간다. 따라서 이 중심은 천지의 과정을 촉진하는 우주의 적당한 위치를 갖게 되어 인간을 우주의 공동의 창조자가 될 수 있게 한다.

　　균형과 조화가 완전히 실현될 때 하늘과 땅이 제자리를 유지하고 세계의 모든 것이 번성한다.

When equilibrium(中) and harmony(和)are fully realized, the heavens and earth maintain their proper places and all things flourish in the world.

[致中和 天地位焉 萬物育焉]

　　세계에서 지극히 공동 창조적인 인간만이 세상의 베틀에서 수많은 실을 함께

---

have given their full strength to authoritative conduct?"(有能一日 用其力於仁矣乎)]; 그리고6.7에서, "공자가 말했다. 나의 제자 회는 권위 있는 사유와 감정을 버리지 않고 수개월을 지낼 수 있다. 다른 사람은 가끔 한번씩 권위 있는 사유와 감정이 드러날 뿐이다."["With my disciple, Yan Hui, he could go for several months without departing from authoritative thoughts and feelings; as for the others, only every once in a long while, might authoritative thoughts and feelings make an appearance."(子曰回也 其心三月不違仁 其餘則日月至焉而已矣)]

짜거나 분리할 수 있다. 그들만이 세계의 거대한 뿌리를 정하고 천지의 변화와
양육의 과정을 안다. 어떻게 그들이 기댈 어떤 것이 있을 수 있는가? 진실하므
로 그들은 권위가 있다. 심오하므로 그들은 바닥 모를 심연이 있다. 넓게 퍼지
므로 그들은 바로 하늘이다.

Only those in the world of the utmost co-creativity are able to separate
out and braid together the many threads on the great loom of the
world. Only they set the great root of the world and realize the
transforming and nourishing processes of heaven and earth.
How could there be anything on which they depend?
So earnest, they are authoritative(仁)
So profound, they are a bottomless abyss *yuan*(淵);
So pervasive, they are *tian*(天).
[唯天下至誠 爲能經綸天下之大經 入天下之大本 知天地之化育 夫焉有所
倚 肫肫 其仁 淵淵其淵 浩浩其天] **12**

---

12 『中庸』 2장, 32장.

5. 교육의 과정: educere인가, educare인가?

　　교육을 통해 존경의 패턴 안에서 성장과 확충이 일어나게 된다. 영어 'educate'의 어원은 우리에게 다시 창조성과 힘의 구분에 따라 유용한 구분을 하게 해준다.

　　교육은 educare 즉 'to cultivate, to rear, to bring up'을 의미한다. 발견하는 과정의 의미로서 성장, 주어진 잠재력을 실현한다는 뜻을 갖는다. 거기서 선생의 의미는 플라톤의 「메논」에 등장한 소크라테스처럼 이미 거기에 존재하는 것을 태어나게 하는 산파이다.

　　그러나 교육은 educere의 의미도 갖는다. 이는 'to educe, elicit, evoke, lead forth, draw out'라는 뜻을 가지고 있다. 여기서 교육은 관계의 특수한 조건과 그 창조적 가능성에 초점을 맞춘 이 특정 선생과 이 특정 학생의 입장에서의 협동적 노력을 의미하는 것이다.

　　이상적 형상에 호소하는 첫번째 의미가 서구적 용법에 더 가까운 반면 두 번째 의미는 '道를 확충하는데' 있어서 각자의 특수한 조건에 맞춘 모델을 본받게 한다는 의미에서 '이끌어냄'이 교육이라는 동양적 의미에 걸맞는다.

　　그대의 행위를 권위 있게 하려는 노력에는 선생에게도 양보란 있을 수 없다.

In striving to be authoritative in your conduct, do not yield even to
your teacher.

[子曰當仁 不讓於師] **13**

여기서 교육은 연속성과 창조성을 포괄하는 상호 교류의 과정이다. 이는
이 유능한 선생과 이 유능한 학생의 성장을 의미한다. 그것은『中庸』이 파
악한 표현대로 길을 만들어 앞으로 나아가는 達道의 교육이다.**14**

'앞서 나아감', '道를 확충함' 이라는 두 번째 교육의 의미를 묘사한 고
전적 구절은『論語』의 9장 11절이다. 그것은 顔回가 한 걸음 한 걸음씩 공
자에게 이끌려 스스로 걸어가면서 결국 길을 만들어온 과정을 설명하고 있
는 멋진 구절이다.

안연은 길게 탄식하며 말했다. 내가 우러러볼수록 그것은 더 높이 솟는다.
내가 더 파고들수록 그것은 더 단단해진다. 그것을 내 눈 앞에 바라보고 있는데
갑자기 내 뒤에서 나타난다. 스승님은 나를 이끌어 한 번에 한 발씩 앞으로 가게
한다. 그는 나를 문화로 넓혀주고 예를 따름으로써 내 행위를 도와한다. 내가
그만두려 하여도 나는 그럴 수 없다. 내가 내 능력을 다했을 때 내 앞에는 무엇
인가 우뚝 솟아 있는 듯하다. 내가 그를 따르려 할지라도 갈 길이 없다.

Yan Hui, with a deep sigh, said, "The more I look up at it, the higher it
soars; the more I penetrate into, the harder it becomes. I am looking at
it in front of me, and suddenly it is behind me. The Master is good at

---

13 『論語』15.36.
14 『中庸』의 1장과 20장을 보라. 達은 땅을 뚫고 곡식이 자라듯 뚫고 나감의 의미를 지닌다.

drawing me forward a step at a time; he broadens me with culture(文) and disciplines my behavior through the observance of ritual propriety(禮) Even if I wanted to quit, I could not. And when I have exhausted my abilities, it is though something rises up right in front of me, and even though I want to follow it, there is no road to take."

[顏淵然歎曰 仰之彌高 鑽之彌堅 瞻之在前 忽焉在後 夫子循循然善誘人 博我以文 約我以禮 欲罷不能 旣竭吾才 如有所立 卓爾 雖欲從之 未由也已]

6. 핵심적 은유로서 가족

제도와 이를 규정하는 禮化된 역할과 관계의 복합체로서 가족은 인간의
최선의 체험을 주고받아서 길을 만들어가는 과정을 최적화하는 모델을 제
공해주고 있다.

군자는 뿌리에 자신의 노력을 집중하고 그것을 굳게 잡는다. 길은 그로부터
자라난다. 효도와 형제애야말로 권위 있는 행위의 뿌리라고 여겨진다.

Exemplary persons(君子) concentrate their efforts on the root, for the
root having taken hold, the way(道) will grow therefrom. As for filial
and fraternal responsibility, it is, I suspect, the root of authoritative
conduct(仁).

[君子 務本 本立而道生 孝弟也者 其爲仁之本與] 15

여기에는 인간이 다른 어떤 제도보다도 그 가족들에게 완전하고 무조건
적으로 헌신하려 한다는 통찰이 깔려 있다. 가족 관계를 모든 관계의 가장
핵심에 둔다는 것은 모든 인간은 자신의 모든 행위에 최선을 다한다는 것을

---

15 『論語』 1.2.

의미하는 것이다.

방사형적인 인간 성장 핵으로서 가족의 힘은 그 관계가 다른 초자연적 관계와 경쟁적이거나 그것에 의해 관심이 분산된다든가 의존적이지 않을 때 더욱 강해질 수 있다. 가족으로부터 외부로 이 힘을 확장하였을 때 인간은 심오한 공동체적, 문화적 그리고 궁극적으로는 종교적 존경의 대상으로 등장하게 된다.

일상적 체험에서 강렬하게 느껴지는 종교성의 성취를 넘어서 이 군자들은 선조의 유업(天)의 기여자 혹은 가족이나 공동체의 조상으로 등장한다.

교육 혹은 가르침으로 번역되는 중국어 敎의 어원은 매우 시사적이다. 이는 가족 안에서의 교육 과정에 초점을 맞춘다. 『說文』에 의하면 문자를 구성하는 두 요소는 "위에 있는 사람이 문화를 제공하는 것(文)"과 "아래 있는 사람이 효도로써 응대함(孝)"으로 설명되며, 敎는 "나이 먹은 이가 나누어 주고 젊은이는 이를 모델로 삼는 것"을 뜻한다고 한다. 또한 敎는 국가 종교로서 道敎나 儒敎에서 보듯이 종교적인 함의를 가지고 있다는 것도 그냥 지나쳐서는 안 된다.[16]

일반적으로 말해서, 존경의 패턴들은 가족 자체를 만들고, 그 구성원 사이에 구체적인 예의 역할과 관계를 만들고 규정하며 권위를 부여하여 결과적으로는 세련의 과정이 뒤따르게 하는 것이다. 『中庸』 20장에서 말하는 것과 같다.

> 다른 친척 사이에 사랑의 정도와 인물에서 자격이 다른 사람에 사이에 존중의 정도에 따라 禮가 발생하게 된다.
>
> The degree of love due different kin and the graduated esteem due

---

16 유교라는 표현은 일찍이 『史記』에서 보인다. Ssima Qian(1959):3184.

those who are qualitatively different in their character is what gives rise
to the observance of ritual propriety.

[親親之殺 尊賢之等 禮所生也]**17**

　예의 역할과 인간관계가 규율이나 법과 다른 점은, 예는 개인화될 뿐 아니
라 예에 투여되는 개인의 질을 궁극적으로는 능력의 잣대가 되게 한다는 것
이다.**18**

17　우리는 『孔子家語』 17.1/34/14에 기초하여 이 구절을 고쳤다: 친척을 사랑하는 가르침과 다
　　른 자격을 가진 사람들에 따른 적절한 정도의 존경이 예를 지키는 것을 발생시켰다. 예를 지킴
　　은 다스림의 뿌리이다.[The teachings of loving kin and the graduated esteem due those
　　with different quality of character is what has produced the observance of ritual
　　propriety. The observance of ritual propriety is the root of proper governing(親親之
　　教 尊賢之等 禮所以生也 禮者政之本也)]. 공자는, 예를 따름은 하나의 치장으로서 나중에야
　　가능하다는 것을 계속 지적한다. 3.8을 보라: 자하가 물었다. "詩에서 말하기를 '그녀의 웃는
　　입은 빛나고 그녀의 눈부신 눈은 맵시 있고 맑구나! 색을 더해주는 것은 흰 바탕이로구나' 라는
　　것은 무슨 의미 입니까?' 공자가 말했다. "색을 더하는 것은 바탕을 그냥 두라는 말이다." 자하
　　가 말했다. "그러면 예를 지키는 것을 나중에 해야 한다는 말입니까?' 공자가 말했다. "자하야!
　　네가 나의 생각을 북돋는구나. 그대야말로 나와 더불어 시를 이야기할 만하구나!"[Zixia
　　inquired: "What does the song mean when its says: 'Her smiling cheeks--so radiant,
　　Her dazzling eyes--so sharp and clear, It is the unadorned that enhances color.'?"
　　The Master replied: "The application of color is to the unadorned." "Does this mean
　　that observing ritual propriety(li) itself comes after?" asked Zixia. The Master replied:
　　"Zixia, you have stimulated my thoughts. It is only with the likes of you then that
　　one can discuss the Songs."(子夏問曰巧笑兮 美目盼兮 素以爲絢兮 何謂也 子曰繪事後
　　素 曰禮後乎 子曰起予者 商也 始可與言詩已矣)] 이외에 3.4, 6.27, 12.15를 보라.
18　『論語』 3.3: 권위 없는 사람이 예를 지키는 것과 무슨 관계가 있는가? 권위 없는 사람이 음악을
　　연주하는 것과 무슨 관계가 있는가?(What has a person who is not authoritative got to do
　　with observing ritual propriety? What has a person who is not authoritative got to do
　　with the playing of music?(子曰人而不仁 如禮何 人而不仁 如樂何)]

7. 과정과 교육의 내용

최근 우리가 번역한 定州版 『論語』에서 헨리 로즈먼트와 나는 다음과 같은 의문을 던지며 禮에 대한 논의를 시작했다.

공자의 禮의 의미를 이해하는 데 가장 큰 장애물은 예라는 개념이 익숙하여 우리가 그 의미하는 바를 온전히 이해하고 있다고 생각해버리는 데 있다.

『說文』은 재미있게도 禮를 '길을 걷다(履)'로 해석한다.[19] 『論語』를 읽으면서 우리는 역사적 인물인 공자의 삶에서 벌어진 사건들을 그려내는 친근한 일련의 스냅 사진을 보여주는 9장에서 11장을 읽지 않고 건너뛰어버리는 경향이 있다. 그러나 여기에는 朝廷의 일과에 참여하는 학자적 관료가 취해야 마땅한 행위들이 마치 안무처럼 구성되어 있다. 아주 미세한 몸짓, 옷 종류, 걸음걸이, 자세와 얼굴 표정, 목소리의 억양, 또 숨 쉬는 리듬조차도 정해져 있다는 것을 우리는 이들 구절을 읽으면서 알게 된다.

공문을 통과할 때 마치 대문이 높지 않은 것처럼 허리를 숙인다. 배알할 때는

---

19 Kalgren(1957)에 의하면 이 두 용어는 고대 발음에서 완전한 동음어이다.

출입구의 가운데에 서지 않으며 지나갈 때는 문턱을 밟지 않는다. 빈 왕좌를 지날 때 표정을 눈에 띄게 바꾸고 다리는 굽힌다. 그리고 말을 할 때는 숨이 찬 것 같이 보인다. 홀을 오를 때에는 옷자락을 들고 허리를 굽히며 숨을 멈추듯 참는다. 첫 번째 계단을 내려갈 때는 표정을 편하게 하고 다시 평정을 찾는다. 계단의 아래에서는 기운 있게 걷고 자리로 돌아올 때는 공경하는 자세를 다시 갖춘다.

On passing through the entrance way to the Duke's court, he would bow forward from the waist, as though the gateway were not high enough. While in attendance, he would not stand inthe middle of the entranceway; on passing through, he would not step on the raised threshold. On passing by the empty throne, his countenance would change visibly, his legs would bend, and in his speech he would seem to be breathless. He would lift the hem of his skirts in ascending the hall, bow forward from the waist, and hold in his breath as though ceasing to breathe. On leaving and descending the first steps, he would relax his expression and regain his composure. He would glide briskly from the bottom of the steps, and returning to his place, he would resume a reverent posture.

[入公門 鞠躬如也, 如不容 立不中門 行不履閾 過位 色勃如也 足躩 如也 其言 似不足者 攝齊升堂 鞠躬如也 屛氣 似不息者 出降一等 逞顔色 怡怡如也 沒階 趨進翼如也 復其位 踧踖 如也] [20]

이 구절과 또 다른 비슷한 곳에서 禮는 한 사람의 인생의 과정에서 규정된 때에 지위를 공식적으로 인정받으려고 행해지는, 발생적이고 형식적으로

---

20 『論語』10.4

짜여진 '예식(rite)'이나 '의식(ritual)'이 아닌 것은 분명하다. 예의 수행은 각 참여자들의 독특성의 관점에서, 또 인간이 되어간다는 심오하게 심미적인 기획의 관점에서 이해되어야 한다. 예는 개인의 정련화 과정이다. 성취된 본성이자 자세이며, 몸짓이며, 서명이며, 정체성을 의미하는 것이다. '적절한(proper), 적당한(appropriate), 알맞음(propriety)'의 어근인 proprius에서 파생한 개념인 '나만의 것으로 전유함(appropriation)'을 의미하는 禮는 분명히 개인의 가치를 자신과 공동체에 드러내는 개성적인 행위이다. 禮는, 사람이 독특한 개인으로 또 全人으로서 이를 통하여 질적으로 스스로를 구성하고 드러내는 개성적이면서 공공적인 담론인 것이다. 중요한 것은 예의 사건에는 放逸의 시간이 없다는 것이다. 禮는 그가 매순간 하는 행위의 모든 세부 사항에 대해 최대한의 주의를 기울일 것을 요구한다. 조정에서, 연극을 보면서, 자러 가면서 취해야 하는 자세에 이르기까지, 손님을 적절하게 접대하는 것에서 홀로 있을 때 행하는 행동에 이르기까지, 공식석상에서 식사 때의 행위에서 적절한 즉석의 몸짓에 이르기까지 등등.

---

21 개인의 독특성은 반드시 관계적으로 이해되어야 한다. 그가 주위 맥락에 기여할 것과 맥락이 개인에게 기여하는 것, 사람의 독특한 관계를 필요로 한다. 이 구절은 Whitehead(1960)16의 "종교는 그의 고독과 더불어 행하는 것"이라는 말을 연상시킨다. 愼獨의 개념은 『荀子』에도 역시 나타난다. 『荀子』7/3/30: 이는 주위 환경의 힘에 따름으로써 자신의 독특성에 언제나 주의를 기울여야 하다. 인간이 되려는 길을 잘 만드는 사람은 그가 진실하지 않으면 독특함이 없다. 독특하지 못하면 그는 모습을 갖추지 못한다. 모습을 갖추지 못하면 그는 마음에서 무엇을 하려 할지라도 그의 얼굴에 드러나고 말에 표현된다. 사람들은 비록 따를지라도 그를 믿지 못한다[This is because according with the force of circumstances one is ever circumspect in one's uniqueness. For persons effective in constructing the road to becoming human, if they are not authentic, they are not unique; if they are not unique, they will not take shape; if they do not take shape, although they initiate something in their hearts-and-minds, it is manifest in their countenance, and it is expressed in what they say, the common people will still not follow them, and even if they do follow them, they are certain to be distrustful. (夫此順命 以愼其獨者也. 善之爲道者 不誠則不獨 不獨則不形 不形則雖作於心 見於色 出於言 民猶若未從也)]. 『荀子』의 이 장은 『中庸』의 용어들을 사용하고 있으며 그것을 연장한 것으로 보인다. 『大學』에도 『荀

이러한 강렬한 注意에 해당하는 표현 중 하나는 愼其獨이라는 개념이다.

이 때문에 군자는 보이지 않는 것에 대해 조심해야 하고 보이지 않는 것에 대해 걱정해야 한다. 숨겨져 있는 것보다 잘 보이는 것은 없고 미완의 것보다 잘 드러나는 것은 없기 때문에 군자는 항상 자신의 독특성에 신중해야 하는 것이다.

It is for this reason that exemplary persons 君子 are so cautious about what is not seen, and so anxious about what is not heard. It is because there is nothing more present than what is hidden, and nothing more manifest than what is inchoate that exemplary persons are ever circumspect in their uniqueness.
[是故 君子 戒愼乎其所不睹 恐懼乎其所不聞 莫見乎隱 莫顯乎微 故 君子 愼其獨也] [21]

예는 인지적이면서 심미적이고, 도덕적이면서 종교적이고, 육체적이면서 영적이다. 이것은 공자라는 특정 인물의 내러티브로서는 하나이면서 매

子』의 이런 용법을 연상시키는 표현이 있다. 이는 "내적인 진실이 외형을 만든다"는 것을 의미한다. 그러므로 군자는 그 독특성에 주의를 기울인다 [This is what is meant by the saying: "What is authentic within will shape one without." Thus, exemplary persons must be ever circumspect in their uniqueness.(此謂誠於中 形於外 故君子必愼其獨也)]. 『莊子』에서 17/6/41(cf. Graham 87, Watson 83): 새벽의 밝음에 도달하고나서 그는 자신의 독특함을 볼 수 있다. 그 독특함을 보면 과거와 미래를 버리고……[Having attained the brightness of dawn, he was then able to see his own uniqueness; seeing his own uniqueness he was then able to set aside past and present.(朝徹而後能見獨, 見獨而後能無古今)]. 獨의 쓰임은 一이라는 의미로 풀이되기도 한다. 그리고 이는 도덕경 25장을 연상시킨다(馬王堆본): 가만히 개성 있게 서서 변화하지 않는다. 어디든지 퍼져 나아가고 쉬지 않는다 [Standing uniquely, it is not improved upon; pervading everywhere, it does not pause.(獨立不改, 周行不殆)]. Riegel(1978):209n9 은 Maspero(1927):456를 愼獨을 "그의 독특성을 지킴"으로 번역한다.

사를 만드는 많은 절정의 사건으로서는 다수이다.

禮는 우아하고 개성적으로 수행되는 존경의 고상한 패턴들이다. 그것들은 가치를 드러내주는 삶의 형식이다. 그것은 공동체의 滿開를 목적으로 구성원을 따라 하도록 유도하고, 종교적 헌신을 고무하면서 사려 깊게 만든다. 같은 어근을 갖는 예(禮)와 몸(體)의 관계는 고도의 종교적 행위에서부터 육신에의 체현에 이르기까지, 하늘에서 땅에 이르기까지, 예가 구체적 인간의 체험에 편만해 있음을 의미하고 있다. 이미 완결된 본질이라는 것이 없는 인간에게 궁극적인 것은 체험의 쌓임이다. 그리고 예는 그 인간의 축적된 체험이 정련되고 핵심적인 것이 될 수 있도록 하는 매체인 것이다.[22]

---

22 Hebert Fingarett(1972)는 예가 공자의 종교적 표현의 매개체가 되는 방법을 강조하였다.

8. 성장과 확충

　禮의 삶은 연속적인 성장과 확충의 과정이다. 인간은 삶의 여행에서 길을 걷는 과정에서 지속적인 균형을 유지하여 체험의 범위와 강도를 확충한다. 그 삶은 친근한 관계 속에서 형성되며 제의적으로 수행되는 禮를 통해서 이루어지는 것이다.

　유학의 종교적 체험을 묘사하기 위해 끌어오는 용어의 대부분은 성장과 확충의 과정을 분명히 의미하는 것들이다. 예를 들어 생산적인 가족관계는 인간이 삶의 길(道)을 걸어갈 때 그 뿌리(本)가 된다.[23] 君子와 小人, 義와 利의 반복되는 대조와 일개 개인이었던 인간(人) 혹은 보통 백성(民)에서부터 권위 있는 인물(仁)이 탄생한다는 이 모든 표현에서 존중의 패턴을 통해 성장과 확장이 이루어진다는 것이 언급되고 있다.

　神이라는 개념조차도 '인간의 영혼' 과 '신성' 사이, '인간의 초능력' 과 '신비스러움' 의 이분을 거부하며 두 영역 사이를 넘나들고 있다.[24] 神 그 자체는 '확장하다, 연장하다' 는 뜻을 지니는 伸과 같은 뿌리를 가지고 있다.

---

23 『論語』1.2; 『中庸』의 1, 29, 32와 17을 보라.

24 고전에서 몇 개의 神에 대한 규정이 보이는데 어디서나 인성과 신성 사이에 날카로운 분리를 배제하고 있다. 예를 들어 Fayan이 말하길 성인은 곧 신이다[聖人日神]. 『周易』41/繫上/5에서는 음양으로 측정하지 못하는 것이 신이다[陰陽不測之謂神]. 『淮南子』1/9/15에서는 神은 생을 규제하는 것[that which regulates life(生之制也)], 15/152/2,9에서는 타인이 모르는 것을 아는 것[that which knows what other do not(知人所不知)], 2/16/8에서는 지혜의 심연[the abysmal source of wisdom(智之淵也)]으로 묘사된다.

神과 같은 위치에 올라간 조상이나 문화적 영웅들을 묘사할 때는 天體的인 비유가 사용된다. '日月', '天', '北辰' 등. 이는 "인간과 조상의 영역 사이에 연속성이 있다(天人合一)"는 익숙한 가정을 은유적으로 표현한 것이다. 예를 들어

중니는…… 모든 것을 덮어주고 받쳐주는 하늘과 땅에 비유할 만하다. 또 사계절의 진행과 해와 달의 밝음의 교체에 비유할 만하다.

Zhongni(Confucius)…… is comparable to the heavens and the earth, sheltering and supporting everything that is. He is comparable to the progress of the four seasons, and the alternating brightness of the sun and moon.
[仲尼……如天地之無不持載 無不覆 如四時之錯行 如日月之代明] **25**

이러한 종교적 경험의 강도는 바로 인간 성장의 잣대가 된다. 이는 인간의 종교적 체험의 근원인 내러티브 속에서 자신에 대한 창조적 계발이다.

---

25 『中庸』 30. 『論語』의 2.1; 19.21, 23, 24, 25장도 보라.

9. 유학적 '운명을 사랑하기(amor fati)' 로서
조화로운 情

이 자아실현의 과정에서 자아를 긍정하는 동기와 측면은 종종 과소평가 된다. 『中庸』은 조화를 규정하기를, 인간이 세계 안에서 삶의 길을 걸어가고 균형을 유지하기 위하여 인간의 감정에 적절한 잣대를 만드는 것이라고 하였다.

즐거움, 화냄, 슬픔, 즐거움의 감정이 아직 일어나지 않은 것을 초기 균형이라고 한다. 감정이 일어나서 적절함을 이루게 되는 것을 조화라고 한다. 이 균형의 개념은 세계의 거대한 뿌리이다. 그리고 조화는 길에 나아감이다. 균형과 조화가 완전히 실현될 때, 하늘과 땅은 제자리를 유지하고 만물은 세계에서 번창한다.

The feelings of joy and anger, of grief and pleasure, not yet having arisen is called nascent equilibrium(中); once the emotions have arisen, that they all achieve appropriate measure is called harmony(和). This notion of equilibrium(中) is the great root of the world; harmony then is the advancing way(達道). When equilibrium and harmony are fully

realized, the heavens and earth maintain their proper places and all
things flourish in the world.

[喜怒哀樂之未發 謂之中 發而皆中節 謂之和 中也者 天下之大本也 和也者
天下之達道也 致中和 天地位焉 萬物育焉]

　　최근에 마왕두이와 궈디엔에서 발굴된 유학 문헌인『子思子』에서 특히
주목할 만한 개념은 情이다. 사실 이 복원된 텍스트는 자기실현의 중요한
요소로서 '감정' 의 지위를 복원시키며 이 난해한 개념의 의미에 대한 오래
된 논쟁을 해결하는 듯하다.

　　그래험은 情을 "우리가 어떻게 이름짓고 묘사하는 것과 상관없이 사물과
상황이 그 자체로 어떻게 있는가"로 하여 '사실' 혹은 '본질' 이라는 의
미로 규정했다. 그리고『荀子』에 와서야 비로소 이를 '감정' 이라는 말로
사용하기 시작했다고 말한다.[26] 초기 문헌에서 情은 性과 함께 나타난다.
'자연적 성향', 그리고 이런 맥락에서 情은 "사물 그 자체로 어떻게 있느
냐"는 의미를 갖게 되는 것이다. 그러나 문제는 어떻게 한 개념이, 상황의
사실들이면서 거기에 매개된 감정을 동시에 뜻할 수 있느냐이다. 다시 말
해, 어떻게 해서 사실과 가치가 동시에 존재할 수 있는가 하는 것이었다.

　　그래험의 대답은, 초기에는 "사물이 어떻게 있는 것" 이었다가 후에 '감
정' 이란 의미로 변하였다는 것이다. 그러나 우리는 이에 동의하지 않는다.

　　'객체' 개념이 결여된 필연적인 결과로 원시 유학은 설명과 규범, 실재
와 해석을 나누려고 하지 않는 특성을 지닌다. 모든 것은 이 관점 혹은 저 관
점에서 체험되며 체험하는 자와 체험 자체가 사건에 포괄되어 있다. 이 구
체적인 관점의 총합이 구성하는 세계를 넘어선 전체의 설계도는 없는 것이

---

26 Graham(1989):97~100과 242~45를 보라.

다. 이 특징은 한문 是와 非가 이것/이것 아님(사실)과 옳음/그름(가치)을 동시에 의미하는 것에서 분명하게 드러난다. 情은 단순히 사물이 어떻게 스스로 있는가를 나타낼 뿐 아니라, 상황의 정서적 성격과 당사자의 그 안에서의 역할도 의미한다. 감정은 사건 자체에 있는 것이고 타자에 대한 대응으로 생긴 것이 아니다. 이 감정이 조화롭게 되고 인간이 체험을 최대로 발휘하는 온전한 공동 창조자가 될 때, 우리는 유학적 '운명을 사랑하기 (amor fati)' 가 이루어졌다고 할 수 있다. 이는 체험의 사실들을 있는 그대로 긍정하는 것이다.[27] 니체는 '운명을 사랑하기' 를 '나의 내적 본성', '관찰에 있어서 높이와 전체를 조감하는 시야' 라고 불렀다.[28] 상호 교류적, 과정적, 협동적 노력으로서 공동 창조성(誠)은 언제나 사물을 있는 그대로 긍정하고, 무언가를 이끌어낸다는 의미의 교육적 과정에 참여하게 하는 요소들을 가지고 있다. 개개인은 과거의 상황으로부터 새로운 것을 만들지 않는다. 새로움은 협동적으로 나타난다. 스스로 그러한 것 自然처럼 "아무도 그것이 왜 그런지 말하지 못한다."[29] 종교적 체험의 재료가 되는 것은 바로 이러한 감각이다.

　다른『子思子』문헌들과 비교하여『中庸』은 情을 그렇게 강조하지 않아서『中庸』이 같은 계열의 저작인지 의문을 갖게 하기도 한다. 『中庸』이 상대적으로 情에 덜 주목하는 까닭은, 위에서도 보았듯이 성실성(sincerity)으로 해석된, 감정적 차원을 가지고 있는 誠이 情의 역할을 하고 있기 때문이 아닐까 추측해본다.

27　설득력 있는 amor fati에 대한 설명으로 Keiji Nishitani(1990):45~68을 보라.
28　*Will to Power 1004*와 *Nietzsche contra Wagner*. Nishitani(1990):50~51에 의해 인용된 것. Graham Parks가 번역했다.
29　『莊子』5/2/37

10. 『中庸』을 다시 생각한다

이제 '공동 창조성'으로서 『中庸』을 논의할 차례이다. 이 논의는 애매한 첫 장에 대한 명쾌한 주석이기도 하다. 이 첫 장은 인간이 되는 방법론으로서 매우 중요하기 때문에 이 전체 텍스트의 제목으로 쓰이게 되었다.

나는 天, 道, 性과 같은 핵심적인 철학적 개념이 무비판적으로 해석되는 데 안타까움을 느낀다. 이들은 보통 'Heaven', 'the Way' 그리고 'inborn nature'로 번역된다. 하지만 이 번역어들은 위 개념들을 형이상학적 결정론으로 해석한 것이다. 이 해석은 분명 고대 중국철학의 기본적인 특징인 공통 창조성이라는 개념을 훼손하고 있다.

『中庸』의 도입부 제임스 레그의 타성적인 번역이 바로 이런 전형적인 예이다. 이 번역은 초기 제수이트 선교사의 해석을 참조한 것이며, 후대의 영어나 현대 중국어의 번역들이 모범으로 삼았던 것이다.

하늘이 부여한 것은 본성이라고 한다. 그 본성에 일치하는 것을 의무의
길이라고 한다. 이 길을 규제하는 것을 가르침이라고 한다.

What Heaven has conferred is called THE NATURE; an accordance

with this nature is called THE PATH of duty the regulation of this path
is called INSTRUCTION.

레그는 『中庸』 번역을 마치면서 깊은 신앙에서 우러난 의혹의 눈초리로
중국 전통이 『中庸』의 내용과 영향력에 부여한 높은 평가에 도전한다.

> (『中庸』의) 첫 구절은 매우 좋다. 그러나 지은이는 우리를 거의 길을 찾기 힘
> 든 몽매함으로 이끌어가면서 이 첫 구절을 다시 언급하는 법이 없다. 겨우 거기
> 에서 빠져나왔을 때 우리는 아름답지만 있음직하지 않은 성인의 모습에 당황하
> 게 된다. 그는 중국 민족의 자존심을 높이는 데 기여했다. 그는 자기 민족의 성
> 인들을 신이나 숭배받는 모든 것들 이상으로 고양시켰다. 그리고 대중에게 성
> 인들 외에 우리는 아무것도 필요로 하지 않는다고 가르쳤다. 이러면서 『中庸』
> 은 반기독교적인 것이 되어간다. 그러나 얼마 안 있어 기독교가 중국을 지배하
> 게 되면 사람들은 그들의 조상들이 신이나 그 자신들에 대해 아무것도 모르고
> 있었다는 하나의 증거로 이 책을 찾게 될 것이다.[30]

여기서 지적할 것은, 레그가 유신론적인 『中庸』 첫 구절의 해석과 이어
지는 인간중심 사유의 역학은 서로 양립 불가능하다는 것을 잘 깨닫고 있었
다는 것이다. 그가 그렇지 않기를 바라기는 했지만 『中庸』은 자연적, 사회
적, 문화적 환경 안에서 스스로 협력하는 인간은 어떤 초월적 신성의 도움
없이도 스스로를 실현하는 데 모든 것을 가지고 있을 뿐 아니라, 인간의 창
조성에 의해 고무되는 이 세계도 자신을 넘어서는 어떤 궁극적 실재에 호소
할 필요가 없다고 주장하는 것이다.

우리는 선택할 수 있다. 성리학과 기독교의 영향 아래 『中庸』의 첫 구절

---

30 Legge(1960):55.

이 나머지 텍스트와 상충하는 것으로 생각하는 주석자들을 따를 수도 있다.[31] 그렇지 않고 첫 구절을 문헌 전체에 나타난 철학적 역동성으로 이해한다면 『中庸』을 일관성 있게 이해할 수 있게 된다. 공동 창조력이라는 주제를 감안하여 『中庸』의 첫 구절을 좀더 감각있게 읽으면 아래와 같은 독법이 가능하다.

　　하늘이 추진하는 것을 자연적 성향이라 한다. 이 자연적 성향을 가르치는 것이 길에 나아감이라 한다. 이 길을 개선시킴을 교육이라 한다.

31　Riegel(1978):102ff은 『中庸』의 내용이 서로 상충하는 것은 그것이 한대 왕실에서 행한 논쟁 기록이기 때문이라고 주장한다. 각 절들은 서로를 반박하고 있는 것이다. 그는 이 첫 구절들이 논쟁을 위한 주제를 제시하고 있는 것으로 보았다. 3~5절은 이러한 철학을 실천하기는 불가능함을 논증하고 있다는 것이다.(1978):207~211.

32　Pang Pu(龐朴)(1998):92~3은 天을 인간 발전에 영향을 미치는 사회적 환경, 사회적 조건, 사회적 힘으로 규정한다. 중요하게도, 이 힘들이 원래 인간에 기원을 두는 것이었지만, 팡푸는 이것이 특정인의 통제력을 넘어서 있는 힘으로 보고 있는 것이다. 팡푸의 해석은 뚜 웨이밍의 좀더 관습적인 해석인 "일의 주재자로서 목적론적이며 보살펴주는 하늘에 대한 고대 중국인의 믿음을 확인시켜준다"는 말과 대조된다(p.9). Riegel은(1978):208n에서 "인간의 본성이 하늘에 의해 규정되었기 때문에 인간은 하늘에 대해서 그것을 계발할 의무를 지닌다"고 말한다.

33　이 구절에서는 성과 명이 모두 사용된다. 『孟子』 7B24에서는 두 용어를 도야의 초점의 차이를 나타내는 것으로 쓰인다. 즉 명은 욕구적인데 비해 성은 인간의 도덕성이라는 내용으로 채워진 것으로 구별한다.

34　shuai率(GSR 498)은 어원적으로 shuai帥(GSR 499)와 같은 글자이며 두 글자 모두 '(군대를)이끌다', '우두머리를 따르다, 복종하다'라는 의미를 지닌다. 즉, shuai는 '따르다'인 동시에 '이끌다'이기도 하다. 이는 서로 다른 행동 주체의 행동이라기보다는 '이끌고 따르는' 상황을 묘사한다. 한문에서 이는 특별한 용법이 아니다. 明이 보는 입장에서는 '통찰력'의 의미를 갖는 동시에 보는 대상의 입장에서는 '밝음'을 의미하는 것이다. 'tutoring'에 대해서는 educere와 educare를 구분하는 논의를 참고하라.

35　『中庸』 1장과 병렬적이지만 친도가적이며 반유학적인 언급이 『淮南子』 HNZ 11/93/20에 있다. 이 자연적 성향을 가르치고, 이를 전진하는 길에 자리매김하고 자연적 성향을 깨닫는 것을 탁월함이라고 한다. 자연적 성향을 잃은 후에 권위 있는 행위를 중요하게 여기게 되고, 길을 잃은 후에 적절함을 중요하게 여기게 된다. 그러므로 권위 있는 행위와 적절함이 확립되면 길과 탁월함은 사라지고, 예를 지킴과 음악을 연주함이 우리 삶을 장식하면 순박한 소박함은 흩어진다(Tutoring these natural tendencies and putting them in to advancing the way; realizing one's natural tendencies is called excellence. Authoritative conduct is

What tian promotes [32] is called natural tendencies;[33] tutoring[34] these natural tendencies is called advancing the way;[35] improving[36] this roadway is called education.[37]

[天命之謂性 率性之謂道 修道之謂教]

prized only when these natural tendencies are lost; appropriateness is prized only when the way is lost. For this reason, authoritative conduct and appropriateness being established, the way and excellence have been dislodged; if the observance of ritual propriety and the playing of music adorn our lives, then pure simplicity has dissipated.(率性而行謂之道 得其天性謂之德 性失然後貴仁 道失然後貴義 是故仁義立而道德遷矣 禮樂飾則純樸散矣)]. Riegel(1978)205n5은『後漢書』에서 이『淮南子』의 구절이 인용될 때『子思曰』의 글로 소개되고 있음을 지적한다.

36 修(GSR 1077)는 'cultivate' 외에도 'improve, adorn, arrange, repair, attend to,elaborate'의 뜻이 있다고 한다. 修에는 미리 결정된 것을 키우는 것이 아니라 인간의 문화적 활동이라는 뜻이 있다. 한대의 주석가인 鄭玄은 이 글자를 "다스리고 넓힘, 인간이 그것을 확장하고 아름답게 함(治而廣之 人放 倣 之)"이라고 풀이한다. 아마『論語』의 15.29의 구절을 넌지시 가리키는 듯하다. "길을 넓힐 수 있는 것은 다름 아닌 인간이다(it is the person who is able to broaden the way(人能弘道)]." 중요한 점은 이 구절에 길을 '개척'한다는 의미가 존재한다는 것이다.

37 Pang Pu(1998):95는 인간이 어느 정도 제어할 수 있고 발휘할 수 있으며 진정한 책임을 질 수 있다는 의미에서 인간의 실현 과정에 영향을 미치는 것이 교육이라고 지적한다.『論語』의 20.3에서 병렬구조는 命, 禮, 그리고 言 모두가 참여를 필요로 하는 것으로 이해되어야 하며 인간 체험에 결정론적으로 주어지는 것은 아니라는 것이다(子曰 不知命 無以爲君子也 不知 禮 無以立也 不知言 無以知人也]. 비슷하게, 性, 道와 敎가 구절에서 병렬을 이루면서 성이 '주어진 것'이 아니라는 것을 보여준다. 인간이 실현하는 도를 건설하는 데 인간 스스로 참여해야 한다는 것이 이 병렬구조를 보면 분명하다.

11. 종교성으로서 공동 창조성

원시 유학에서 '종교성'의 의미는 존재하는 사물의 전체 場의 복합적 의미와 가치를 초점 있게 긍정하는 것에 도달함을 뜻한다. 이는 공동 창조자로서 인간의 참여적 역할이라는 경외를 성찰하고 깨달음으로써 가능하다.

인간이 사물의 의미를 깨닫고 이에 가치를 더하려면 사물 사이의 관계성을 발견하고 스스로를 이 관계성에 투여해야만 한다. 모든 존재들과 '함께서 있음'은 일상 삶의 체험에서 모든 행위에서 가능성을 저해하는 어떠한 강압도 없이 적절한 창조성을 발휘하도록 균형을 성취하고 유지함으로써 가능하다. 공자는 자신의 삶의 과정을 성찰하면서 이 자기 긍정의 종교성의 진수를 보여준다.

나는 50세부터 하늘의 세력을 깨달았다. 60세부터 나의 귀는 조율이 되었다. 70부터 나는 내 마음을 자유롭게 놓아도 경계선을 넘어서지 않았다.

……from fifty I realized the propensities of tian(tianming 天命); from sixty my ear was attuned; from seventy I could give my heart-and-mind free rein without overstepping the boundaries.[38]

---

38 『論語』 2.4.

[子曰吾十有五而志于學 三十而立 四十而不惑 五十而知天命 六十而耳順
七十而從心所欲 不踰矩]

이 구절은『論語』의 텍스트에 편만한 '길(道)' 이라는 은유에 다시금 호소하고 있다. 방향을 잡고(志于學), 자기 자리를 찾으며(立), 어느 길로 갈까 알게 되고(不惑), 그 주위 지형을 파악하여(知天命), 길을 따라가서(耳順) ─ 耳자가 오자라는 설도 있으나 팅조우 판본에서 이 글자가 발견되었다 ─ 결국 어긋남이 없이 자신의 뜻대로 길을 가게 되는 것이다(從心所欲 不踰矩).

제 IV 부

유학과 듀이의 프래그머티즘: 하나의 대화

1. 대화의 기초

우리는 자신을 '미국의' 철학자라고 고백한 화이트헤드가 그의 배 다른 형제 존 듀이를 가리켜 다음과 같이 말한 것을 듣는 순간 이 대화의 앞날에 용기를 얻을 수 있을지도 모른다.

> 만일 당신이 공자를 이해하길 원한다면, 존 듀이를 읽으십시오. 또한 만일 당신이 존 듀이를 이해하고 싶다면, 공자를 읽으십시오.[1]

더 나아가 화이트헤드는 『과정과 실재』에서 "그의 유기체 철학은 일련의 (서양철학보다) 중국 사상에 보다 더 유사한 듯하다"고 말하고 있다.[2]

화이트헤드는 철학함에는 참보다는 오히려 흥미로운 것이 더 낫다(어떤 사람들에게는 뻔뻔스러운 말이겠는데)고 다른 곳에서 공언하기도 한다. 이러한 몇 가지 언급을 요약해보면, 그는 듀이와 공자를 서로 연관시켜 읽는 것이 진리 내지 매우 흥미로운 활동이라고 추천하고 있는 듯하다. 화이트헤드와 같이 위대한 철학자의 이런 발언에 우리는 자못 고무될지도 모른다. 그러나 이보다 심하게 진실에 어긋나는 것은 없을 것이다. 화이트헤드는 자

---

1 *Dialogues of Alfred North Whitehead* as recorded by Lucien Price. (Boston: Little, Brown, and Company, 1954):176.

2 *Process and Reality*, Donald Sherbourne corrected edition (New York: Free Press, 1985):7.

신과 공자, 듀이 모두가 공유하고 있는 과정적 감수성을 간과하고 있는 듯하며, 그는 공자와 듀이를 '프래그머티스트' 로 지칭하면서 명시적으로 물리치고 있다. 그에게 프래그머티즘은 소박한 경험주의이며 철학적 모험 중에서 가장 시시한 것이다. **3**

만일 우리가 유학과 듀이 사이의 대화를 위한 기초로 화이트헤드의 권위에 호소하려 든다면 우리는 사실 가장 위태로운 지반 위에 기초를 세우고 있는 셈이다.

사실 화이트헤드뿐 아니라 그의 철학적 동료들도 당대의 듀이와 공자 사이의 비교에 대한 그 어떤 암시도 이해하기 어려웠을 것이다. 그럼에도 불구하고 나는 우리가 현대라는 유리한 위치에서 외견상 일치하지 않아 보이지만 서로 연관되어 있는 이 대화를 가능하게 하는 일련의 역사적 환경을 살펴보려고 한다. 그 역사를 비교 검토하면 이들이 마치 대화를 예견했던 것처럼 해석될지도 모른다. 듀이의 프래그머티즘과 유학을 생산적인 방식으로 함께 만나게 하는 기류의 변화가 현재 우리의 세계에서 발생하고 있는가? 새로운 임무를 가진 듀이를 다시 중국으로 보내야 하는 조건들이란 과연 무엇인가? 중국의 5.4운동의 소용돌이에 직면하는 대신에 이번에 듀이는 뚜웨이밍의 '제3기 유학의 물결' 이 마침내 우리 미국의 해안에 도달할 때 그 썰물을 따라잡고 있을 것인가?

거시적 국제적 수준에서 볼 때 미국과 중국은 오늘날 세계에서 가장 중요한 경제적, 정치적 관계를 공유하는 것이 사실이다. 비록 이러한 관계는 명

---

3 *Dialogues of Alfred North Whitehead*, 176~77: 화이트헤드는 기독교 신학이 진리를 형식화하고 새로움을 추방하려 한다고 비판하는 한편, 화살을 듀이와 공자에게 돌려 그들은 체험의 간단한 사실 뒤에 깔린 '궁극성' 에 대한 질문을 방기해버렸다고 비판한다. 여기서 화이트헤드는 두 사람을 프래그머티스트라고 비판한다. 여기서 프래그머티스트란 관심을 단순한 사실에 한정시켜 우리가 '어리석고', '허황된' — 즉, 형이상학적 질문 — 질문에서 얻을 수 있는 새로움과 알찬 결과를 외면하는 사람들이다. 그는 공자를 "사물을 변하지 않는 시간으로 의례화" 한 사람으로, "중국문명의 정체성에 책임이 있는" 사람으로 강하게 비판한다.

백히 상호 이익에 의해 추진되는 것이지만, 이 관계는 취약하고 불안정할 뿐만 아니라 문화에 대한 이해의 부족으로 인해 대단히 낮은 수준의 발전 단계에 놓여 있다.

지금까지 오랫동안 세계 고등교육에서 서양철학은 ― 거의 유럽철학이 ― 커리큘럼에서 주류적 위치를 누려왔다. 이는 보스턴, 옥스포드, 프랑크푸르트, 파리는 물론 타이페이, 동경, 서울, 베이징에서도 마찬가지였다. 이는 아시아 철학과 미국 철학은 해외뿐 아니라 그들 나라에서도 주변적인 위치에 자리잡았음을 의미한다. 4 윌리엄 제임스(William James)가 기포드 강연의 서문에서 "유럽인들이 이야기하면 미국인들은 그저 듣기만 하는 것이 자연스럽게 느껴진다" 5 고 토로한 것은 옳은 말이었다. 아마 제임스가 아시아인들도 미국인과 같이 유럽인들의 청중의 처지에 있었음을 덧붙였다면 더 옳았을 것이다.

---

4 레이몬드 보이스버트는 *John Dewey: Rethinking Our Time* (Albany:SUNY Press,1998)에서 미국 철학자들은 20세기 초반에 미국과 아시아에서 존경받긴 했지만 제2차 세계대전 이전에 이 존경심은 사라져버렸다고 한다. 하비 타운센드는 *Philosophical Ideas in the United States* (New York: The American Book Company, 1934):1에서 당대의 미국철학의 지위에 대해 이렇게 말한다: "미국철학은 미국에서 무시된 학문이다. 그 이유는 부분적으로는 유럽적인 것에 대한 변명적인 존경 때문이다. 독창적인 사유를 하고 제 목소리로 노래를 부른 에머슨과 휘트먼의 기억은 자주 간과된다. 미국인들은 스스로의 정신을 가졌는가에 대한 완전한 확신을 아직 가지지 못하고 있다." 두 세대가 지난 지금도 미국철학에 대한 편견은 여전하다. *The Oxford History of Western Philosophy*(1994)의 편집자 앤토니 캐니는 서문에서 그 책 안의 철학자들을 언급하며 "모든 인물은 이 전통 안에서 훈련받고 가르침을 받았다는 의미에서 앵글로-미국적인 스타일의 철학자이다" 라고 말한다. 그런데 이 책 내용에는 어떤 미국사상가 ―에드워즈, 에머슨, 퍼스, 제임스, 듀이― 들에 대한 언급도 실려 있지 않다. '미국혁명과 버크' , '토마스 페인' , '제퍼슨' 이 색인에 실려 있을 뿐이다. 제퍼슨도 '페인의 친구' 로 언급되어 있다. 분명히 결론 내릴 수 있는 것은 미국사상가들은 서구사상을 형성하는 데 어떤 역할을 하지 못한 것으로 평가된다는 것이다. 사실 미국 내에서도 미국철학만을 진지하고 지속적으로 훈련받을 학부나 대학원은 거의 존재하지 않는다. 러일전쟁이 중국에서 치러진 것과 다르지 않게, 미국대학은 현재 외세의 철학자들이 싸움을 벌이는 전쟁터인 것이다.

5 William James, *The Varieties of Religious Experience* (Cambridge, Mass: Harvard University Press, 1985);11

2. 미국에서의 철학과 '미국' 철학

미국의 철학적 상황을 고찰하며 시작해보자. 해석학, 포스트모더니즘, 신프래그머티즘, 네오 맑시즘, 해체주의, 페미니즘 철학 등이 로버트 솔로몬(Robert Solomon)이 '초월적 주장'이라고 불렀던 것들 — 관념론, 객관주의, 거대 서사, 즉 '소여의 신화' — 을 공동으로 공격하면서 서양철학 전문가 내부에서 지속적인 전쟁이 벌어지고 있다. 물론 그것은 듀이 자신이 관념론과 실재론 양자를 모두 비판할 때 원용한 '철학적 오류(Philosophical Fallacy)'라는 개념이 지적한 동일한 목표물이었다. 그것은 바로 과정의 결과가 그 과정에 우선하면서 나타난 오류를 가리키는 것이었다.[6]

지난 십 년에서 십오 년에 걸쳐서, 미국에서 주로 두드러졌지만 미국의 경계를 넘어선 고전적 프래그머티즘에 대한 관심이 부활하고 있음을 목격해왔다. 그리고 이는 미국 철학의 역사에 대한 세련된 연구들의 급격한 증대와 연결된다. 이 중 하나의 핵심적 주제는 한 사람의 철학자로서의 듀이

---

6 듀이는 일찍이 "철학적 사유에서 가장 광범위한 오류는" 체험의 맥락적, 발전적, 역사적 측면을 간과하는 것이라고 보았다. 그가 파악한 방법론의 문제는 "유기체에서 어떤 한 요소를 추상화시키고 그것의 의미를 부여하고 절대적인 것으로 확립하는 것"이며 이 단순한 요소를 모든 실재와 지식의 근거와 원인으로 "과정을 뒤바꾸어 버리는 것이다"(EW1:162). '철학적 오류'의 역사 발전 그리고 맥락을 보려면 Jim Tiles, *Dewey: The Arguments of the Philosophers series* (London: Routledge, 1988):19~24를 보라.

의 '비트겐슈타인적 전회'를 설명하려는 시도였다. 이와 같은 많은 전기들은 공통적으로 듀이가 보통 용법과는 다른 방식들로 용어들을 사용하는 것을 해명하려고 노력하는 것으로 보인다. 이 학자들은 상당히 새로운 이야기를 말해주고 있는데, 듀이의 중국 학생들은 진정으로 그를 이해하지 못했다는 것이 그들의 공통된 주장이다. 마찬가지로 듀이의 미국 학생들도 듀이를 이해하지 못했을지도 모른다.

아주 최근까지도, 서양철학 전문가들은 아시아의 철학을 무시하고도 편히 잘 지내왔으며(아프리카와 이슬람 전통은 말할 것도 없다), 또한 여전히 이러한 전통들에 대한 스쳐 지나가는 인상 이상의 어떤 것에도 주의를 돌리지 않으면서도 아시아 사상의 학파들이 진정으로 '철학'이 아니라고 주장해왔다. 그렇게 하여 철학 전문가들은 철학적인 방식보다는 오히려 지리적으로 정당화되는 이상한 범주인 '비교철학'이라는 용어를 퍼뜨려왔다.

그러나 비서구 철학적 전통들은 최근 '경전과 多문화주의 논쟁'과 미국에서 학부 교육을 '국제화'해야 한다는 주장에 힘을 얻어 철학적 교과 과정에 눈에 띌 만큼 진격을 감행해왔다. 그 비교철학 운동은 각국 사람들이 모여드는 호놀룰루의 동서 철학자 국제 학술 대회부터 보스턴의 유학자들에 이르기까지 '어깨를 나란히 하고' 최근까지만 해도 시지프스의 노동처럼 별 성과가 없을 것이라고 여겨졌던 분위기에서도 모종의 모멘텀을 성취하게 되었다. 비교철학 운동의 승리는 여전히 먼 희망이지만 만일 그런 일이 일어난다면 그것은 큰 희생을 치르고 얻은 승리일 것이다. 다시 말해서, 이러한 투쟁에서 승리한다는 것은 가장 부자연스러운 범주, 즉 '비교철학'이라는 단어를 철학 용어 사전에서 추방하는 것이다.

3. 중국에서의 철학과 '중국' 철학

　미국에서 중국 쪽으로 옮겨가면, 오늘날 중국은 더 이상 전세계에서 고립된 차이나타운으로 머물기에 만족하지 않으면서 중국의 오랜 역사에서 가장 거대하고도 철저한 변화를 겪고 있는 중이다. 1억에서 2억 사이의 유동인구—거의 그 나라 인구의 20퍼센트—가 시골을 떠나 그들의 삶을 향상시킬 것으로 보이는 도시 중심부로 이주하고 있다. 사람들의 이러한 계속적인 이동은 중국에 원심력적 긴장과 사회 혼란을 가져올 실제적인 가능성이 되고 있다. 이러한 조건들 아래서 중앙 정부의 시급한 임무는 사회 질서의 유지였으며, 그 원칙은 개혁을 향한 운동을 방해하지는 않았지만 자유주의적 개혁을 향한 운동을 종종 지연시켰다. 중국의 다른 모든 것과 마찬가지로 이 나라의 구조적, 사회적 문제의 규모는 엄청나다. 중국과 중국이 행하는 모든 일을 악마로 만드는 일에 거의 병적으로 몰두하는 서양의 대중 매체에 준비된 자료를 제공하는 것은 바로 이러한 감당하기 힘든 문제들의 크기이다.

　우리는 중국에 대한 부정적인 광고를 넘어서서 실제로 그 집과 작업장, 거리와 교실을 방문할 필요가 있다. 우리가 그렇게 할 때 이런 쿵쿵 소리를 내는 중국이라는 누에가 꿋꿋하게 고치를 돌리고 있으며 비록 이러한 까다로운 민주화의 과정에 맹점도 있긴 하지만 그 실을 잣는 사람들 사이에서 궁극에 어떤 종류의 민주주의가 나타날 것인지에 대한 다양한 생각을 하고 있다는 것을 알게 될 것이다. 적어도 중국은 자신이 나비가 되리라는 꿈을 꾸고 있는 것이다.

중국 학계를 돌이켜보면 현대 서양철학이 중국을 무시해온 반면, 중국철학은 청말 옌푸(嚴復, 1644~1911)가 서구 자유주의를 원용한 이래로 자신의 전통에 대해 진실한 태도를 지니면서도 정력적으로 서양 철학을 흡수해왔다. 이는 최선의 경쟁력을 제공해줄 만한 것이라면 그것이 무엇이든지 간에 자기 자신 속에 취한다는 의미에서 확고하게 '비교적' 이었다. 20세기의 막스·레닌주의의 중국화된 변종은 막 시작된 듀이의 프래그머티즘을 질식시키고 유교의 전통을 덮어버렸으며 새로운 문화적 정통의 위치를 차지하였다. 탕쥔이, 모우종산과 같은 현대 유학 운동의 두드러진 인물들 대부분은 이등품으로 낙인 찍힌 중국의 사상을 위대한 철학 전통으로 정당화시키기 위해 유럽 특히 독일철학을 표준으로 삼았다. 우리의 주제와 관련된 5.4운동에의 유학과 듀이의 조우에서, 신문화 운동을 주도한 지식인들은, 중국의 동맥들을 응고시키는 장애물로서 그리고 중국이 현대화되기에 필수적인 새로운 사상들의 전파를 지체시키는 사상으로서 유교를 거세게 비판했다. 여기서 듀이는 혈전 용해제로 처방되었던 것이다.7

---

7 1919년에 듀이는 귀국 후 전문가와 신문화 운동의 개혁가로서 명성을 높이고 있던 컬럼비아대 시절 듀이의 학생, 후스와 장멍린의 초대를 받았다. 2년 동안 듀이는 중국 전역에서 강의를 하였고 새로운 白話 신문은 이를 보도하였다. *John Dewey: Lectures in China 1919-1920* (Honolulu: University Press of Hawaii, 1973):13에서 Robert Clopton과 Tsuin-chen Ou 는 "주로 유럽에서 훈련받은 독일 프랑스 철학 학파들의 추종자로 구성된 중국 대학 교수들로부터 듀이는 추종자를 얻지 못하였다." 이 어려운 시기의 듀이의 사상은 직업적 철학자보다는 사회 운동가들에게 분명하게 오독되었다. 이는 사회적, 정치적 요구에 부응하기 위한 오독이었다. 듀이는 이를 조장하지 않았지만 적어도 눈감아 준 것 같다. *Shiyong zhuyi de wudu: Duwei zhexue dui Zhongguo xiandaizhexue de yingxiang* (A misreading of pragmatism:The influence of Dewey's philosophy on modern Chinese philosophy) (Shanghai: Huadong Normal University Press, 2000)을 보라. 또 *Duwei yu Zhongguo*(Dewey and China) (Shijiazhuang: Hebei Peoples Press, 2001)도 보라.

후스는 컬럼비아 대학 철학과에서 듀이 아래서 공부했다. 1917년 중국으로 돌아와 신문화 운동을 주도했고, 1919~1921년 듀이의 중국 강의를 기획한 것도 후스였다. 신문화 운동가들은 유학에 대하여 가혹한 비판을 가했다.

현대 중국 철학에서 막스-마오주의의 영향이 줄어들면서, 초기에는 칸트와 헤겔로부터 비트겐슈타인, 오늘날엔 특히 현상학과 하이데거에 이르는 두드러진 관심의 변화가 있어 왔다. 중국의 고유한 형식과 8 이들이 얼마나 연관이 있는가가 바로 칸트에서 헤겔로의 관심 전환의 동기가 되었다는 사실은, 유학과 듀이의 대화의 가능성에 대해 크게 시사하고 있다. 중국 내부에서 자기 이해의 원천으로, 또한 늦었지만 세계화라는 불가피한 과정에 참여하는 토대로서 자기 문화를 새롭게 그러나 비판적으로 이해하는 것은 20세기 중반 중국의 주권 재수립에서부터 지난 10~15년에 걸친 월드 파워

---

8 Zhang Xianglong, *Cong xianxiangxue dao Kongfuzi* (From Phenomenology to Confucius) (Peking: Shangwu yinshuguan, 2001)을 보라. 이 책은 학술서적으로는 예외적인 인기를 누렸다.

로의 점진적 부상에 힘을 더해주고 있는 것이다.

중국의 학자들이 유럽 철학을 철학적 엄밀함의 한 기준으로 받아들인데 비해, 중국의 전통에 대한 서양의 학문적 성취는 배울 것이 거의 없다고 생각해서 무시해온 것이 사실이었다. 그러나 지난 10년 내지 15년에 걸쳐 중국의 학자들은 그 관심을 외국에 주재하는 중국학자들의 업적에서 시작하여 문화적 논쟁으로 확대해 왔으며 점차 중국 문화에 대한 서구의 해석에 관심을 갖게 되었다. 오늘날 중국에는 서양의 중국학 성과를 중국어로 번역해 내고 토론하는 활발한 시장이 존재하고 있다.

이러한 상호 보완적이고 상호 침투적인 조건의 배경은 듀이의 프래그머티즘과 유학 사이의 새로운 대화를 위한 배경이 되고 있다. 이 대화는 성장하는 중국의 자기 존중과 전통에 대한 자부심을 되찾고 있는 모습을 현저하게 반영하고 있는 것이다. 우선, 듀이의 '프래그머티즘' 과 '유학' 은 모두 그들 각각의 본래적 토양의 9 지배적인 문화적 감수성들을 규정해주는 풍요롭고도 다양함을 포괄하는 원천들이기 때문에, 양자의 비교를 시도하기에 앞서 이들을 어떻게 이해할 것인가를 이야기해보자.

---

9 이 주장은 Paul Thompson and Thomas Hilde가 편집한 *The Agrarian Roots of Pragmatism*, Nashville:(Vanderbilt University Press, 2000)와 Fei Xiaotong [Fei Hsiao-t'ung]) *Xiangtu Zhongguo*(From the Soil: The Foundations of Chinese Society) trans. Gary G. Hamiliton and Wang Zheng(Berkeley: University of California Press, 1992)에서 문자 그대로 받아들인다.

4. 용어의 정의: '유학'과 듀이의 '프래그머티즘'

유학이란 무엇인가? 다른 곳에서 나는 유학을 분석적으로 이해[10] 하기 보다는 오히려 하나의 내러티브로 이해하는 것이 옳다고 주장했다. 간단히 말해서 "유학이란 무엇인가?"라는 질문을 분석적인 관점들에서 바라본다면 유학을 다양한 세부 사항과 엄밀성의 수준들을 가지고 규정할 수 있는 특정 이데올로기 — 어떤 기술적인 철학 — 로 규정하게 된다. '무엇(what)'을 물어보는 것은 아마 분석을 통해서 원리, 이론 그리고 개념의 언어로 형식적이고 인지적인 구조를 추상시키고자 하는 체계적인 철학에 있어서 더 성공적인 질문일 것이다.

하지만 각각의 모든 상황의 독특성을 전제로 하고 그 독특한 상황에서 禮化된 삶이 인간의 주의를 구체적인 느낌으로 다시 방향짓는 것을 목적으로 하는, 근본적으로 미학적인 전통의 내용과 가치를 평가하는 데 있어서 '무엇'이란 질문은 그다지 유효하지 않다. '무엇'이라는 질문을 넘어서, 우리는 더 중요한 것을 물을 필요가 있다. '유학'은 그것의 환경들을 최대한 활용하기 위해서 진화하는 중국 문화의 특정한 조건 안에서 어떻게(how) 역사적으로 작용해왔던가?

'유학'의 특징은 중국의 문화적 내러티브의 시대 혹은 시기들 안에서 사

---

10 "New Confucianism: A Native Response to Western Philosophy" in *Chinese Political Culture*, edited by Hua Shiping (Armok, New York: M.E. Sharpe, 2001)

후 설명으로 이해되어 포장된 이데올로기 혹은 계율의 집합 그 이상이다. 유학은 하나의 공동체 — 진행 중인 사유와 삶의 道의 중심 — 의 지속적인 문화적 내러티브이지 고립된 하나의 학설이거나 어떤 신념 구조에 대한 믿음이 아니다. 유학의 이야기를 지속하는 문화적 내러티브로 접근해가면 가치와 논리가 솟아나는 도도히 흐르는 비결정적 전통이 드러난다. 유학에 대한 내러티브적 이해는 특정한 역사적 인물과 사건들 사이의 상관관계를 끌어냄으로써 우리 앞에 드러낼 수 있다. 유학은 傳記的이고 계보적인, 수양하는 데 필요한 모델에 대한 이야기들이다. 그리고 우리는 '학자-관료' 전통의 계승자로서 인간의 가치와 사회 질서의 기획을 이끌어가는 열정적이고 용감한 지성인들을 성찰할 때, 유학 전통의 실존적이고 실천적인 그리고 단호하게 역사적인 특성이 현대의 서구적 맥락 속에서 '철학자들'의 '철학함'이라고 정의되는 것 그 이상이라는 사실을 깨닫게 된다.

만일 듀이의 말을 그의 관점에서 이해해보면 "내러티브/분석, 방법/이데올로기라는 동일한 구분으로 듀이의 프래그머티즘이란 무엇인가?"라는 질문을 다룰 수 있게 된다. 로버트 웨스트부룩(Robert Westbrook)은 프래그머티즘의 초기 비판자들이 미국적 특징을 집약해놓은 '유사 철학'일 뿐이라고 프래그머티즘을 공격했으며 듀이는 철학적 관념들과 문화적 감수성들 사이의 관계를[11] 구분하면서 이들에 대답했음을 설명하고 있다. 미국적 감수성은 '근본적 원리', '가치 체계', '지배 이론', '핵심 신념'과 같은 관점에서 이해될 수 없다. '감수성'이라는 용어는 성향적으로 우리를 둘러싼 세계를 예상하고 그것에 반응함으로써 우리를 둘러싼 세계를 구성하는 섬세한 방식으로서 가장 잘 이해할 수 있다. 감수성은 세계에 거주하는 특수한 개체의 삶의 방식을 촉진하는 환경들을 창조하는 한편 그것들에 의해

---

11 *John Dewey and American Democracy*(Ithaca: Cornell University Press, 1991):147~49를 보라.

서 창조되는 습관들의 복합체를 이룬다. 문화적 감수성들은 사회적, 경제적, 혹은 심지어 정치적 제도들에 대한 분석을 통해서도 쉽게 표현되지 않는다. 그러한 감수성들은 그 문화를 규정하는 두드러진 감정들, 관념들, 그리고 신념들 속에 존재한다.[12] 리차드 로티(Richard Rorty)는 미국적 감수성이 부분적으로는 관념들에 대한 묘사와 분석을 통해서도 규정 가능하지만, 그것은 시와 문학과 연관된 우회적인 방법과 환기를 통해서 가장 잘 이해될 수 있다는 점을 우리에게 상기시킨다.

한 인간으로서 철학자 듀이는 평생 동안 '민주주의'를 지지하였으며, 바로 그 민주주의는 그가 구현하고자 애썼던 최상의, 심지어 영적인 삶의 방식이었다. 민주주의는 그것이 구체적인 구성원들의 '평등'과 '개인성'을 통해서 구체적이고 점진적으로 발생할 때 꽃피는 공동체이다. 그러므로 철학은 반드시 "궁극적 실재, 혹은 완벽한 전체, 실재적 대상에 대한 배타적 관심과 같은 주장을 반드시 포기해야 한다." 이런 관점에서, 사회 운동가로서 듀이의 오랜 경력, 즉 시카고의 빈민가에서, 들끓는 중국 혁명의 중심에서, 터키에서의 교육 개혁과, 멕시코에서의 트로츠키 재판 참여 등은 그가 말한 '철학의 회복'에 대한 헌신을 잘 보여준 것이었다.

철학이 인간의 문제를 다루기 위해서는 단지 철학자들의 문제를 다루기 위한 도구가 되는 데 그쳐서는 안 된다. 더 이상 철학자들만이 만들어낸 방

---

12 데이비드 홀이 죽기 전에 쓰던 미국철학사 원고에서, 그는 조나단 에드워즈(Jonathan Edwards)를 미국적 감수성의 주요한 사상가의 한 명으로 해석하려 하였다. 에드워즈의 철학적 성찰을 논하면서 홀은 에드워드가 주관성과 자기의식과 같은 현대철학의 문제 틀을 벗어나고자 하였다고 한다. 그는 주관적인 만들기, 행위, 앎의 행위의 주체가 되지 않는 개인성의 모델을 제시하여 이를 벗어나고자 하였다. 사실상 에드워즈에서 주관의 해소는 실체적 사유 양식의 대안인 세계의 과정적 비전 때문이었다. 더 나아가 성향적 존재론인 이 과정 철학은 자연적 초자연적 과정을 아름다움의 반응이나 규범적으로 이해되는 성향 혹은 반응의 습관으로 이해한다. 에드워즈에게 아름다움의 소통은 성스러운 것과 인간의 영역이 공유한 특징이다. 홀은 과정적이고 성향적 존재론에 기초하여 개인을 탈주관화하고 아름다움과 미적 감수성을 철학의 주변부에서 중심부로 옮겨 놓은 에드워즈를 독창적인 미국 사상가로 자리매김한다.

13 *Middle Works* 10:46.

법이 되지 않을 때 철학은 자기 자신을 회복하게 된다.[13]

마찬가지로 유학적 전통에서도 철학적 '앎(知)'은 일상 세계의 배후에 놓여있는 하나의 실재에 대한 특권적인 접근과는 거리가 먼 "바람직한 세계를 실현하기 위해" 현존하는 조건들을 조화롭게 변화시킨다는 의미에서 세계를 "실현하려는" 시도이다. 넓은 의미로 말해서 유학은 의미 있고 소통하는, 인간 공동체의 계발을 통해서 ― 세계에 가치를 더함으로써 ― 세계를 긍정하는, 앎과 관련된 교화적 미학주의이다. 이러한 과정에 있어서 소통의 일차적 단계로서 禮의 중요성은, 이러한 세계를 실현하는 장소가 禮化되어 있는 구체적인 감정이라는 점을 암시해준다. 일반적인 견지에서 볼 때, 우리는 많은 중국철학자들의 자기 이해가 듀이의 이상에 어느 정도 근접했다는 사실을 말할 수 있다. 그것은, 철학자는 환경을 조절하고 인간의 체험을 개선하기 위한 숙고된 지적 실천의 공급자라는 생각이다.

아래에서 '개인성', '평등', '습관', '인간 본성', '종교성'과 같은 듀이의 완전한 체험에 대한 보다 특수한 어휘들의 일부를 검토할 때, 우리는 듀이가 유학자들처럼 인간의 성장과 표현의 구체적인 모범적 사례를 제공하는 지속적 역사적 특수성을 회복하기까지는 고통스럽게도 여전히 모호한 채로 남아 있었다는 사실을 발견하게 될 것이다. 공자의 경우에 그는 확실히 '聖人'이다. 하지만 그는 역사상 『論語』에 묘사된 자신의 생애의 일화들을 통해서 뿐 아니라 이 텍스트의 중간의 장들에서 낱낱이 열거되었던 특수한 개인적 습관들을 통해 성향적으로 가장 잘 기억된다. 마찬가지로 듀이의 경우에도 그 자신의 인생-체험과 그 자신의 마음(心, heart and mind)의 계발된 습관들이 아마도 그의 철학적 깊이를 측량하는 최선의 척도가 될 것이다.[14] 듀이의 사상에 대한 가장 세련된 표현들을 록펠러(Rockefeller)

---

14 로이드(G.E.R. Lloyd)가 각 문화의 대표적 인물들이 "공통적인 질문에 대답했었다"는 무비판적 전제 아래서 '각각의 이론과 개념'을 '단편적으로' 비교 연구하는 행위에 대한 우려를 표시

와 웨스트브룩(Westbrook)과 같은 연구자들의 듀이의 철학적 傳記들에서
발견할 수 있다는 사실은 결코 우연한 일이 아니다.

하는 것은 정당하다. 이런 걱정은 과학적 전통 사이를 넘나들 때 매우 중요하며 또 공자와 듀이
처럼 시공간적으로 멀리 떨어진 철학자들의 문화적 내러티브를 다룰 때 조심스럽게 고려해야
할 점이다. 그의 *Adversaries and Authorities* (Cambridge: Cambridge University Press,
1996):3~6을 보라.

5. 듀이의 프래그머티즘과 유학: 비교점들

듀이의 프래그머티즘과 유학 사이의 대화의 전망을 밝혀줄 수 있는 양자 사이의 일치점들은 무엇인가? 전에 데이비드 홀(David Hall)과 내가 함께 썼던 책과 이 간략한 논문에서 나는 약간의 전도유망한 지형을 — "지형을 정복하려는" 시도를 하기보다는 — 탐색하고 그곳에 암시적으로 개입하려는 시도를 행하였다. 그렇다면 우리가 초점과 장(focus and field)이라는 언어로 표현하고자 했던 관계적이고 철저히 맥락적인 유학의 인간 개념으로부터 시작하는 것이 좋을 것 같다. 『死者의 민주주의』의 8~10장 — 「유교적 민주주의: 모순어인가? *Confucian Democracy: A Contradiction in Terms?*」와 「중국의 개인 *The Chinese Individual*」, 그리고 「소통하는 공동체에서의 禮의 역할 *The Role of Ritual in a Communicating Community*」 — 에서 우리가 제시한 것은 사회적인 유학적 인간관의 감수성이다. 훌륭한 학자에 따라 차이는 있겠지만 나의 독해에 따르자면 개인적, 공공적, 정치적 그리고 우주적 계발이라는 放射狀으로 퍼져 있는 영역들 가운데 禮化된 삶을 통한 자기 수양의 과정과 소통의 핵심적 역할, 언어의 조율, 체험의 인지적인 차원과 정서적인 차원의 불가분성, 관념과 신념의 형식이라기보다는 행위하기 위한 성향으로서의 마음(心, 또는 '사유'와 '감정'에 대한 이해), 진리보다는 배려와 신뢰의 인식론으로서의 앎에 대한 해석, 이원적인 사고보다는 상관적인 사유, 자기 실현을 실천적 진실함으로 추구하는 것, 모든 관계의 가족적 성격, 가족과 효의 중요성, 포용적 조화에 대한 높은 평가, 규율 혹은 법에 대한 禮와 義의 우선성, 모범적인 모델되기의 역할, 탁월한 의사소통 담당자로서 聖人의 교사적인 기능, 일상사를 매혹적인 것으로 만들어 집중하는 일로서의 현명함, 인간성과 신성 사이의 연속성에 대한 긍정 등과 같은 유학의 특성에 대해서는 이견이 거의 없다.

"공동체에서 행동하고 체험하는 인간의 성장"이라는 유가적 모델 속에는 마치 듀이의 말처럼 들리는 것이 많다. 듀이와 유교 사이를 비교 연구하는 좋은 이유 중 하나는 지금까지도 중국 안팎에서의 중국 철학에 대한 많은 논의들이 서양의 철학적 전통의 틀과 범주들 안에서 일어난다는 사실에 있다. 철학을 재건하고자 하는 듀이의 주된 시도는 일상 언어를 지지하면서 전문적인 철학의 전문 술어를 폐기하는 것이었다. 비록 사용되는 일상 언어가 때로는 특별한 방식들로 사용되기도 하지만 말이다.

6. 듀이의 인간 개념

듀이의 '개인성(individuality)' 개념은 일상 언어를 다른 방식으로 사용한 예이다. 개인성은 기성의 주어진 개념이 아니라, 오히려 질적으로 일상적인 인간의 체험으로부터 발생한 개념이다. '성격(character)'이라는 개념처럼 '개인성'은 성취된 것이고 연관된 삶으로부터 관계적으로 발생한 것이다. 그렇기 때문에 '자아들의 장(field of selves)' 내부에 함축되어 있다는 것을 의미한다. 그리고 듀이의 '체험'이라는 개념은 '주관적'과 '객관적' 혹은 '사실'과 '가치'와 같은 익숙한 이원론적 범주들로 분석되지 않은 것이다. 듀이는 주관과 객관의 불가분성을 인간관계의 고유하고도 본질적인 성격들이라고 이해하며, 사실과 가치의 불가분성은 이 관계의 정서적 내용이 실제로 존재한다는 것을 의미한다. 듀이에게는 행위자의 어떠한 추상적 개념보다 상황 속에 있는 체험이 선행한다. '삶', '역사', '문화'와 같은 용어들과 마찬가지로, 체험이란 인간 유기체와 사회적, 자연적, 문화적 환경들 사이의 상호작용의 과정이면서 그것의 산물이다.

> '체험'은⋯⋯ 인간들이 행하고 체험하는 것, 그들이 애쓰고, 사랑하고, 믿고 견뎌내는 것을 포함하며, 그리고 인간들이 행위하고 행위를 받는 방식, 그들이 행위하고 겪고, 욕망하고 향유하며, 보고, 믿고, 상상하는 방법들―간단히 말해서, 체험하는 과정들(process of experiencing)을 포괄하는 것이다.[15]

듀이는 '개인성'을 양적인 것으로 생각하지 않는다. 그것은 사회에 앞서 존재하는 잠재력도 아니고 고립적으로 존재하는 일종의 개별자도 아니다. 오히려 그것은 질적인 성격을 지녔으며 자신의 공동체에 대한 헌신을 통해 발생한다. 듀이는 "개인성은 타자와 뚜렷하게 구분되는 특정한 존재로서 현재 우리 인격의 실현이며 활짝 핀 공동체 생활의 맥락에서만 일어날 수 있는 실현인 것이다. 개인성은 사귐에 대립될 수 없다"[16] 고 말했다. 인간은 사귐을 통해서 자신의 개인성을 획득하며, 따라서 개인성은 영향을 주고받는 사귐을 통해 존재한다.[17] 그렇게 해석된 한 개인은 하나의 '사물(thing)'이 아니라, 독특함, 자기 완결성, 사회적 활동성, 관계성, 그리고 질적인 성취라는 언어로 기술될 수 있는 하나의 '패턴화된 사건'인 것이다.

　개인의 사회적 구성에 대한 논의에서 듀이는 얼마나 급진적 사상가일 것인가? 그는 인간 존재가 다른 사람들과 맺는 사귐 밖에서도 어떤 방식으로든 완전할 수 있다는 관념을 거부한다. 그러나 그가 인간 존재를 "타자들과 묶어주는 끈들을 떠난다면, 그는 아무 것도 아니다"[18] 라고 주장한 것은 지나친 것이 아닐까? 제임스 캠벨(James Campbell)이 평한 것처럼, 이 구절은 자주 개인에 대한 부정으로 오해되고 있다.[19] 그러나 우리가 듀이의 '출현하는 개인성(emerging individuality)'이라는 개념에서 보듯, 사람들이 어쩔 수 없이 사회적이라고 말하는 것은 인간 존재의 자기 완결성, 독특성, 그리고 다양성을 부정하는 것이 아니며 도리어 이러한 조건을 정확히 긍정하는 것이다.

　캠벨은 인간이 만들어지는 사회적 과정에 대해 언급하면서 아리스토텔레

---

15 *Middle Works* 1:18.

16 *Outlines of a Critical Theory of Ethics* (1891), Early Works 3:304.

17 "Lecture Notes: Political Philosophy, 1892," p. 38, *Dewey Papers*.

18 *Later Works* 7:323.

19 James Campbell, *Understanding John Dewey* (La Salle, IL: Open Court, 1995):53~55.

스의 '잠재태'와 '현실태'를 언급한다.

> 듀이의 핵심은 씨앗이 수목으로 성장하는 것과 같이(Cf, LW9:195~196), 만
> 일 적당한 조건이 주어지면, 잠재태였던 것이 현실태가 된다는 것만을 말하는
> 것이 아니다. 그가 말하고자 하는 것은 개인은 사회적 요소 없이는 불완전하며
> 사회적 환경 안에서 계속적인 삶의 과정을 통해 인간으로 — 단체 안의 개별적
> 구성원, 사회적 토대 위에서의 자기 자신 — 발전해 간다는 것이다.[20]

과정적이고 급진적이며 또한 맥락적인 관점에서 아리스토텔레스는 대부
분의 도토리가 참나무가 되기 전에 다람쥐의 먹이가 된다는 점을 놓치고 있
는 것이다.

공동체는 그 구성원을 어떻게 키워내는가? 듀이는 언어(기호, 상징, 몸짓,
사회적 제도를 포함하는)의 중요성에 큰 비중을 둔다.

> 개인은 연극에서와 같이 말을 통해 잠재적인 행위와 자신을 일치시킨다. 그
> 는 순차적이 아니라 동시에 실행되는 연극에서 같이 한꺼번에 많은 역할을 맡게
> 된다. 이와 동시에 마음이 발전한다.[21]

듀이에게 있어 마음이란 "감정을 느끼는 생물이 언어와 의사소통 같은 다
른 생물과의 조직된 상호작용에 이르렀을 때 부가적으로 생겨나는 특성"[22]
이다.

로버트 웨스트 부룩은, 듀이의 출현한 마음(emergent mind)의 개념에
따르면 "생물들이 마음을 가지고 있기 때문에 언어를 가지게 된 것이 아니

---

20 Campbell (1995):40.
21 *Later Works* 1:135.
22 *Experience and Nature* p. 133.

라, 그들이 언어를 가지고 있기 때문에 마음을 가지게 된 것"이라고 한다.[23]

따라서 듀이에게 있어서 마음은 세계를 실현하는 과정에서 창조된다. 세계와 마찬가지로 마음도 존재(being)가 아니라 생성(becoming)이며, 문제는 우리가 얼마나 이 창조적 과정을 생산적이고 즐겁게 해낼 수 있는가 하는 것이다. 인간의 태도나 관점의 문제가 아닌 실제적인 성장과 생산성에서, 그리고 이러한 과정의 결과로 나타나는 효력과 기쁨 속에서 마음과 세계는 변화한다. 그것이 실패할 때 — 효과적으로 의사소통하는 데 실패할 때 — 공동체는 위축되어 인간이 되는 데 실패한 피조물들은 '지각없는 폭력(mindless violence)'과 '감정없는 잔혹성'에 압도되어 파괴되고 만다.

'평등'에 대한 듀이의 개념 또한 흥미롭다. 그의 '개인성' 개념의 질적인 성격을 고려한다면, 평등이란 모든 사람들이 고유한 능력을 완전하게 기여할 수 있게 해주는 공동체적 삶의 양식들에 능동적으로 참여한다는 것을 의미한다. 웨스트브룩(Westbrook)은 듀이의 평등 개념이 보통의 평등 개념과 다름을 논하면서, 듀이는 "사람이 다른 사람과 같아지는 결과의 평등을 옹호하지도 않고 또 사회적 자원 분배의 평등을 옹호하지도 않는다"[24]고 말한다

그 대신 듀이는 다음과 같이 주장한다.

> 실제적이고 실행되는 권리와 요구는 상호작용의 부산물이다. 따라서 이는 인간 본성의 본유적이고 고립된 구조에서는 발견될 수 없다. 그러므로 도덕적이든 심리학적이든 장애물들을 제거하는 것만으로는 (권리와 요구를 보장하기에) 충분치 않다.[25]

---

23 Westbrook(1991):336.
24 Westbrook (1991):165.
25 *Later Works* 3:99.

이런 평등은 본유적 소유물이 아니다. 다시 관습적인 용어에 가장 관습적이지 않은 해석을 하여 듀이는 다음과 같이 주장한다.

> 평등은 구성 요소가 다른 요소로 대체될 수 있는 수학적 또는 물리적인 동등함을 의미하지 않는다. 평등은 물리적, 생리적 차이와 상관없이 각 개인이 가진 특별함과 독특함을 실제적으로 배려하는 것을 가리킨다. 평등은 자연적으로 가지고 있는 것이 아니라 공동체라는 특징에 행동이 방향 지워질 때 생겨나는 공동체적 산물이다.[26]

이 구절을 해석하면서 레이먼드 보이스버트(Raymond Boisvert)는 듀이에 있어서 "평등이란 하나의 결과, 즉 '열매' 이지, 선험적인 소유물이 아니"[27] 라는 사실을 강조한다. 평등은 기여하며 성장하는 것이다. 더 나아가 자유와 마찬가지로 평등은 개별적으로 분리되고 고립된 인간에게는 아무런 의미도 지니지 않으며, 따라서 오로지 "적절한 사회적 상호작용이 일어날" 때 중요하게 된다. 결국, 평등은 엄격한 동일성이기보다는 오히려 질적인 동등함이다. 듀이 자신의 말로는,

> 자신이 될 수 있는 그 어떤 것이든 될 수 있는 기본적 조건의 형성을 통해서 평등은 가능하다.[28]

또 듀이는 수단과 목적을 구분하는 고전적 목적론에 대한 새로운 대안을 제안한다. 미리 정해져 있고 미리 설정된 계획 대신에, 듀이의 이상(ideals)은 사회적 실천을 위한 개혁적인 목표들로 투영되는, 간절히 소망

---

26 *Middle Works* 12:329~30.
27 *Later Works* 11:168. 보이스버트의 논의를 보려면 (1998):68~9를 보라.
28 Boisvert(1998):ibid.

하는 관념을 의미한다. 이때 목적이란 "그것들이 조건을 다시 만들면서 그 모양이 만들어지고 내용이 채워지는 것이다."[29]

캠벨이 말하듯이:

> 듀이의 이상은 인간의 삶안에 힘을 가지고 있다. 이는 정의, 아름다움, 평등 등이 '추상적'이고 '고정된' 혹은 '요원한' 이상이라고 주장하는 것과 다르다. 듀이가 보는 이상에 대한 해석의 문제점은 이상을 일종의 완성되고 불변하는 존재들로서 배고픔과 죽음의 자연 세계와는 다른 어떤 영역 속에 자리잡게 하고 매일 매일의 실존의 문제와 혼란들로부터 벗어난 것으로 만드는 데 있다. 우리의 이상은 삶의 진행중인 과정과 연결되어 있다. 그 이상들은 특정한 어려움에 뿌리를 두고 있으며, 가능한 해결책들로부터 이끌려 나온다.[30]

어떻게 듀이의 세계에서는 고정된 목표없이 성향이 행위로 이끌려가는 가? 듀이에게 이상은 자신이 목적으로 하는 행위를 이끌어내는 것이 아니다. 차라리 행위를 위한 지침은 특정한 문제와 그것의 해결 사이에 있는 상호작용의 영역으로부터 나온다. 바로 경계면에서 그 문제 해결 과정에서 때때로 최상의 체험들이 발현하며 이상은 그 맥락에서 드러나게 된다. 그리고 그와 같은 최상의 체험들은 소통하는 공동체 내부에서 발생할 수 있는 개별적 상황들에 대처하는 사회적 지성의 공유된 표현이다.

과정철학에서 변화는 부정되지 않는다. 그리고 쉼없는 시간성은 완전성의 관념을 부정하게 만든다. 체험 세계는 필연적으로 진정한 비결정과 항상변화하는 환경들이 만들어내는 출현적 가능성들을 가져온다. "아직은 오직 가능성으로만 남아 있는 것"을 추구함으로써 목적을 성취하기 위한 수단 속에 목적이 갖추어질 수 있게 한다.

---

29 John Dewey, *The Political Writings* (Indianapolis: Hackett, 1993):87.
30 Campbell(1995):152~3.

인간의 본성도 과정으로부터 면제되어 있지 않다. 듀이는 존 스튜어트 밀의 '개인주의'를 비판적으로 언급하면서 자신의 이해를 부각시킨다. 그는 '모든 사회 현상은 인간 본성의 현상'이라고 말하면서 "사회 속에서 인간은 개인적 인간의 본질의 법칙으로부터 파생되거나 그것으로 분해되는 것 이외에는 어떤 특성도 가지고 있지 않다"는 밀의 주장을 비판적으로 검토한다. 듀이는 평민을 강력한 토착 귀족계급으로부터 해방시키려는 밀의 동기를 인정하면서도 그가 다른 곳에서 '철학적 오류(Philosophical Fallacy)'라고 규정한 이러한 이미 완결된 인간 개념을 옹호하지는 않는다.[31] 듀이는 밀의 개인과 사회의 관계에 대한 전제를 뒤엎고자 한다. 듀이에게 특수한 사회 조건으로부터 독립한 인간 본성이라는 고정된 구조를 논하는 것은 잘못된 논의의 시작이다. 왜냐하면 그것은 한 부족, 가족, 만족이 다른 부족, 가족, 민족으로 부터 구별되는 차이점을 조금도 설명하지못하기 때문이다. 즉, 그것은 사회적 상황에 대해 아무것도 설명하지 못한다.[32] 듀이는 다음과 같이 말한다.

> 인간 본성이 불변한다는 주장은 받아들일 수 없다. 왜냐하면 인간 본성의 어떤 요구가 지속적이라면 만들어내는 결과물은 (이미 존재하는 문화의 상태 ─ 과학, 도덕, 종교, 예술, 산업, 법 때문에) 인간 본성의 원래 요소들을 새로운 형태로 만들기 위해 다시 반작용하기 때문이다. 전체적 패턴은 이에 의해 수정된다. 무엇이 일어나는가를 설명하고 무엇이 일어나게 하기 위해 어떤 정책을 만드는 데 단지 심리적 원인에만 호소하는 것은 명백히 헛된 일이다. 만일 인간 본

---

31 짐 타일즈는 듀이를 인용하면서 철학적 오류에 대해 논한다. "성격, 자아, 주체는 유기체적이고 사회적인, 복잡하게 조직된 상호작용과 더불어 등장하는 최종의 기능이다. 인간의 개인성은 간단한 사건에 기반과 조건을 가지고 있다."(*Later Works*1:162) 타일즈는 이로부터, 듀이는 "개인적 인간을 그들이 사회적인 관계에 들어가는 것과 무관하게 그리고 선험적으로 의식적 이성적 존재라고 가정하는 것을 철학적 오류라고 고발했다"고 추리한다. Tiles (1988):21.

32 Dewey(1993):223.

성이 그룹이나 당파에 의해 강제적으로 수행되는 정책을 '합리화' 하는 편리한 도구로 사용되지 않는 한 말이다.[33]

듀이에게 인간은 사회적 성취이며, 사회적 지성의 적용을 통해 가능해지는 순응적인 성공이다. 변화의 실제를 고려하면 이 성공은 항상 일시적이며, 항상 새로운 우발적인 환경이라는 도전에 의해 우리를 불완전한 존재로 만들어버린다. 그러나 이 성공은 진취적, 기획적, 그리고 성취적인 것이다. "우리는 과거의 경험을 이용하여 새롭고 더 나은 미래의 경험을 구성한다."[34]

듀이는 민주주의를 귀족 정치 모델로부터 구별하면서 '개인성' 과 '평등' 과 같은 개념들로 표현되는 개인적 차원이 어떻게 개화하는 민주주의를 특징짓는 공동체적 조화에 핵심적인지 그리고 어떻게 사회적 삶의 양식들이 개인성이 성취되는 자극과 매개체가 되는가에 대해 뚜렷하게 말한다.

한 마디로 말해서 민주주의는 인간의 개성이 최초이자 최종적인 실재라는 것을 의미한다. 그것은 개성의 온전한 의미가 사회 안에서 객관적인 형태 속에 이미 제시되어 있을 때에만 개인에 의해 학습될 수 있다는 점을 인정한다. 민주주의는 개성의 실현에 이르는 주요한 자극과 격려가 사회로부터 나온다는 점을 인정한다. 그러나 민주주의는 개성이 아무리 퇴락하고 미약할지라도 타인을 위해서 획득될 수 없으며 또한 아무리 현명하고 강하다 하더라도 타인에 의해서 얻을 수는 없는 것이라고 말한다.[35]

웨스트브룩(Westbrook)이 말하듯이, "듀이에게 결정적으로 중요한 것은 개인적 역량과 환경 사이의 관계가 상호 조절의 관계였으며 개인적 필요와 힘을 고정된 환경에 일방적으로 순응시키는 것이 아니었다는 것이다."[36]

---

33 Dewey(1993):223~4.
34 *Middle Works* 12:134.
35 *Early Works* 1:244.
36 Westbrook (1991):43.

7. 유교의 인간 개념

　듀이의 인간 개념을 공자와 비교하기 위해서 우리는 유학의 용어를 검토할 필요를 느낀다. 그리고 우리 언어가 지닌 한계가 진정 우리 세계의 한계라는 비트겐슈타인(Wittgenstein)의 말을 받아들인다면, 우리에게는 더 많은 언어가 필요하다.37 우리가 '권위 있는 행위(authoritative conduct)', '권위 있게 행동하는 것(to act authoritatively)', 그리고 때때로 '권위 있는 사람(authoritative person)'이라고 번역한, 많은 사람들이 의문을 던진, 仁이라는 용어부터 살펴보자. 仁은 공자가 채택했던 주요한 기획이었기 때문에 『論語』에서 백 번도 넘게 등장한다. 단순한 글자인 仁은 『說文解字』에 따르면 '사람'을 의미하는 人과 '둘'을 뜻하는 二라는 요소로 구성되어 있다. 이와 같은 어원적 분석은 모든 사람은 혼자 힘만으로는 인간이 될 수 없다는 유학의 전제를 강조하고 있다. 우리는 인생을 시작할 때부터 어쩔 수 없이 사회적이다. 허버트 핑가렛(Herbert Fingarette)은 이 논점을 아주 정확하게 언급한 바 있다. "공자에게 있어서 적어도 두 명의 인간이 존재하지 않았다면 인간이라는 존재는 있을 수 없다." 38

---

37 이 유학의 어휘들은 로저 에임즈와 헨리 로즈먼트가 번역한 『論語』, *The Analects of Confucius: A Philosophical Translation* (New York: Ballantine, 1998)와 로저 에임즈와 데이비드 홀이 번역한 『中庸』, *Focusing the Familiar: A Translation and Philosophical Interpretation of the Zhongyong* (Honolulu: University of Hawai'i Press, 2001)의 용어 해설을 기초로 구성되었다.

우리가 갑골문에서 이끌어낼 수 있는 仁이라는 글자에 대한 대안적 설명은 '둘(二)', 두 개의 수평의 획으로 나타난 글자의 의미는 '위(上)에 오르다'[39] 라는 것이다. 이 독법은, 사람(人)되기/仁이 되기(becoming ren)란 인간은 과정 속에서 체험을 축적, 성취하여 결국 자신의 공동체와 세계로 지향해 나아가는 것을 보여준다.

인자는 산을 즐기고……고요하며……오래 지속한다.

Those authoritative in their humanity enjoy mountains ……are still……
[and] are long-enduring.
[仁者樂山……仁者靜 仁者壽](『論語』 6.23; 또 2.1과 17.3을 보라).

仁은 가장 흔하게는 'benevolence', 'goodness' 그리고 'humanity', 가끔 'human-heartedness'로 번역되며, 좀 감각이 떨어지는 번역자나 성차별주의자는 'manhood-at-its-best'로 번역하기도 한다. 'benevolence'와 'humanity'라는 번역어가 仁에 대한 편한 영어일지 모르지만, 우리는 숙고하여 그 보다 덜 우아한 '권위 있는 사람(the authoritative person)'이라는 번역어를 사용하기로 했다. 우선 仁은 사람의 전체적인 인격이다. 다시 말해서 사람이 禮로 구현된 역할들과, 관계들 속에서 표현될 때 계발된 인지적 미적 도덕적 그리고 종교적인 감수성의 총체를 의미한다. 그것은 사람의 '자아들의 장' 즉 한 사람을 사회적 인간으

---

38 Herbert Fingarette, "The Music of Humanity in the Conversations of Confucius" in *Journal of Chinese Philosophy*, 10, p. 217.
39 Bernhad Kalgren, *Grammata Serica Recensa* (Stockholm: Museum of Far Eastern Antiquities, 1950):191.

로 구성하는 중요한 관계들의 총체인 것이다. 仁은 정신적일 뿐 아니라 그에 못지않게 육체적이다. 사람의 몸의 자세와 행동, 자세와 신체적 의사소통을 모두 포함한다. 따라서 仁을 'benevolence'로 번역하는 것은 전통적으로 영혼(프쉬케, psyche)이라는 개념과 무관한 仁이라는 개념을 '심리화하는 것'이다. 그것은 인간의 성장이라는 복잡성에 함께 드러날 많은 성향들을 제외시키면서 하나의 성향만을 부각시켜 仁 자체를 빈약하게 만드는 것이다.

한편 'humanity'라는 번역은 인간이라는 종의 모든 구성원들이 공유한 보편적 인간의 본질이라는 함축을 가지고 있다. 그러나 仁은 그렇게 쉽게 얻어지는 것이 아니다. 仁은 미학적인 기획이며 하나의 성취이며 행해진 어떤 것이다(『論語』 12.1). 인간 존재(being)는 현재 존재하는 어떤 것이 아니다. 그것은 행하는 그 무엇이며 따라서 되어가는 그 무엇이다. 따라서 어쩌면 인간의 과정적이면서 출현적 본성을 포착하기 위한 보다 더 적절한 용어는 '인간 됨(becoming)'일지도 모른다. 인간됨은 본질적으로 부여된 잠재태가 아니라 사람의 최초의 조건들과 자연적, 사회적, 문화적 환경 사이의 상호작용의 영역이 주어질 때 발휘할 수 있는 어떤 것이다. 분명 구성적 관계들의 초점으로서 인간 존재는 처음의 기질을 포함하고 있다(『論語』 17.2). 그러나 仁은 인간 공동체 속에서 활기차고 강하고 튼튼하고 건강하게 참여할 수 있도록 구성적 관계를 '성장시키는(生)' 과정이다.

공자가 그토록 자주 仁이 의미하는 것이 무엇인지를 질문받았다는 사실은 그가 이 용어를 늘 재구성하고 있음을 암시해주며 공자와 대화한 사람들이 仁을 이해하는 것이 쉽지 않았다는 것을 보여준다. 仁이 등장하는 빈도가 적고 상대적으로 중요치 않은 초기의 고전 문헌 작품의 어법을 전체적으로 이해한 뒤 공자는 仁에 대한 창조적인 해석을 한 것이다. 仁은 더 나아가 그것이 특정한 사람의 질적인 변형을 가리키는 것이기 때문에 애매하며, 오직 그 사람의 삶의 특정하고 구체적인 조건들과 연관되어야만 이해될 수 있다. 그 어떤 공식이나 이상도 존재하지 않기 때문에 그것은 마치 예술작품과 같이 고정된 정의와 모사를 거부하는 열림의 과정인 것이다.

우리가 새롭게 仁의 번역어로 택한 '권위 있는 사람'은 仁 그 자체와 더불어 더 명료화될 필요가 있다. '권위 있음'은 禮를 통해 전통의 가치와 관습을 구현한 仁이 됨으로써 공동체 안에서 인물이 대표하는 권위를 의미한다. 권위 있는 사람은 山의 은유로 묘사된다 (6.23). 고요하며, 권위 있고, 영적이며, 인내력 있으며, 자신의 문화와 공동체의 상징이고, 길 잃은 이에게 지침이 되는 인물로.

권위 있는 사람은 등불의 역할을 함으로써 세상에 기여하지만 인간이 되는 길을 미리 규정하는 것은 아니다. 권위 있는 사람에게 자극받은 사람들은 스스로의 시간과 공간에서 문화를 창조하는 '길 만드는 이'가 되어야 한다(15.29). 禮를 따른다는 것은 사람을 공동체 안에 위치지우는 역할과 관계를 개성화하는 내면화의 과정 — 전통을 자기화 — 을 의미한다. 그렇게 함으로써 인간은 스스로 전통을 재창조하며, 자신의 삶의 이야기의 저자가 된다. 이것은 스스로의 공동체에서 권위를 갖게 되는 과정에 내포된 仁의 창조적 측면이다. 위에서 아래로 부과되는 '권위주의적(authoritarian)' 질서를 아래에서 위로의 존경의 의미인 '권위 있는(authoritative)' 질서와 대조해보는 것은 긴요한 일이다. 권위 있는 사람은 타인의 모델이다. 그를 본받는 사람은 모델의 성취를 긍정하며 존경하는 그를 어떤 강제성 없이 전유한다. 공자는 존경이 지배하는 예의 공동체의 비강제적 구조가 강제적인 법의 구조로 대치됨으로써, 권위주의적으로 변하는 것을 심각하게 걱정했다(2.3).

듀이의 비교에서 두 번째로 관련 있는 유학의 용어는 心이다.

心은 동맥의 모습을 그린 상형 문자로, '심장'과 그 감정적인 함의를 포함하는 글자이다. 우리가 감정 혹은 느낌으로 번역하는 글자인 情이 心과 음성 부분인 靑의 결함이라는 사실은 우리의 이해를 뒷받침해준다. 결국, 감정이나 느낌의 의미를 지닌 거의 모든 한자가 心을 그 부분으로 가지고 있다.

그러나 心이 'mind'로 자주 번역되어 왔다는 사실과 'heart'로 번역되면 그것 또한 부적절한 번역이라는 것에 우리는 주의를 기울여야 한다. 사유의 다양한 양식들을 나타내는 한자가 心의 요소를 포함하여 구성된다. 사실 중국 고전 텍스트의 많은 구절에서 心은 '사유한다'고 번역해야 비로소 이해될 수 있다.

핵심은 중국 고전의 세계관에서 mind는 heart와 분리될 수 없다는 것이다. 느낌이 없는 이성적 사유란 없으며 인지적 내용이 없는 조야한 느낌도 없다

과정과 변화가 형식과 停滯보다 우선하는 고대 중국의 자연적 우주론에서 인간의 몸을 이해할 때, 생리학과 장기의 기능이 해부학과 장기의 공간적 위치보다 우선시된다. 이러한 철저한 비이원론적 세계관에서 心은 해부학적 심장과 환유적으로 연합되어 고갈되지 않는 역동적 시스템이 된다. 그렇다면 心은 '사유와 감정'을 의미하며 체험과 파생적, 환유적으로 연결되는 기관이라고 말할 수 있다.

감정은 인간 상호 교류의 질을 특징짓는 것이기 때문에 감정의 적절한 표현은 초기 유가의 인간관에서 매우 중요하다.

情은 상대적으로 비매개적인 체험이 감성의 교류 안에 존재한다는 의미에서 '어떤 것이 실제로 있는 것'이다. 감성의 교류가 언어의 인지적 구조로 환원되면 선택적, 추상적인 것이 된다. 이것이 화이트헤드가 "어머니는 말로 표현할 수 있는 것 이상을 마음속에서 걱정하고 있다"라고 말하면서 이야기한 '감성적 체험의 구체성'이다. 情은 인간으로서의 우리의 삶의 경향성을 끊임없이 재구성하는 삶의 체험의 내용이다. 보다 넓은 의미에서 우

주 질서에 있다고 생각되는 적절하게 집중된 인간 감성의 드라마틱한 역할 때문에 情은 『中庸』에서 특별히 중요한 취급을 받고 있다. 『中庸』 1장에서는 감정에 대하여 다음과 같이 말하고 있다.

> (인간의) 균형과 초점이 유지되고 조화가 완전히 실현될 때, 하늘과 땅은 제 자리를 유지하고 만물은 세계에서 번창한다.
>
> When [human] equilibrium and focus is sustained and harmony is fully realized, the heavens and earth maintain their proper places and all things flourish in the world.
>
> [致中和 天地位焉 萬物育焉]

또 情은 근원적으로 맥락적이고 관점적인 인간의 공동 창조성의 이해에도 중요하다. 인간은 그들의 관계로 구성되고 그 관계는 체험의 장에 초점을 맞추려고 하면서 힘을 얻기 때문에 사람들 사이의 창조적인 상호 관계는 자신의 감정을 다른 사람들과 환경에 드러내게 된다. 감정의 감성적인 주조와 주관적 형식은 창조적 과정의 독특하게 관점적인 장소에 언제나 동반하게 된다.

유가의 인간관을 탐구하면서 필요한 유학의 개념은 습관적으로 'harmony'로 번역되는 和이다. 이 개념의 어원은 요리에 있다. 조화는 각각의 맛을 잃지 않게 하면서 둘 이상의 음식 재료를 서로 섞고 조합하는 기술이다. 초기 문헌을 통해서 음식을 준비하는 것은 이러한 우아한 조화의 의미를 가진 것으로 풀이되었다. 여기서 말하는 조화는 독특한 재료의 자기 완결성(integrity)과는 다른 거대한 전체에 통합(integration)을 의미한다.

여기서 자기 완결성은 전체로 존재하는 것이라기보다 전체가 되는 것으로 이해된다. 조화의 핵심은 특정한 요소의 존재와 조화의 미학적 성질이다. 이러한 조화는 각각의 기여를 아름답게 하는 내재적으로 연결된 개개 사물의 협력으로부터 나온 우아한 질서인 것이다.

『論語』에서 이런 조화는 고도의 문화적 성취로 찬양된다. 여기서 和는 독특함을 각기 맥락을 통해 최대로 기여하는 것이며 同과 구별된다. 가족은 『論語』를 지배하는 은유이다. 여기에는 가족이야말로 禮에 의해서 지배되는 상호 교류의 연결망에서 가장 적절하게(義) 그들 자신을 온전히 기여할 수 있는 제도라는 통찰을 깔고 있다. 그러한 가족에의 헌신은 개인적 자기 완결성의 완전한 표현과 개인 실현을 최대한 효과적으로 추구할 수 있는 맥락을 요구한다. 『論語』의 두 구절은 이 禮的 형식과 공동체와의 조화에 있어 개인적 헌신의 불가분성을 다음과 같이 잘 표현하고 있다.

조화를 이룸이 예를 지키는 가장 가치 있는 기능이다. 선왕들이 이 예를 지켜 조화를 이룸은 스스로 아름답게 하는 것이었고, 크고 작은 모든 일의 지침이었다. 그러나 일들이 잘 행해지지 않을 때 조화만을 알고 예를 지켜 절제하지 않는다면 행하여질 수 없을 것이다.

Achieving harmony(he) is the most valuable function of observing ritual propriety(li). In the ways of the Former Kings, this achievement of harmony through observing propriety made them elegant, and was a guiding standard in all things large and small. But when things are not going well, to realize harmony just for its own sake without regulating the situation through observing ritual propriety will not work.

[有子曰禮之用 和爲貴 先王之道 斯爲美 小大由之 有所不行 知和而和 不以

禮節之 亦不可行也](1.12)

안회가 권위 있는 행위에 대해 물었다. 공자는 답하였다. "자기 도야와 예의 지킴을 통해 사람은 스스로 권위 있는 행위를 할 수 있다. 만일 하루라도 이를 이룰 수 있다면 세상은 그 권위 있는 본보기를 존경할 것이다. 권위 있는 행위를 하는 것은 자기에서 비롯하는 것이다. 어찌 타인에게 비롯하는 것이겠느냐?"

안회는 말했다. "권위 있게 된다는 것이 무엇을 의미하는지 물어도 되겠습니까?" 공자는 말하였다. "예를 지킴에 어긋나는 것이면 어느 것도 바라보지 마라. 예를 지킴에 어긋나는 것이면 어느 것도 듣지 마라. 예를 지킴에 어긋나는 것이면 어떤 것도 말하지 마라. 예를 지킴에 어긋나는 것이면 어떤 것도 하지 마라."

Yan Hui inquired about authoritative conduct(ren). The Master replied, "Through self-discipline and observing ritual propriety (li) one becomes authoritative in one's conduct. If for the space of a day one were able to accomplish this, the whole empire would defer to this authoritative model. Becoming authoritative in one's conduct is self-originatinghow could it originate with others?"

Yan Hui said, "Could I ask what becoming authoritative entails?" The Master replied, "Do not look at anything that violates the observance of ritual propriety; do not listen to anything that violates the observance of ritual propriety; do not speak about anything that violates the observance of ritual propriety; do not do anything that violates the observance of ritual propriety."

[顏淵問仁 子曰克己復禮爲仁 一日克己復禮 天下歸仁焉 爲仁由己 而由人乎哉 顏淵曰請問其目 子曰非禮勿視 非禮勿聽 非禮勿言 非禮勿動](12.1)

　『中庸』에서 조화의 유가적 의미는, 일상사에 친근한 것(庸)에 초점 맞추기(中)에서 보듯 초점 혹은 균형(中)개념의 도입과 더불어 더욱 천착된다.

8. 듀이의 종교적 휴머니즘

내가 마지막으로 탐구하려는 주제는 논란 많은 듀이의 종교성이란 주제이다. 듀이는 일찍이 '진리'를 선포한다고 주장하는 오도된 현대과학을 비판한 것처럼 제도화된 독단적인 '종교'를 거부했었다. 그러나 동시에 듀이는 "의지와 지지라는 의미를 지닌 인간 사이의 연결로서 그리고 우주적 상상력이 느끼는 감추어진 세계"라는 의미의 '종교적'이라는 용어를 '神'이라는 용어와 더불어 유지할 것을 주장하였다.[40]

마이클 엘드리지(Michael Eldridge)의 『체험을 변형하기 *Transforming Experience*』에 요약, 해석된 최근의 듀이 연구는 듀이의 종교성에 대해 다양하면서도 상충하는 해석이 혼재하고 있음을 보여준다. 스펙트럼의 한쪽 끝에는 제롬 소너슨(Jerome Soneson)과 리처드 번스타인(Richard Bernstein) 같은 학자가 존재하는데 전자는 듀이를 '근본적으로 종교 사상가'로 보고, 후자는 듀이의 "종교적 자세와 그 질적 측면에 대한 취급이야말로" "그의 모든 철학의 정점"이라고 여긴다. 또 듀이의 독특하고 종종 오해를 사는 "영성의 민주주의적 형식"을 설명하고 인정하려는 입장을 가장 잘 제시한 것은 스티븐 록펠러의 철학적이고 종교적인 듀이의 傳記일 것이다.[41]

---

40 *Later Works* 9:36.
41 록펠러의 문제제기 중 주목할 만한 것은 그가 과정적, 창조적인 종교적 감수성이 분명히 제기

스펙트럼의 다른 한쪽에는 회의적인 마이클 엘드리지와 앨런 리이언
(Allan Ryan)이 있다. 그들은 듀이가 과연 종교적이라고 말할 수 있을지 의
문을 던지고 있다. 라이언은 "듀이가 제거하고자 했던 초자연주의자의 생
각을 제외해버릴 때 과연 우리는 종교적 언어를 사용할 수 있을까" 하고 의
심하고 있다.[42] 엘드리지는 '세속'과 '휴머니즘'이라는 용어를 도입하면
서 듀이의 기획에 '종교적'이란 말이 과연 적당한 것인가 의문을 던지고 있
다. 그는 듀이의 "현실의 조건이 이상적 목표와 결합하는 명백하고 강력한
개념에 의해 자극된 지속적인 감정'에 반드시 종교라는 용어가 적절한가?"
라고 의문을 던진다.[43]

듀이가 '종교적'이란 용어를 '개인성'이나 '평등'과 같이 일상적인 뜻과
다르게 사용했다는 것을 생각할 때 이런 논쟁은 놀라운 것이 아니다.

궁극적 중재자나 진·선·미의 담보자로서 사회 형태에 종교적 의미를
불어넣는 신 개념 대신 듀이는 일상의 사회적 활동을 출발점으로 삼는데,
이 사회적 의식들이 일정한 의미의 폭과 깊이를 획득할 때 계발된 인간 공동

하고 있지만 해결하지 않는, 궁극적 의미에 대한 문제에 질문을 던지고 있다는 것이다. 이 궁극
적 의미는 적어도 어떤 사람들에게는 (도스토예프스키처럼) 우리가 현대 인간에게서 발견하는
무심한 공포를 다루는데 필요한 종교적 긍정이다. Steven Rockfeller, *John Dewey:
Religious Faith and Democratic Humanism* (New York: Columbia University Press,
1991)을 보라.

42 Alan Ryan, *John Dewey and the High Tide of American Liberalism* (New York:
Norton, 1995):274. 엘드리지의 강한 신념에 비해 라이언은 증거를 곧잘 보여준다. 예를 들어
그는 듀이의 신 개념 사용 이유를 연상시키는 시드니 후크의 답변을 인용한다. "왜 신성하고 심
오하고 궁극적인 감정적 연상은 반드시 초자연적인 것으로 연결되어야 하는지 아무런 근거가
없다." Michael Eldridge, *Transforming Experience: John Dewey's Cultural
Instrumentalism* (Nashville: Vanderbilt University Press, 1998):155~6.

43 Eldridge (1998):162. '세속적'이라는 용어는, 만일 일상적으로 사용되었다면 듀이의 거센
저항을 받았을 만한 용어이다. 약한 의미에서 세속적이라 함은 세계와 인간의 자기 충족성의
강조와 영적인 것과 종교적인 것에 대한 무관심을 의미한다. 강한 의미로 그것은 성스러운 것
의 반대로 시민적이고 공적인 일에서 종교를 배제하고자 하는 종교적 회의주의까지 의미할 수
있다. 그러나 엘드리지는 세속이란 말을 초자연주의에 반대하는 '철저한 자연주의', '외적 자
연주의(extranaturalism)'로 사용하며 인간 체험과 그 전 역사를 자연 안에 위치짓는 것으로
사용하면 이는 듀이가 분명 동의할 만한 것이다.

체의 인간의 헌신과 앞으로 지속될 인간성에 대한 연대, 더 중요하게 자연에 대한 경외심에서 기인한 종교적 감수성이 발현하게 된다. 후반부에서 듀이는 체험으로서 예술에 대해서도 같은 주장을 한다. 예술은 인간 체험이 배타적이고 전문화되고 제도화된 것이 아니라 인간의 모든 활동을 고양시키고 적절히 충만시키는 갈망인 것이다.

듀이가 세속적 휴머니즘에 공감하지 못한 것은 부당하게 숭배의 대상이 되어버린 보편적인 휴머니즘이라는 개념을 받아들이려 하지 않았기 때문이고, 그의 급진적 맥락주의 때문이었다. 종교성은 최상의 체험의 질적 가능성이며 "그 체험 안에서 추구되는 목적과 이용된 수단을 함께 의미하는 것이다."[44] 듀이는, '무신론'은 인간의 이해력에 과도한 신뢰를 품고 있다는 이유로 거부하였다. 그러나 듀이의 종교 이해는 초자연적 최고 존재를 가정할 필요가 없다는 의미에서 '비신론적'이라고 할 만하다.

> 지식의 대상으로서 자연은 삶의 선함과 규율의 지속적인 원천으로 존재할 수 있다. 그리고 이들은 유대 그리스도 전통에서 신에게 부여하고자 했던 속성과 기능들인 것이다.[45]

듀이가 연속성의 의식으로서 '하나님(God)'을 가끔 언급했지만, 시간적으로 최초인 초월적 근원이자 인간 체험의 설계자 입법자이자 심판인이라는 신 개념은 듀이의 프래그머티즘에 어울리지 않는다. 듀이가 전통적 신앙에서 보존하기를 바란 것은 자연적 경건함이다. 이는 지배를 추구하고자 하는 어떤 유혹도 차단하고 대신에 우리를 둘러싼 자연의 복잡성에 협조하고 동화하도록 하는 경외감, 놀라움, 그리고 겸허함을 의미했다.

---

44 Eldridge(1998):170.
45 *Later Works* 4:45.

그가 '종교적'이란 용어로 의미하고자 한 것은 제도화된 숭배가 아닌 개화하는 공동체를 위해 체험의 매력과 감사 속에서 인간의 행위를 사유하는 창조인 역할이었다. 록펠러는 듀이의 '종교적 휴머니즘'을 설명하면서 듀이의 저작 『개인주의, 과거의 것과 새로운 것 *Individualism, Old and New*』(1929) 안에서 세속과 성스러움, 개인과 공동체, 사회적 뿌리와 종교적 개화가 이분화되지 않았음을 지적한다.

> 종교는 결합의 뿌리라기보다는 꽃이며 열매이다……종교의 핵심으로 생각되는 전체성이라는 의미는 상당한 수준의 결합을 성취한 사회의 구성원을 통해서만 세워질 수 있고 유지될 수 있는 것이다.[46]

---

[46] Rockfeller (1991):449.

9. 유학의 인간 중심적 종교성

우리가 논쟁의 어느 쪽에 서든, 듀이가 전통적 종교 개념에 대해 비판적이기는 하지만 여전히 종교적이라고 주장하든, 그가 진짜로 聖水와 함께 예수까지 버렸다고 주장하든 내가 제기하고 싶은 질문은 다음과 같다.

유학적 관점은 이 논의에 어떤 기여를 할 수 있는가?

한 세대 전 허버트 핑가렛이 유학 연구에 매우 큰 영향을 미친 그의 저서의 제목을 『공자: 성스러운 속인 *Confucius: The Secular as Sacred*』으로 정했다는 점은 매우 흥미롭다. 이 에세이에서 핑가렛은 유학 세계에서 성스러움의 원천은 바로 인간 체험의 의식화(儀式化, ritualization)라고 주장했다.[47]

다시 우리는 '禮'를 유학의 미학적 용어로 이해할 필요가 있다. 禮는 'ritual', 'rites', 'customs', 'etiquette', 'propriety', 'morals', 'rules of proper behavior', 그리고 'worship' 등으로 번역되어 왔다. 적절한 맥락 아래서 각 영어 단어들은 상황에 따라 모두 禮를 번역하는 말이 될 수 있다. 그러나 고대 중국에서 禮는, 이 글자가 사용되는 모든 경우에 위의 의미들 모두를 포함하고 있다. 이 형성 문자는 주로 선조를 모신 제단

---

47 Herbert Fingarett, *Confucius: The Secular as Sacred*(New York: Harper and Row, 1972). 올해 후반 '서양중국학' 시리즈의 일환으로 장사 인민 출판사에서 리우동이 편집한 중국어 번역서가 발간될 예정이다.

(豊)에서 犧牲을 보여주는 것(示)을 의미하는 글자로 이는 이 용어가 지닌 심오한 종교성을 암시한다. 이 용어는 『說文』에서 (음운적, 의미적 유사어를 사용해) '길을 걷다' 그리고 '행동, 행위'를 의미하는 履로 정의된다. 즉, 가장 협소하게 설명하자면 "어떻게 조상의 혼이 행운을 가져오도록 잘 모시는가"라는 의미이다. 이렇게 禮를 과정적이고 사건으로 이해하는 것은 원시 유학의 감수성의 특징이다.

우리는 禮를 'ritual propriety'로 번역하기로 하였다. 이것은 오랜 고민 끝의 선택이다. 형식적인 면에서 禮는 의사소통을 용이하게 하고 공동체를 고무하는, 의미부여된 역할, 관계, 제도를 가진다. 모든 형식적 행위들, 예를 들어 식탁 예절, 만나거나 헤어질 때의 인사 방법, 졸업식, 결혼식, 장례식, 존경의 표시, 선조에 대한 제사 등이 禮를 구성한다. 禮는 각 구성원에게 가족, 공동사회, 국가 속에서 지정된 장소와 지위를 정해주는 사회적 문법이라고 할 수 있다. 禮는 의미의 저장소로 한 세대에서 다음 세대에게로 전달된 삶의 형식이며 이를 통해 개인은 전승의 가치들을 받아들이고 상황에 맞게 조정한다. 우리가 禮를 행하는 것은 현재지만 그것의 효과는 과거부터 미래까지 연결되어 있는 것이다. 禮가 없다면 사랑하는 사람을 잃은 친구를 만나기가 꺼려질 수도 있다. 그러나 禮가 있다면 그는 그때에도 친구와 함께 있을 수 있다.

비형식적이고 독특하게 개인적인 면에서 禮로 구성된 공동사회에 완전하게 참여한다는 것은 지배적인 관습, 전통과 가치를 개인화하는 것을 필요로 한다. 전통을 자신의 것으로 만드는 이 과정은 禮를 법이나 규율과 전혀 다른 것으로 만든다. '무언가를 자신의 것으로 만든다'는 의미의 라틴어 proprius는 ('appropriate, 사유화하다', 'property, 소유물' 같은 단어처럼) 우리에게 참여의 의미를 이해하게 만들고 핵심적 철학 용어를 번역하는 데 유용한 일련의 동일 어근적 표현을 제시한다. 義는 '정의(righteousness)'

가 아니라 '적절함(appropriateness)', '알맞은 것에 대한 감각' 이고, 正
은 '바르게 만들기(rectification)' 나 '바른 행동(correct conduct)' 이 아
니라 '적절한 행동(proper conduct)' 이며, 禮는 단지 '적절한 것' 일 뿐
아니라 '적절한 것을 행하는 것(doing what is appropriate)' 이다.

禮는 다른 유학의 개념처럼 가족에서 시작된다. 즉『中庸』20장은 禮의
가족적인 원천을 명백히 지적한다.

> 다른 친척 사이에 헌신의 정도와 성격이 다른 사람에 사이에 존중의 정도에
> 따라 禮가 발생하게 된다.
>
> The degree of devotion due different kin and the degree of esteem
> accorded those who are different in character is what gives rise to ritual
> propriety.
>
> [親親之殺 尊賢之等 禮所生也]

따라서 禮는 인간 공동사회 내의 총합이며 현재 살고 있는 사람과 그 조상
(『中庸』19장) 사이의 적정한 관계, 사회적 권위와 정치적 권위, 또 지배하
는 사람과 지배받는 사람 간의 적절한 관계를 설명해준다(『中庸』20장).

공자의 세계에서 禮가 의미하는 것을 이해하는 데 있어 가장 큰 장애물은
'禮' 는 너무나 우리에게 익숙한 것이어서 그 의미를 충분히 알고 있다고 생
각하는 것에서 시작된다. 영어에서 'ritual' 은 종종 경멸적인 의미로 헛되
고 의미없는 사회적 전통에 순응함을 의미한다. 그러나 유학의 문헌을 자세
히 읽어보면 적당한 표정과 몸짓에 이르기까지, 조심스럽게 조절된 삶의 방
식과 세부사항에 대한 지대한 관심을 요구하는 행위가 곧 삶 자체인 세계가

드러난다. 이 禮로 구성된 행위는 개인의 세련이 오직 형식화된 역할과 행위에 의해 제공되는 훈련을 통해서만 가능하다는 통찰력으로부터 시작된다. 창조적 개인화가 없는 형식은 억압적이고 비인간적이다. 형식이 없는 창조적 개인 표현은 최선의 경우에는 멋대로이고 최악의 경우에는 방종이다. 가정과 공동사회가 스스로를 조절하고 세련될 수 있는 것은 형식과 개인화가 적절히 조화될 때 가능하다.

　『論語』를 읽으면서 우리는 역사적 인물인 공자의 삶의 사건들을 그려내는 친근한 일련의 스냅 사진과 같은 9장에서 11장을 안 읽고 건너뛰는 경향이 있다. 그러나 여기에는 朝廷의 일과에 참여하는 학자적 관료가 취해야할 마땅한 행위들이 마치 안무처럼 구성되어 있다. 아주 미세한 몸짓, 옷 종류, 걸음걸이, 자세와 얼굴 표정, 목소리의 억양, 또 숨쉬는 리듬조차도 정해져 있다는 것을 우리는 이들 구절을 읽으면서 알게 된다.

　　공문을 통과할 때는 마치 대문이 높지 않은 것처럼 허리를 숙인다. 배알할 때는 출입구의 가운데에 서지 않으며 지나갈 때는 문턱을 밟지 않는다. 빈 왕좌를 지날 때는 표정을 눈에 띄게 바꾸고 다리는 굽힌다. 그리고 말을 할 때는 숨이 찬 것같이 보인다. 홀을 오를 때에는 옷자락을 들고 허리를 굽히며 숨을 멈추듯 참는다. 첫 번째 계단을 내려갈 때는 표정을 편하게 하고 다시 평정을 찾는다. 계단의 아래에서는 기운 있게 걷고 자리로 돌아올 때는 공경하는 자세를 다시 갖춘다.

On passing through the entrance way to the Duke's court, he would bow forward from the waist, as though the gateway were not high enough. While in attendance, he would not stand in the middle of the entranceway; on passing through, he would not step on the raised threshold. On passing by the empty throne, his countenance would change visibly, his legs would bend, and in his speech he would seem to be breathless. He would lift the hem of his skirts in ascending the hall, bow forward from the waist, and hold in his breath as though ceasing to breathe. On leaving and descending the first steps, he would relax his expression and regain his composure. He would glide briskly from the bottom of the steps, and returning to his place, he would resume a reverent posture.

[入公門 鞠躬如也, 如不容 立不中門 行不履閾 過位 色勃如也, 足躩如也, 其言 似不足者 攝齊升堂 鞠躬如也, 屛氣 似不息者 出降一等 逞顔色 怡怡如也, 沒階 趨進翼如也, 復其位踧踖如也] [48]

『論語』는 우리에게 정해진 형식적 행동의 입문을 제공하는 것이 아니라, 禮化된 삶에 대한 감수성을 보여주려고, 상상력으로 매진하는 특수한 역사적 인물의 이미지를 제공한다. 종국적으로 이는 그를 전체 문명의 교사로 만드는 것이다.

우리는 禮와 듀이의 '기능'과 '적응'(사람의 능력의 상호적 순응과 자신이 처한 환경 조건 사이의 능동적 관계)을 연결할 수 있겠다. 먼저, 禮는 개인화되고 상황에 특수한 것이다. 또한 실행과 수행적 발화 양쪽 모두로서, 그것들이 맥락 안에서만 의미를 가지고 정당화나 설명을 거부한다는 의미에서 禮는 수단인 동시에 의미이다. 그것들이 의미하는 바와 행하는 바는 같다.

최근 나는 『유학적 영성 Confucian Spirituality』이라는 책에 기고한 「禮와 원시 유학의 비신론적 종교성」이라는 제목의 에세이에서 원시 유학이 일단은 비신론적이나, 매우 심오하게 종교적이라고 주장했다. [49] 그것은

---

48 『論語』 10:4.

신이 없는 종교적 전통이다. 통찰력 넘치는 인간 체험 그 자체에서 출현하는 영성을 긍정하는 종교적 감수성인 것이다. 유학에는 (가족을 제외하고는) 교회도 없고, (저녁 식사상을 제외하면) 제단도 없으며, (공동사회의 모범적 인물인 군자를 제외하면) 성직자도 없다. 유학은 인간 성장과 확충의 과정이 전체성의 의미에 의해 결정되고 또 그것이 전체의 의미에 기여하는 방식을 찬양한다. 이것이 무로부터의 창조(creatio ex nihilo), 전통과 대조되는『中庸』에 나타나는 '창조성'의 종류이다.[50]

이러한 유학의 종교성과 서구 문화적 내러티브에서 종교의 의미로 규정되는 아브라함적 전통 사이에는 몇 가지 큰 차이점들이 있다. 그리고 이러한 차이점들이 나에게는 듀이가 '종교적'이라는 말을 사용하는 방식과 적어도 피상적인 유사성을 가지고 있는 것처럼 보인다. 쉴라이어마하가 '완전한 의존'이라고 부른, 시간적으로 최초이며 독립적이고 외부적인 작인의 궁극적 의미를 경외하는 '숭배' 모델과는 달리 나는 유학의 종교 체험은 그 자체로 번성하는 공동체의 산물이며, 그 사회에서는 종교적 삶의 질이 공동체적 삶의 질의 직접적 결과라고 주장한다. 禮에 대한 의식적 관심을 통해 발현하는 것은 신 중심의 종교성이 아니라 인간 중심의 종교성이다. 그리고 유학에서의 종교성은 번성하는 공동사회의 뿌리나 기반이 아니며 사회 고유의 특질이며 그 결실이다.

유학적 종교성이 아브라함적 전통과 구별되는 두 번째 차이는 유학적 신

49 이 에세이는 곧 출판될 Tu Weiming and Everlyn Turker ed., *Confucian Spirituality* (New York: Crossroad Press) 에 기고하였다. 이러한 신앙의 사용의 심오성과 정통성에 대해 지지하는 주장은 Henry Rosemont, Jr. 의 *Rationality and Religious Experience* (La Salle, IL: Open Court, 2002)에서 찾아볼 수 있다.

50 뚜 웨이밍은 무로부터의 창조와 유학적 세계에서의 연속적 창조성 사이의 대조를 발전시켰다. 연속적 창조성은 그의 인간-우주적 비전 'anthropocosmic vision'에 의해 구성된다. 그의 *Confucian Thought: Self as Creative Transformation* (Albany: SUNY Press, 1985) 전반 참조

앙이 구원적인 것도 종말론적인 것도 아니라는 점이다. 일상적인 인간의 삶에 어떤 변화를 가져오게 하는 유가의 종교성은 특별히 우리의 일상적인 상호작용을 고무할 뿐 아니라 방사상으로 확대시켜 세계를 매혹시킨다. 인간의 먹이가 고급 요리로 될 때 우주는 더 넓고 깊어진다.

막대 기호들이 서예와 아름다운 동판의 디자인으로 세공될 때, 조야한 몸짓이 예식의 절도 있는 동작과 유쾌한 춤이 될 때, 투덜거리는 불만의 말이 숭고하고 잊히지 않는 멜로디가 될 때, 우연한 짝짓기의 정열이 지속적으로 위안을 주는 단란한 가정과 가족의 따뜻함이 될 때 일상은 신비로움으로 승화된다. 다른 종교적 표현들이 신비로움을 초월적이고 초자연적인 것에서 찾는다면, 유학은 바로 매일 매일의 일상적인 것을 우아한 것으로 만드는 변화를 통해 적어도 부분적인 신비를 제공한다.

10. 듀이와 공자: 유사점과 차이점

　원시 유학의 감수성을 묘사하는 용어들과 듀이의 어휘들에 많은 유사점이 있는 것 같다. '체험'과 道, '최상의 체험과 민주주의'와 和, '개성, 개인성과 평등'과 人, '종교성'과 禮, '과정적 인간의 본성'과 人性 등이 그것이다. 그리고 좀더 넓게는 많은 합치점이 있는 것 같다. 그것은 인간 체험의 사회적 성격, 작인보다 상황의 우선성, 효과적 의사소통의 중요성, 그리고 목적론의 대안으로써 교화적 연속성 등이다. 동시에 여러가지 흥미로운 차이점도 존재하는데 이는 근본적인 차원인 경우도 있고 단지 강조의 차이인 것도 있다.

　　공자와 존 듀이의 프래그머티즘과의 대화는 '체험'과 道, '최상의 체험과
민주주의'와 和, '개성, 개인성과 평등'과 人, '종교성'과 禮, '과정적 인간
의 본성'과 人性 등의 생산적인 공명과 동시에 주의주의와 종교성에 대한 생산
적 차이점이 존재한다는 사실을 동시에 주목해야 한다.

　　그러면 우리는 어디에서 중요하고도 생산적인 차이점을 찾아야 할 것인가?
20세기 초에 듀이는 유학적 전통에 과학이 결여되어 있다는 것을 강조하
기 위해 인용되곤 하였다. '듀이는 철학과 과학 간의 관계에 자기인식 때문
에 철학자의 역할을 재구성하려고 하였다'고 주장한 것은 로버트 웨스트부
룩만은 아니다.[51] 듀이가 보상적으로 증명했을지도 모를, 중국학자들 자신
이 지적하는 전통 유학의 약점 중 하나는 세계를 변형하기 위한 인간 목적
능력을 과장하는 일종의 '主意주의(voluntarism)'적 경향이다. 칸트 학자
리저후는 중국의 유명한 사회 비평학자들 중 하나이다. 몇몇 동시대의 해석
자들 특히 라이덴 대학의 우외린청, 꾸신과 펜실베니아 주립대의 리우캉은
리저후가 인간의 힘으로 모든 일을 이룰 수 있다는 마오쩌둥의 주의주의를[52]
반대한 것을 높이 평가한다. 그들은 모택동의 주의주의는 새로운 것이 아니
라 인간의 깨달음은 직접적인 윤리적 의지의 변형적 힘에 달려 있다는 유학
적 입장에서 유래되었다는 데 일치하고 있다. 인간 의지에 대한 방종한 믿
음과 이데올로기에 사로잡힌 대중 동원을 위한 선동이 서구의 식민지화로

51　Westbrook (1991):138.
52　〈China Information〉 6권 Nos 2/3 (Autumn/Winter 1996)의 Woei Lien Chong의 논문
　　"Mankind and Nature in Chinese Thought: Li Zehou on the Traditional Roots of
　　Maoist Voluntarism)"와 그에 대한 〈 Philosophy East and West〉 (Tim Cheek 편집) 49:2
　　의 리저후와 제인 캐벌 (Li Zehou and Jane Cauvel)의 답변을 보라. 리저후에 대한 최근 연구
　　목록을 보려면 Chong (1996):142~143n12.
53　창하오는 William de Bary 의 The Trouble with Confucianism에 대한 답변에서 비슷한 입
　　장을 취하고 있다. 〈China Review International 〉 Vol.1 No.1(1994. Spring) 참조.

부터 대약진운동, 문화혁명에 이르기까지 중국의 현재의 위기를 초래했다
는 것이 리저후의 주장이다.[53]

　간단히 놓고 보면 논쟁점은 고대부터 유학 철학자들이 인간과 그들을 둘
러싼 자연적, 신적 환경 사이의 연속성, 즉 天人合一을 인지해 왔다는 데
있다. 이러한 연속성은 자연과학을 손상시키는 것으로 종종 오해되었다.
주체와 객체 간의 연속성 대신에 인간 사회가 생산적으로 환경을 변형하는
능력과, 도덕적 주체가 변형 가능한 자연 세계를 변형하는 절대적 힘을 가
지고 있다는 믿음이 지배해온 것이다. 이런 태도는 미숙한 주관주의로 귀결
되어 왔다. 이것은 자연을 '인간화'하고 주체와 객체 사이의 생산적 관계
를 수립하는 과학과 기술에서의 집단적인 인간 노력의 필요성을 경시하는
태도로 연결되었다. 리저후가 인간 자유의 선행조건이라고 여기는 것을 경
시한 것이다. 유학의 이러한 약점 수정을 위해 과학적이고 경험적인 듀이
연구가 필요할지도 모른다.

　그렇다면 유학은 듀이의 이러한 기여에 보답할 수 있을까? 유학에서 인간
체험을 매혹적으로 만드는 도구로서의 禮化된 삶이 듀이의 신앙 개념에 대
한 충분한 보완으로 차용될 수 있는가? 라이언과 엘드리지는 듀이가 종교성
을 매우 낙후된 의미로 사용하고 있다고 느꼈는데, 유가적 개념은 이 느낌
을 경감시켜줄 수 있을까? 유학의 종교적 측면의 중심성과 예화된 삶에 대
한 강조는 듀이의 종교성에 대한 질적인 이해의 충분한 확장이라고 할 수 있
는가? 유신론의 어휘와 다르기는 하지만 유학으로써 종교적 어휘를 보장하
는 실행 가능한 '비신론적' 신앙이 있다고 라이언과 엘드리지를 설득할 수
있을까? 유학은 대안적인 인간 중심의 종교적 감수성의 확실한 실례를 충분
히 제공하고 있는가? 그래서 관습적으로 종교적이라고 여겨온 것이 진정
'종교적'이라고 이름 붙일 수 있는 것의 모든 것은 아니라고 우리를 설득할
수 있는가?

듀이는 초월적인 것에 대한 호소가 인간 체험의 변화에 진정한 위안을 주지 않는다고 주장한다.

> 전체로서의 삶은 종국적이고 포괄적인 목적을 위한 초월적 원리에 의해서 조정된다고 천 번을 변증법적으로 논증하더라도, 실제에 있어서의 진실과 거짓, 건강과 질병, 선과 악, 희망과 두려움은 똑같은 상태로 남아 있을 것이다. [54]

사실상 초월에 '비용'이 드는가? 인간의 성장에 대한 근원으로 작용하는 가족의 힘은 자연적 가족과 공동체적 관계가 어떤 고차원의 초자연적 관계와 경쟁하거나 그로부터 분열되거나 혹은 그에 의존하는 것으로 여겨지지 않을 때 훨씬 더 커질 수 있다. 다르게 말해서 인간관계가 초월적 숭배의 대상과 개인적 관계로 종속될 때, 그러한 종속이 어떤 이익을 가져오든 간에 그것은 가족과 공동사회를 희생시킨다. 禮化된 삶에 있어서, 개인들은 가족으로부터 방사형적으로 뻗어나아가면서 심오한 공동체적, 문화적, 그리고 결국은 종교적 경의의 대상으로 성장하게 된다. 삶의 일상적 체험에서 느껴지는 농축된 종교적 질의 획득을 넘어서 이 모범적 개인들(군자)은 가족과 공동사회의 조상으로, 또 중국문화를 좀더 폭넓게 설명하는 선대의 유산인 天에 대한 기여자로 성장한다. 天을 확고하고 의미 있게 만드는 것은 바로 이렇게 선조와 문화적 영웅들을 축적해가는 것이다.

우리는 유학과 듀이의 프래그머티즘 사이의 대화가 서로를 풍성하게 만드는 몇 가지 방법을 확인할 수 있다. 좀더 일반적 수준에서 비교철학을 하는 대부분의 학자는 중국철학을 연구하게 될 때 서양 철학의 경직성이 비로소 풀릴 수 있다는 점에 동의할 것이라고 감히 말하고 싶다. 서양의 철학 교

---

54 Middle Works 4:12.

육을 받은 학생들은 종종 중국 전통에 대한 이해와 해석에 새롭고 분석적인 도구와 신선한 견해를 가져온다. 그러나 그로 인한 이득은 상호적이다. 『死者들의 민주주의 *The Democracy of the Dead*』에서 우리는 비록 지금까지 공식적으로 언급되지 않은 무의식적 과정이지만 '동양화(Easternization)'가 중국과 미국 사이에 이루어져 왔고 또 앞으로도 그럴 것이라고 주장한다. 같은 의미로 소수의 서양 철학자들은 과정적 사고가 서양철학의 맥락에서는 비교적 새로운 것이지만 중국의 긴 氣-우주론 전통은 역사적으로 『易經』만큼이나 오래전에 시작된 과정적 세계관을 가지고 있다는 것을 깨닫게 되었다. 즉, 과정철학에 대한 우리의 최근 관심은 발달된 중국의 과정적 감수성을 자세히 살펴봄으로써 훨씬 더 발전할 수 있다는 것이다. '대안적' 전통이라고 여겨지는 것은 '상보적'이라고 보는 것이 더 옳을 것이다. 양쪽 세계가 배타적으로 남으면 남을수록 서로에게 손해일 뿐이다.

만약 대화의 기초가 마련되어 있고 대화가 상호 이익이 된다는 데 동의한다면, 이제 우리는 듀이와 공자가 제공한 사회적 실천주의의 모델에 영향을 받아, 무임승차 지식인이 벌인 현학적 논쟁을 어떻게 튼튼한 사회적 실천으로 옮겨갈 것인가를 고민해야 한다.

이러한 토론이 갖는 진정한 가치는 중국이 불가피하게 중국식의 민주주의로 나아가는 현재의 적합성에 있을 것이다. 유학과 듀이 양쪽 모두가 자유민주주의에 대한 필요조건 중 많은 것을 중요하게 여기지 않는다. 자율적 개인주의나 개인적으로 보유한 정치적 권리에 대한 기초를 제공하는 양적인 평등의 개념들은 분명 듀이와 공자가 주장하는 번성하는 공동체의 비전과는 어울리지 않는 것이다. 반면 유학과 듀이의 과정철학에 근거한 좀더 공동체적 모델의 민주주의 — 그 사회에서는 인간 자유를 가장 잘 보증하는 방법이 권리를 부여하는 것이 아니라 공동사회가 번성하는 것이 될 것이고 또 자유란 제약의 부재가 아니라 자치에의 충분한 참여를 의미하는 — 사이에는 공통점들이 존재한다. 『死者들의 민주주의』에서 우리가 묻고자 했던 것은 바로 이것이다. 중국의 민주주의가 원시 유학에 편만한 공동체주의에 대한 호소에 의해 가장 잘 충족될 것인가, 아니면 중국이 자신의 문화적 중심을 버리고 서구적 자유민주주의의 개념을 도입하는 것이 필요할 것인가?

제 V 부

맹자와 '인간 본성'의 과정적 이해

1. 인간 본성: 맹자와 순자

마이클 샌덜(Michael Sandel)은 그의 저서 『자유주의와 정의의 한계 Liberalism and the Limits of Justice』에서 우리가 자기 이해를 표현하기 위해 사용하는 다양한 개념에 대해 고찰하면서, '인간 본성'에 대해 논하고 있다. 그는 "인간 본성은 종종 시간과 장소에 상관없이 불변하는 보편적인 인간의 본질이라는 고전적 목적론적 개념으로 이해된다"고 말한다.[1]

이러한 인간 본성에 대한 '토대론적', '불변적'(다른 말로 '초월적') 개념은 서양인들이 자신에 대해 생각하는 방식에 큰 영향을 끼쳐왔을 뿐 아니라 고대 중국을 포함한 문화적 전통을 이해하는 최고의 해석들에도 당연히 큰 영향을 주었다.[2]

맹자에 대한 '토대주의'적 해석은 순자가 맹자를 비판하며 선천성/후천

---

1 Michael Sandel, *Liberalism and the Limits of Justice*(Cambridge: Cambridge University Press, 1982, second edition 1998):50.

2 Leslie Stevenson의 인간 본성에 대한 일곱 가지 이론(Seven Theories of Human Nature, Oxford: Oxford University Press, 1974)(최근 '열한 가지 이론'으로 개정됨)으로 가르치는 철학자들은 문화적 영향력에서 다소 자유로운 듯하다. 그러나 중국 전통에 대한 최고의 해석가들은 대개 문화적 영향력에 얽매여 있다. 그 예로 도널드 먼로(Don Munro)는 *Concept of Man in Contemporary China*(Ann Arbor: University of Michigan Press, 1979):19~20, 57에서 『中庸』1장을 논하면서 다음과 같이 말한다. 이것은 정해진 사람의 본성은 인간의 활동을 통해 변경될 수 없다는 것을 의미한다. 그것은 태어날 때부터 '정해진' 것이다. 신유가들도 인간의 토대적 본성이 고정되어 있음에 대해 긍정한다. 중국인들은 범인간적인 현상과 본유적인 것, 그리고 본유적인 것과 불변하는 것을 즉각적으로 연관시킨다. 또한 벤자민 슈월쯔(B. Schwartz)는 *The World of Thought in Ancient China*(Cambridge: Harvard University Press,

성(nature/nurture) 구분을 사용한 데서 더 힘을 얻었다. 순자는(존 너블럭 John Knoblock이 '타고난 성질'과 '의식적 행위'라고 번역한) 性과 僞의 구분에 있어 人性은 인간의 의식적인 작용에 앞서 경험에 부여된 성질을 의 미할 뿐이라고 강력하게 주장한다. 실체 존재론의 어휘로 표현할 때 性은 존재(something you are)이고 僞는 그에 대한 행위(what you do about it)이다.3 순자가 모든 사람은 본성적으로 이미 완전한 도덕적 자질을 가지 고 있다는 맹자의 주장을 (불공정하게도) 비난하는 것은 바로 이 구분에 근 거한다.4

1985): 179, 175에서 性을 "'하늘로부터 부여받은' 혹은 '하늘이 명한'" 경향과 지시, 또는 개인의 성장 잠재성으로 표현하면서 "미리 정해진 방향으로 성장 발전하려는 타고난 경향"으로 이해해 이런 전통적 해석을 따르고 있다. 그리고 *A Taoist Theory of Chinese Thought*(New York: Oxford, 1992)에서 채드 핸슨(Chad Hansen)은 "그래험류의 맹자 숭배자들의 대부분 은 여전히 도덕적 변화의 문제점 때문에 맹자의 현상 유지적 해결책을 가져온 것이라고 생각한다 (194)"고 염려하면서 맹자의 性에 대한 '본유주의자'적 해석은 도덕적 변화 자체를 고려하지 않 게 한다고 한다. 핸슨은 "도덕적 성장 본질의 세부적 구조는 외부적 요소에 기인한 것이 아니다 …… 도덕성은 이런 의미에서 내적인 것(174)"이며 따라서 "자연이 心으로 하여금 그러한 행동 을 하도록 조장했으므로(177)", "각 상황에서 해야 할 절대적으로 옳은 것이 있다(178)"고 주 장한다. 핸슨은 다음과 같이 자신의 본유주의적 입장을 요약한다(187). "우리는 맹자가 인간이 완전한 도덕적 근본 원리를 타고났다고 이해할 수 있다. 이 도덕적 근본 원리는 인간이 중립적인 어떠한 외부 구조에서도 도덕적으로 옳은 행동방식을 찾아낼 수 있게 한다. 그러나 도덕적 진실 은 마음에 의해 상황적으로 생성되는 것 외에 다른 어떤 형이상학적 기초도 가지고 있지 않다. 이 런 이해가 도덕성은 형이상학적으로 외부적인 것이 아니라 내부적인 것이라는 맹자의 주장과 공 존할 수 있다." P. J. 아이밴호우(P. J. Ivanhoe)는 그의 *Ethics in the Confucian Tradition*(Atlanta: Scholars Press, 1990)에서 앵거스 그래험의 "인간 본성이란 발전의 적절 한 과정"이라는 것을 인정한다. 그러나 도덕성은 인간의 선택에 의존하는 것이라는 의미의 '실 존적'인 것이 아니며 차라리 '인간 본성의 발현'일 뿐이라고 주장한다. "인간 본성은 특유의 내 용을 가지고 있고, 이 다른 부분들은 매우 특수한 구조 속에서 정렬되며 이 구조의 모양은 개인의 본성으로 나타난다." 특히 서구 학계에서 맹자의 '人性' 개념을 이해하는 데 있어, 만약 우리가 다른 대안적 해석으로 안내함으로써 인성에 대한 토대론적 해석이 맹자의 이해에 맞지 않는다는 것을 명확히 하지 않는다면, 거의 모든 독자는 맹자의 개념을 이해하지 못할 것이라 생각된다.

3 유교가 국가 이데올로기로 형성되던 시기에 맹자의 개인적 수양보다는 순자의 예 중심적 유교가 더 큰 영향력을 행사했다. 한나라가 건립되고 공고화되어가던 1세기 동안의 상황이었다. 나는 너블럭과 같은 해석은 자신의 心이 인간을 구성한다는 자의식 과잉적 사유에 의해 도덕적 초기 조건을 단순히 일반화한 것을 형이상학화하는 일이라고 믿는다.

4 『荀子』 88/23/29~50, shun의 토론(1997):229 참조.

맹자의 性 개념을 토대주의적으로 읽는 것은 맹자를 재미없는 철학자로 만들어 버린다. 맹자의 性은 역사적, 개별적, 계보적이며 과정적인 세계관을 통해 보다 온전히 해석될 수 있다.

순자의 맹자 비평을 평가하는 데 있어 고려해볼 만한 중요한 철학적 공헌이 두 가지 있다. 첫째는 『論語』를 상기시키는 순자의 맹자 비평 속에는 노력에 대한 강조의 의미가 숨어 있다. 공자는 인간이 행위에서 배움에 대한 사랑(好學)을 권위 있는 사람(仁)이 되는 능동적 과정으로서 최우선시하였기 때문에 人性에 대해 깊이 고려하지 않았을 것이다.[5] 공자에게나 순자에게나 모범적인 행동을 하는 데에는 근면과 노력이 필요하다. 이에 대해 순자는, 공자보다 더 극단적으로, 도덕적이기 위해서는 나무 한 조각을 곧게 펴는 것처럼, 초기 조건에 대한 근본적인 방향 조정과 모양 변경을 필요로 한다는 태도를 보인다. 맹자에 대한 순자의 근본적 우려 중 하나는 맹자가

5　『論語』 5.13의 "공자가 性이나 天道와 같은 주제에 대해 논하는 것을 들어본 적이 없다" 는 구절과, 공자는 사변과 추측을 좋아하지 않았다는 주장을 상기할 필요가 있다(9.4).

性과 爲, 존재와 행위에 대한 명확한 구별에 실패하였고, 이 때문에 인간이 도덕적이 되기 위해서 (힘든 노력 없이) '순응'하면 된다는 맹자의 주장을 따르면 도덕적으로 행동하는 것이 마치 아래로 흐르는 물처럼 너무 쉽게 여기게 된다는 것이다. 문제는 맹자가 인간이 되기 위해 필요한 노력의 가치를 제대로 평가하지 못했다는 순자의 주장이다. 그러나 순자는 맹자의 人性 개념과 그것을 획득하기 위해 수반되는 엄정한 자기수양의 필요성을 너무 쉽게 평가한 것은 아닐까?

두 번째로, 순자가 유교를 강화한 강력하고 효과적인 방법이, 자신과 경쟁 관계에 있는 철학 계보의 어휘를 흡수하고 그들의 주요 교의를 자신의 학파에 맞도록 조정하는 것이었다는 점은 별로 알려지지 않았다. 이 專有의 과정은 그의 저작을 통해 많이 나타나며 다음 두 가지 예로 설명될 수 있다. 「正名」장에서 후반 墨家의 개념을 흡수한 것과 「議兵」장에서 兵家 사상을 유교화한 것이 그 예이다. 이 전유에 있어 그는 반대자들의 사상을 자신의 목적에 맞게 심하게 조정하였다. 여기서 나타나는 또 하나의 의문은 순자가 어느 정도까지 또 어떤 방법으로 그의 경쟁자 맹자의 人性 개념을 조정하고 다듬어 사용했느냐는 것이다.

人性에 대한 토대주의적 이해의 문제점은, 적어도 나의 견해로는, 맹자를 재미없는 철학자로 만들어버린다는 것이다. 우리의 최고 본성이 자기 자신에 의해서가 아니라 모든 인간에게 부여된 어떤 불변적이고 단일한 성질에 완전히 복종하고 순응한다는 것 (성경의 '뜻이 이루어지다'와 같이), 따라서 인간 존엄의 가능성 자체를 초월적인 어떤 것에 순응하도록 만드는 견해는 거북하다. 자아실현에 대한 훌륭한 설명이라고 여겨지는 '인간을 옥수수의 줄기로 보는' 이러한 원예학적 논리는 초기 유가에 대한 대안적 해석에서 찾아볼 수 있는 창의적인 사회적 지성이 설 자리를 남겨놓지 않는다.

2. 性은 nature로 번역될 수 있는가?

어쨌든, 대안적 이해의 기초로서 앵거스 그래험은 맹자에 대한 토대론적 해석에 반대한다. 그래험 자신의 말을 빌자면, 그는 "性을 'nature'로 해석하는 것은 맹자의 학설에서 초월적 목적을 의미하는 性을 초월적인 기원으로 오해하게 만드는 경향이 있다"고 경고한다.[6] 이 오해의 가능성을 배제하더라도, 그래험은 대안적 이해의 하나로써 "性은 기원이나 목표라기보다는 어떠한 방향으로의 계속적인 발전이라는 견지에서 이해"되며, "性은 계획적인 행위의 효과에 의해 계속해서 방향이 수정되는 지속적 과정"이라고 제시한다.[7] 그래험의 말을 부연하자면, 性은 인간 행위 양식이 바뀜에 따라 계속해서 변화되는 지속적 과정이다. 이 개념을 '토대주의적' 이해와 구별해볼 때, 그래험의 해석은 性을 역사적이고 개별적이며 계보적인 것으로 만든다.

다시 말해서 그것은 맹자의 人性 개념을, 나와 데이비드 홀이 장황하게 여기저기서 논쟁해온 바이고 전통적 유교를 이해하는 데 가장 적절한, 과정 혹은 사건 존재론의 일반적인 특성 속에서 이해하게 만든다.[8]

---

6 Angus C. Graham, "Reflections and Replies" in H. Rosemont, Jr.(ed) *Chinese Texts and Philosophical Contexts: Essays Dedicated to Angus C. Graham*(La Salle, IL: Open Court, 1991):287 가운데 "Reflections and Replies" (La Salle, IL: Open Court, 1991):287.
7 Ibid, 288, 289.
8 *Thinking Through Confucius*(Albany: State University of New York Press, 1987)과

『論語』에서 공자는, 논쟁은 군자와 어울리지 않는다고 경고해왔다.9

생색내기 좋아하고 종종 불쾌함을 주기까지 하는 순자도 우리에게 다른 학자들과의 관계에 있어 '兼術(the art of accommodation)'10 을 권한다. 그런데 왜 나는 고집스럽게도 유교 문화를 공부하는 현재의 학생들을 불쾌하게 하고 논쟁을 불러 일으켜온 '人性이 인간 본성을 의미하는가?' 하는 질문을 제기하는 것일까?

이에 대한 나의 대답은 종래의 해석에는 철학적인 큰 위험이 있다는 것이다. 네이산 시빈(Nathan Sivin)은 문화란 너무 미묘하고 복잡하여 위압적인 단언을 허용하지 않는다고 주장하면서, 신중하게도 문화적 비교에 있어서 도매급의 '~라기 보다는('rather than')'이라는 접근방식에 대해 경고해왔다.11 이러한 경고를 염두에 두고서도, 조심스러운 시빈조차도 여전히 '중국에는 현상과 실재의 긴장이라는 근원적 논지에 상응하는 개념이 없다'12 고 주장하는데, 나도 이에 동의한다. 시빈이 언급하지 않은 것은, 이

Thinking From the Han: Self, Truth, and Transcendence in China and the West(Albany: State University of New York Press, 1998)에서의 논의들을 보라.

9 『論語』 3.7: 공자가 말했다. 군자는 활을 쏠 때 반드시 그래야 할 때를 빼고는 경쟁하지 않는다. 서로 인사하고 사양하면서 마루에 올라 돌아와서는 잔을 들어 경례한다. 시합에 임해서도 그들은 군자들인 것이다[The Master said: "Exemplary persons(君子) are not competitive, except where they have to be in the archery ceremony. Greeting and making way for each other, the archers ascend the hall, and returning they drink a salute. Even in contesting, they are exemplary persons.(君子無所爭 必也射乎 揖讓而升下而飮 其爭也 君子)].

10 『荀子』 14/5/49: 군자는 그 현명함으로 허황됨을 관용하고, 지혜로 어리석음을 관용하고, 넓은 이해로 피상적인 것을 견디고, 청렴함으로써 더러운 것을 관용한다. 이것이 바로 '겸술'이라고 불리는 것이다[Exemplary persons with their superior character are able to tolerate the vacuous, in their wisdom are ableto tolerate the stupid, with their breadth of understanding are able to tolerate the superficial, and in their purity are able to tolerate the tainted. It is this that is called the art of accommodation.(故君子賢而容罷 知而能容愚 博而能容淺 粹而能容雜 夫是謂兼術)].

11 Nathan Sivin, Medicine, Philosophy and Religion in Ancient China: Researches and Reflections(Aldershot, HANTS: Variorum, 1995):viii.

성찰의 철학적 함의는 진실로 심대하며 이를 제대로 고려하지 않을 경우 인간의 본성에 대한 토대주의적 이해를 불러일으킬 가능성이 있다는 점이다. 시빈은 "그리스와 중국의 철학 비교"에서 그 스스로 이러한 실재/현상 구분의 부재에 대한 몇 가지 의미를 제시한다. 예를 들어 시빈은 다음과 같이 고찰한다.

> 초기 중국 철학에서 논리를 발견하기 위해 비교학자들은 힘을 많이 낭비해왔다. 그러나 아직까지 아무도 그리스 논리학과 중국의 의미론 사이의 상보적 관계를 이해하지 못했다.[13]

불변적이고 토대적인 '형태'의 사고로 여겨지는 논리는 인간의 불변적 '형태'로서의 절대적 본성과 유사하다. 중국에서 비교적 논리는 중시되지 않고 의미론('화용론'이라고 표현하는 편이 더 나은)이 핵심적으로 중요하다는 점은 이 전통이 끊임없이 변화하는 것보다 불변하는 형식적 측면을 더 '실재적'인 존재로 여기지 않는다는 사실을 반영한다. 하지만 변화에 적절하게 '이름을 적절하게 사용하는(正名)' 것에 대한 의미론적 지향[14]은 항상 과정적이고 따라서 항상 잠정적인 자연적, 사회적, 문화적 질서를 수용하는 세계관을 반영하고 있는 것이 사실이다. 사실상, 논란의 여지는 있지만 과정적 체험 속에서 이렇게 질서를 계속 재편해야 할 필요성은 왜 고대 중국 세계에서 여론(정통성, 정통적 핵심)의 추구가 그렇게 중요한 가치로 여겨졌는가를 설명해준다. 변증법적 논쟁은 필연의 가능성에 의해 도출되

---

12 Ibid:3.
13 Ibid. 채드 핸슨은 Routledge Encyclopedia of Philosophy에서 중국 논리학의 존재를 부정하면서 '중국의 논리'에 대한 고찰을 시작하고 있다.
14 John Makeham, *Name and Actuality in Early Chinese Thought*(Albany: State University of New York Press, 1994), Carine Defoort, *Heguanzi in The Pheasant Cap Master: A Rhetorical Reading*(Albany: State University of New York Press, 1997).

며 '진리는 무엇인가?'를 추구하는 사람들의 특성이다. 반면 '兼術(the art of accommodation)'은 개선 의지에서 시작되며, 의사소통의 수행적, 언어 발화적 힘을 인지하면서 '우리가 어떻게 가장 화합적이고 생산적으로 나아갈 것인가?'를 추구하는 사람들의 특징이다.[15]

즉 '본질/우연(essence/accident)'과 더불어 이에 따르는 이원론(형식/내용, 사실/가치, 정신/육체, 이성/경험 등)을 포함한 존재론적 실재/현상(reality/appearance)의 구분이 고대 중국의 세계관과 맞지 않는다는 사실은 우리를 근본적으로 다른 '과정'적 세계관 속에 옮겨 놓는다.

이 글에서 나는 人性에 대한 토론이 기존의 토대주의적 전제로부터 벗어나 진행될 수 있는 전략 하나를 제시하고자 한다. 이 문제를 명확히 하기 위한 하나의 접근방법은 분석적인 것이다. 즉 맹자의 각 구절을 보고 텍스트에서 발견된 증거로 결정하자는 것이다. 데이비드 니비슨(David Nivison), 아이밴호우(Ivanhoe), 아이언 블룸(Irene Bloom), 킴청청(Kim - Chong Chong), 꽁로이 쑨(Kwong-loi Shun)과 같은 학자들이 이러한 접근 방법에 상당한 노력을 들였고 많은 결실을 보았다. 특히 쑨의 최근 연구는 맹자의 人性에 대한 좀더 함축적이고 발전된 해석을 보여주는데, 여기에서 人은 문화적 성취를 이루는 사회적(생물학적과 반대되는) 능력에 의해 구별되며 性은 心(heart-and-mind)의 윤리적 기질을 개발하는 것이다.[16]

나는 이와는 다른, 더 共觀的인(synoptic) 전략을 이용하여 이 해석을

---

15 A.C. Graham, *Disputers of the Tao*(La Salle, IL: Open Court, 1989):3. *Thinking From the Han: Self, Truth, and Transcendence in China and the West*(Albany: State University of New York Press, 1998): Part II 참조.

16 Kwong loi shun, *Mencius and Early Chinese Thought*(Stanford: Stanford University Press, 1997):187~207. Shun의 연구의 높은 질을 고려할 때, 그가 좀더 흥미로운 질문인, 天은 초월적인 것인가에 대한 입장을 밝히기를 거절했다는 점은 실망스러운 일이다. 性善은 '本善'을 가리키는가 아니면 기호나 방향을 의미하는가?(1997):207~212 참조.

좀더 발전시키고 싶다. 사실상 엄정한 분석적 작업을 하나의 중요한 접근방법으로 완성해낸 데 대해 진심으로 인정하면서, 공자의 제안에 따라 이 문제를 양쪽 끝에서 두들기고 싶다.17

人性에 대한 문제를 명확히 하고자 할 때, 나는 이러한 종류의 조심스러운 분석에 앞서 취해야 할 또 하나의 조치가 있다고 생각한다. 우리는 상상력을 동원하여 人性의 문제를 그 본연의 세계관 속에서 보아야 한다. 결국 실재/현상 구별의 부재가 의미하는 것은 분석적 현상 뒤에 무엇이 진실인가를 찾아내는 '논리적' 접근방법이 '진리를 찾는 자들(Truth-seekers)'에게는 특별한 방법일지는 모르지만 '道를 찾는 자들(Way-seekers)'에게는 최선의 방법이 아니라는 점이다.18 '道의 탐구자'는 분석적 이해보다는 내러티브 이해에 치중하는 경향이 있다. 즉 문제를 특정한 시간과 장소 속에 놓음으로써 문제에 맥락을 부여하며, 또 그럴 때에만 그 특정한 관계를 추적할 수 있는 것이다.19

---

17 『論語』 9.8: 단순한 농부가 나에게 질문을 할 때 생각이 떠오르지 않으면 그 바닥에서부터 해답을 얻을 때까지 질문을 양쪽에서 두들긴다 [If a simple peasant puts a question to me, and I come up empty, I bang the question from both ends until I have gotten to bottom from it.(有鄙夫問於我 空空如也 我叩其兩端而竭焉)].

18 I.A. Richards는 만약 개념적 '분석'이 전통적 중국 문화를 이해하는 방법론으로 소개된다면 그것은 전통 그 자체와 괴리된 세계관과 사고방식을 잘못 도입하는 것이라고 생각하고 있으며, 나 자신도 그의 생각이 옳다고 본다. *Mencius on the Mind*(New York: Harcourt, Brace and Co., 1932): 특히 84~94 참조.

19 예를 들어 탕쥔이, 모우종산, 리저후 등의 많은 비교연구는 중국과 서양 문화적 경험 사이의 포괄적인 차이점들을 찾아내는 데 열중하고 있다.

3. 과정적 세계관과 철학 용어의 이해

문제의 핵심은 만약 우리가 人性에 대한 논의를 특정한 세계관 속에서 하지 않는다면 그 주제를 정의하는 용어들이 의미하는 바를 정확하게 알 수 없다는 것이다. 예를 들어 한자 '皆'는 형식논리학에서 발견되는 보편양화사 동의어인가? 맹자는 그래험이 말한 "반성적 행위로 변화시키는 것"이 불가능한 '인간'이라는 집합에 속하는 개별인간(humanitas)들에 대해 논의하고 있는 것인가?[20] 아니면 '皆'는 과정적 세계관이 필요로 하는, 일반적이지만 특수하기도 한 공동체, 독특한 '우리 모두'나 '모두 함께'를 일컫는가?『說文』은 皆를 俱, 즉 '모두 함께'를 의미하는 불변화사로, 그리고 皆와 比의 어원을 '여럿이 모인, 결합된, 합쳐진'을 의미하는 불변화사라고 말한다. '계단, 단계, 등급(階)'이나 '조화하는(諧)'과 같은 皆의 동족의 어휘들은 보편 서술이라기보다는 사물의 집합을 의미한다. 철학적으로 보편적 주장(universal claim)의 무게나 거기에 담긴 야심은 훨씬 더 겸손한 일반화(modest generalization)와 비교하면 중요한 차이가 있다.

논리적 명제의 불변에 대한 전제가 없는 세계에서 同은 자기 동일성이나 동일한 특성을 가짐을 의미하면서 자연적 종들 사이에 정확히 일치성을 가진다는 의미의 '같음'을 가리키는가? 아니면 과정적 세계관에서 함의하는

---

20 아이밴호우는(1990):47에서 맹자의 天와 王陽明의 理를 연관시키면서 "인간 본성을『孟子』
   의 시각과 매우 가깝게 표현한 원리'라고 말한다.

것처럼 단지 '유사함(似 si)'을 의미할 뿐인가?[21] 이는 『孟子』 6A7에서
확실히 추론할 수 있다.

> 일반적으로 말해, 같은 종류의 사물은 서로 비슷하다.

> Thus generally speaking, things of a kind are similar to each other.
> [故凡同類者 擧相似也]

만약 개별자 뒤에 보편자가 없고 다자 뒤에 일자가 있지 않다면 우리가 가
진 것은 각각 특이하고, 모두 연속적이며, 어떤 것보다는 다른 것에 좀더 유
사한 수많은 사물(萬物)의 세계이다. 이 세계에서 모든 것은 다소 비슷하다.
類는 과연 어떤 의미의 종류를 나타내는가? 메리 타일즈는 아리스토텔레
스적인 류/종 구분에 대해 좀더 자세히 논하고 있다.

> 아리스토텔레스의 철학에서 분명한 이성구조의 종류는 분류 시스템
> kinds(유, genera)와 kinds의 형태(종,species)에 의해 연속적으로 짜여진 사
> 물의 위계구조이다(종은 다시 유가 되어 더 하위의 종으로 나뉘고, 유는 좀더 큰
> 유로 묶인다). 최초의 정의는 단어에 대한 설명이 아니라 그 종류의 사물이 '가
> 져야 할 본질' 즉 핵심에 대한 설명이었다. 하나의 대상을 정의하는 것, 그 이름
> 에 정확한 사용법을 부여하는 것은 그 대상을 분류 시스템 속에 넣는 것이었다.[22]

---

21 『禮記』의 이상적 공동체인 '大同'이 실제로 공자가 의미했던 和而不同인가 하는 논쟁이 벌어
   질 수 있다.
22 Mary Tiles, "Idols of the Market Place--Knowledge and Language)" (unpublished):5~6.
   Eliot Deutsch ed. Alternative Rationalities (Honolulu: Society for Asian and
   Comparative Philosophy, 1992에 실린 "Images of Reason in Western Culture")에는 부
   분적으로 개정되었다.

아리스토텔레스의 분류 방법 뒤에 놓인 가정에 대해 타일즈는 다음과 같이 진술한다.

> 이것은 질적인 유사성과 차이점에 근거한 서열 순서이다. 이런 순서 기저에 놓인 핵심적 가정은 한 사물은 어떤 특성을 가지기도 하고 결여하기도 할 수는 없다는 것, 즉 모순율의 요구이다. 모순율은 그러므로 이러한 종류의 논리 구조의 근본적 요소이다 …… 정의(즉 본질)에 대한 지식은 모순율의 원리와 함께 더 발달되고 이성적으로 논증할 수 있는 지식의 기초로 작용한다. [23]

이성적 사유는 특수자를 하나의 사례로 포함하는 동일한 본질을 밝혀내는 정신적 과정으로 이해된다.

고대 중국 세계로 돌아가 우리는 라우가 다음과 같이 번역한 『孟子』 6A7 구절을 어떻게 이해해야 할까?

> 그러면, 모든 마음에 공통적인 것은 무엇인가? 이성과 정의이다.

> What is it, then, that is common to all hearts? Reason and rightness.
> [心之所同然者 何也 謂理也 義也]

心은 형식적으로(해부학적으로) 'heart-mind' 로 명명되어야 하는가 아니면 좀더 과정적으로(생리학적으로) 'thinking and feeling' 으로 접근해야 하는가? 이때 心은 다른 주요한 내장기관과 깊이 그리고 분리할 수 없이 연관된 복잡한 기능을 하는 중심으로 생각된다. 의학 인류학자 주디드 파쿠허(Judith Farquhar)는 이 '기관(organ)' 을 의학적 시각에서 고찰하

면서 다음과 같이 주장한다.

> 결국 중국 의학은 뇌를 원인이나 근원이 아닌 생산, 보급, 축적, 배설이라는
> 몸 전체의 과정의 산물로 본다.[24]

　'四端'을 논하는 데 있어 이러한 기능적 시각이 의미하는 것은 무엇인가? 이러한 사단이라는 경향성들이 인간의 心 속에 심리적으로 자리잡은 어떤 상위의 형식 구조나 이성적인 능력, 감정이나 마음의 선험적 범주, 개인화된 의지에 대한 중국적인 표현이라기보다는 인간 체험의 규칙적 패턴 속에서 일반화될 수 있는 아직 실현되지 않은 요동으로 여겨지는 것이 과연 적절한가? 사실상, '四端'을 표현하는데 사용되는 용어들은 측은지심, 수오지심, 사양지심, 시비지심 등으로 이것들은 사회적 맥락을 전제로 하고 있고 또한 그 자신들이 효과적인 사회적 행위―'仁(authoritative conduct)', '義(appropriateness)', '禮(the observance of ritualized roles and relationships)', '智(wisdom)'를 이끌어낸다. 만약 우리가 이것을 다음과 같이 번역한다면 이 구설을 다르게 이해하게 될 것인가?

> 마음의 사유와 감정은 어떤 점에서 비슷한가? 나는 그 일관성과 적절함의 기
> 호에 있어 그렇다고 말한다.
>
> Wherein are the thoughts and feelings of the heart-mind similar?
> I would say in their taste for coherence and appropriateness.
> [心之所同然者 何也 謂理也 義也]

---

24 Judy Farquhar, "Chinese Medicine and the Life of the Mind" in North Carolina Medical Journal May/June 1998, Volume 59 no. 3:190.

이 두 번째의 번역은 맹자의 氣의 흐름에 대한 주장, 이 같은 구절에서 인간 유사성의 표현으로 제시되는 미각, 청각, 시각의 유추에 더 적합하다고 보인다.

그리고 만약 理가 비개인적인 이성 능력이 아니라 인간의 '일관성(coherence)'에 대한 감각이라면 이것을 어떻게 이해해야 하는가? 본질을 발견해내는 과정으로서의 추론과 대조적으로, 맹자에 의해 心의 기능으로서 제시되는 理는 특수한 사물과 사건 속에서 얻어지는 관계의 패턴을 구성하는 상호 관련된 세부 항목들을 찾아내는 것과 연관이 있다. 유교적 사고는 그 목표를 상호 의존적인 조건과 그들의 잠재적이고 희미한 가능성을 종합적이고 온전히 이해하는 데 두고 있고, 이때 각 요소의 의미와 가치는 그것을 구성하는 관계들의 특수한 네트워크 기능을 갖는다.

이러한 식의 '생각하기'는 구체적인 세부 사항과 함축성에 대한 비추론적 접근을 가능하게 한다. 사람들은 세상의 일들을 설명하고 정리하기 위해 자연적 'kind'보다는 상관된 '類'의 범주에 더 의지한다. 우리가 구체적 세부적인 것의 혼란 속에서 가장 먼저 추구하는 상관관계는 그들 사이의 유사성이다. 사물을 어떤 특정한 '類'에 포함시키고 배제하는 것은 동일률이나 모순율의 개념에 의존하는 논리적 작용이 아니라 유사성을 찾으려는 활동의 기능이다.[25] 이러한 상관관계는 세상에 연속성과 규칙성을 부여하려는 의도에서 비롯되고, 병렬적 배열은 차이와 다양성과 기회를 최대화하려는 범위 안에서 일관적 질서로서 다소간 효과적인 기능을 하며, 따라서 다

---

25 Tony Cua는 순자 연구에서 類의 기본적 의미에 대해 섬세하게 고찰하면서 "類는 유사성과 차이점에 대한 비교와 유추를 통해 생성된다"고 말한다. *Ethical Argumentation: A Study in Hsun Tzu's Moral Epistemology* (Honolulu: University of Hawaii Press, 1985):55. 또 그는 "이 글에서 나는 類가 정해진 이론적 개념임에도 불구하고 'sort', 'kind', 'class'라는 용어들을 섞어서 사용했다. 또 내가 때때로 'category'라는 용어를 사용한다고 해서 순자가 이 category의 일반적 원리를 주장했다는 의미는 아니다" ((1985): 178~179)라고 말하면서 자신의 類 개념에 대해 설명한다.

른 것들보다 조화로운 관계를 이루어내는 데 생산적이다.

理는 설명적인 동시에 규범적이다. 理는 주체와 객체를 포함하는 체험의 역동적인 패턴으로 어떻게 사물이 실현되어야 하는지를 제시해준다. 하지만 理의 이러한 규범적인 측면은 역사적 모델에 대한 유추에 의해 사용되는 것 이외에는 어떤 의미의 질서에도 적용되지 못한다. 이상은 역사 속에 존재한다. 이런 의미에서 理는 '형이상학적' 이지 않으며 어떠한 선험적 구조나 불변하는 목적에 대한 주장과도 구분되어야 한다.

善은 본질적으로 '착한(good)', '자체적으로 착한(good-in-itself)' 을 의미하는가? 아니면 과정적 세계관이 요청하듯이, 효능적인 관계 '~에 좋은(good at, good to, good for, good with, good in 즉, 善於)' 을 의미하는가? 또 우리가 善이 性을 의미하는 것으로 사용할 때, 이 동적이고 관계주의적인 이해가 시사하는 것은 무엇인가? 이것은 체험이란 유효하고 본질적인 관계에 의해 구성되는 어떤 '본질' 을 의미한다는 존재론적 가정을 내포하는가?

내/외의 구분은 엄격한 초월이라는 일관적 개념에 의해 요구되는 외부 관계 이론을 함의하는 배타적 구분인가?[26] 아니면 內外는 포괄적이고 상호적으로 수반되며(陰陽처럼), 따라서 본질적으로 상관된 '사물들' 이 동시에 구분되기도 하고 연속적이기도 하며 특수하기도 하고 일반적이기도 한 세상 속에서, 다소 주관적일 수도 다소 객관적일 수도 있다는 단순한 강조

---

[26] Hartshorne(1964)의 *The Divine Relativity: A Social Conception of God*(1964)에서 외부적 관계의 일관적 이론을 개발하려는 시도를 참조하라. 이것은 생각하는 것보다 훨씬 표현하기 어려웠다. 인식론적 또는 존재론적 독립의 결과를 말로 표현하는 순간 비일관성과 비일치가 늘어나기 시작한다. 사람이 어떻게 자신과 외부적으로 연관된 존재의 특성을 밝혀낼 수 있는가? 이런 의미에서 독립이란 그 객체나 실재를 완전히 무시할 때만 가능하다. 인식론적 단계에서 외부적으로 현상과 연관된 칸트의 본체론의 영역을 물자체(things-in-themselves)가 차지하고 있는지 혹은 하나의 거대한 물자체(Thing-in-Itself)가 차지하고 있는지, 또는 '사물' 언어가 그 영역에 적용되는지조차도 알 수 없다.

의 문제일 뿐인가? 27

天은 性의 '근원(source)' 으로서 신적 초월적 '타자(other)' 이며, 인간
의 체험에 있어서 어떠한 의지의 인간 결정도 인정하지 않는 것으로 해석되
어야 하는가? 아니면 종종 고전적 중국 종교의 특성으로 인용되는 '天人合
一(天과 인간 체험 사이의 연속성)' 에서 제시되듯이, 陰陽이나 內外처럼 天
과 人은 연속적으로 해석되어야 하는가? 만약 인간이 天에서 품부되었지만
天의 내용을 구성하는 데 기여하기도 한다면, 적어도 어느 정도는, 인간이
자신이 인간됨을 조절할 수 있는 역할을 모범적 모델인 군자에서 찾을 수 있
을 것이다. 『孟子』7A1 구절은 수행적 함의를 드러낸다.

> 마음의 사유와 감정을 완전히 표현하는 것이 性을 깨닫는 것이며, 성을 깨닫
> 게 되면 天을 깨닫는 것이다.

> To express fully the thoughts and feelings of one's heart-and-mind is
> to realize one's xing, and if one realizes one's xing, one is realizing
> tian.
> [盡其心者 知其性也 知其性則知天矣]

사실상 실체 존재론과 과정 존재론의 '인간본성' 에 대한 이해의 차이점
을 긍정하려면 게슈탈트적 전환(gestalt shift), 즉 철학적 언어에 대한 재고
를 필요로 한다. 다행스럽게도 우리는 도구를 다시 창조할 필요는 없다. 人
性에 대한 과정적 이해를 돕기 위해 우리는 존 듀이 같은 사상가들의 과정적
철학의 추론을 이용할 수 있다. 사실 듀이의 급진적인 태도와 그의 철학의

---

27 탕쥔이의 一多不分觀은 中西哲學思想之比較 論文集. 導言 : 中國文化根本之一種解析
(台北: 學生書局, 1988), 특히 16~18쪽을 보라.

기여가 이렇게 최근에서야 빛을 보게 된 것은 그가 익숙해 보이는 용어군을 아주 생소한 방식으로 사용했기 때문이다. 나는 듀이가 '인간 본성' 이라고 부르는 것과 관련된 몇 가지 용어를 설명하고, 그것들이 맹자의 이해에 새로운 방향을 제시하고 있지 않는가 고찰하고자 한다. 이것은 맹자를 듀이의 위치로 격하시키기 위해서도 아니고 맹자에 대한 '듀이적' 해석을 제공하기 위한 것도 아니며 다만 우리가 맹자에 대해 다른 이해를 할 수 있도록 듀이의 어휘들을 사용하려는 것이다.

4. 과정적 감수성의 이해: 듀이의 프래그머티즘

듀이에게 있어 '개인성(individuality)' 이란 주어진 것이 아니라 평범한 인간의 체험에서 질적으로 생겨나는 것이다. '체험' 자체는 '주관' 과 '객관' 의 범주로 나뉘지 않는다. 듀이에게 있어 상황은 어떤 추상화된 행위자 개념보다 우선시된다. '삶' 이나 '역사' 같은 용어처럼 체험은 인간과 사회적, 자연적, 문화적 환경 사이의 상호작용의 과정이자 그 내용이다.

> '체험' 은…… 인간이 행동하고 괴로워하는 것, 그들이 노력하고 사랑하며 믿고 견디어내는 것, 또 인간은 어떻게 행동하고 영향을 받는가, 그들은 어떻게 행동하고, 괴로워하고, 욕망하며, 즐기고, 보고 믿고, 상상하는 가 ― 즉 체험의 과정을 포함한다.[28]

듀이는 '개인성' 을 양적인 것으로 생각하지 않는다. 그것은 사회보다 앞서 존재하는 것도 고립적으로 존재하는 개별자도 아니다. 오히려 그것은 질적인 것으로 공동체에 대한 개인 특유의 기여를 통해 생겨나는 것이다. 개성은 개화한 공동체적 삶의 맥락 안에서만 생겨날 수 있는 '타인과 구별되는 우리의 독특성에 대한 깨달음' 이다.[29] 듀이는 "개성은 사귐과 반대되는

---

28 *Later Works* 1:18.
29 *Outlines of a Critical Theory of Ethics*(1891), Early Works 3:304.

것이 아니고", "인간이 자신의 개성을 획득하고 발휘하는 것은 사귐을 통해서"라고 말한다.[30] 이때 개인은 '사물(thing)'이 아니라 특이성, 종합성, 사회활동, 관계성, 질적 성취라는 언어로 표현될 수 있는 '패턴화된 사건(event)'이다.

이처럼 개인의 사회적 구성에 대해 듀이는 얼마나 급진적인 사상가인가? 그는 인간 존재가 다른 사람들과 맺는 사귐 밖에서도 어떤 방식으로든 완전할 수 있다는 관념을 거부한다. 그러나 그가 "인간 존재를 타자들과 묶어주는 끈들을 떠난다면, 그는 아무것도 아니다"[31] 라고 주장한 것은 너무 지나친 것이 아닐까? 이 구절은 인간 개인성을 부정하는 말로 오해되어 왔다.[32] 그러나 우리가 듀이의 '개인성'이라는 개념에서 보았듯이 사람들이 어쩔 수 없이 사회적이라고 말하는 것은 인간 존재의 자기 완결성, 독특성, 그리고 다양성을 부정하는 것이 아니며 도리어 이러한 조건들을 정확히 긍정하는 것이다.

캠벨은 듀이와 인간들이 그 안에서 창조되는 사회적 과정들에 대해 언급하면서, 아리스토텔레스의 '잠재태'와 '현실태'라는 어휘를 언급한다.

> 듀이의 핵심은 씨앗이 수목으로 성장하는 것과 같이 만일 적당한 조건들이 주어지면 잠재태였던 것이 현실태가 된다는 것만을 말하는 것이 아니다(Cf, LW9:195~196). 그가 말하고자 하는 것은, 개인은 사회적 요소 없이는 불완전하며 사회적 환경 안에서 지속되는 삶의 과정을 통해 인간 — 단체 안의 개별적 구성원, 사회적 토대 위에서의 자기 자신 — 으로 발전해간다는 것이다.[33]

---

30 *Lecture Notes: Political Philosophy*, 1892, p. 38 Dewey Papers.

31 *Later Works* 7:323.

32 James Campbell, *Understanding John Dewey*(La Salle, IL: Open Court, 1995):53~55.

33 Campbell(1995):40.

그러면 공동체는 그 구성원을 어떻게 키워내는가? 듀이는 언어(기호, 상징, 몸짓, 사회적 제도를 포함하는)의 중요성에 큰 비중을 둔다.

> 개인은 연극과 같이 말을 통해 잠재적인 행위와 자신을 일치시킨다. 그는 순차적 단계라기보다 동시에 실행되는 연극에서처럼 많은 역할을 맡게 된다. 이에 따라 마음이 발전한다.[34]

듀이에게 있어 마음이란 ‘감정을 느끼는 생물이 다른 생물과의 언어와 의사소통 같은 조직된 상호작용을 할 때 부가적으로 생겨나는 특성’[35] 이다. 듀이의 출현한 마음(emergent mind)에 비추어 볼 때, 로버트 웨스트부룩은 ‘생물들이 마음을 가지고 있기 때문에 언어를 가지게 된 것이 아니라, 그들이 언어를 가지고 있기 때문에 마음을 가지게 된 것이다’[36] 라고 말한다.

따라서 듀이에게 있어 마음은 세계를 실현해가는 과정에서 창조된다. 세계처럼 心은 존재가 아니라 생성이며, 따라서 문제는 우리가 얼마나 이 창조적 과정을 생산적이고 즐겁게 해낼 수 있는가 하는 것이다. 마음과 세계는 단순히 인간의 태도에 달린 것이 아니고 실제적인 성장과 생산성과 과정이 결과로 수반하는 효력과 기쁨 속에서 변화하게 된다.

듀이의 ‘평등(equality)’ 개념 역시 흥미롭다. 우리가 예상할 수 있듯이, ‘개인성’의 질적인 성격을 고려한다면 평등이란 사람들의 고유한 능력들의 완전한 기여를 가능하게 해주는 공적인 삶의 양식들에 모든 사람이 능동적으로 참여함을 의미한다. 듀이의 평등이 일상적 평등의 개념과 다름을 논하면서 웨스트 브룩은, 듀이는 “모든 개인이 다른 개인과 같아지는 결과의 평등을 옹호하지도 않고 또 사회적 자원 분배의 완전한 평등을 옹호하지도

---

34 *Later Works* 1:135.
35 *Experience and Nature* p. 133.
36 *John Dewey and American Democracy*(Ithica: Cornell University Press, 1991):336.

않는다"[37] 고 말한다. 대신 듀이는 다음과 같이 주장한다.

> 실제적이고 실행되는 권리와 요구는 상호작용의 결과물이다. 따라서 이를
> 인간 본성의 본유적이고 고립된 구조에서는 발견할 수 없다. 그러므로 도덕적
> 이든 심리적이든 장애물들을 제거하는 것만으로는(권리와 요구를 보장하기에)
> 충분치 않다.[38]

이런 평등은 본래적 소유물이 아니다. 다시 관습적인 용어에 대해 가장
관습적이지 않은 설명을 하면서 듀이는 다음과 같이 주장한다.

> 평등은 어떤 한 요소가 다른 것으로 대체될 수도 있는 수학적 혹은 물리적 동
> 등을 뜻하지 않는다. 그것은 육체적 심리적 차이에 상관없이 각 개인이 가지는
> 특별함과 독특함에 대해 그것들이 무엇이든 상관없이 유효한 배려를 해야 하는
> 것을 뜻한다. 그것은 자연적 소유물이 아니라 행동이 공동체의 특성에 의해 방
> 향지워질 때 생기는 공동체적 산물이다.[39]

이 구절을 해석하면서 레이먼드 보이스버트(Raymond Boisvert)는, 듀
이에게 있어 '평등'은 선험적 소유물이 아니라 결과이고 '열매'라는 점을
강조한다. 더 나아가, 자유와 마찬가지로 평등은 개별적으로 분리되고 고
립된 한 인간과 관련해서는 아무런 의미도 지니지 않으며, 따라서 오로지
"적절한 사회적 상호작용이 일어날" 때 중요하게 된다. 결국 평등은 엄격
한 동일성이라기보다는 오히려 질적인 동등함이다. 듀이 자신의 말을 빌리
자면 평등은 "자신이 될 수 있는 그 어떤 것이든 될 수 있는 기본적 조건의

---

37 Westbrook(1991):165.
38 *Later Works* 3:99.
39 *Middle Works* 12:329~30.

형성을 통해서"**40** 가능하다.

　또 듀이는 수단과 목적을 구분하는 고전적 목적론에 대한 새로운 대안을 제시한다. 미리 정해져 있고 미리 결정된 계획 대신에 듀이의 이상(Ideals)은 사회적 실천을 위한 개혁적인 목표들로 투영되는, 간절히 소망하는 관념을 의미한다. 이때 목적이란 그것들이 조건을 다시 만드는 동안 그 모양이 만들어지고 내용이 채워지는 것이다. 제임스 캠벨(James Campbell)이 말하듯이,

> 　듀이의 이상은 인간의 삶 안에 힘을 가지고 있다. 이는 정의, 아름다움, 평등 등이 '추상적'이고 '고정된', 혹은 '요원한' 이상이라고 주장하는 것과 다르다. 듀이가 보는 이상 해석의 문제점은 이상을 일종의 완성되고 불변하는 존재들로서 배고픔과 죽음의 자연 세계와는 다른 어떤 영역 속에 위치지우고 매일매일의 실존의 문제와 혼란들로부터 벗어난 것으로 만들었다는 것이다. 이상들은 진행중인 삶의 과정들과 연결되어 있다. 그 이상들은 특정한 어려움에 뿌리를 두고 있으며, 가능한 해결책들로부터 이끌려 나온다.**41**

　어떻게 듀이의 세계에서는 고정된 목표 없이 성향이 행위로 이끌려 가는가? 듀이는 이상이 자신이 목적으로 하는 행위를 인도해내는 것은 아니라고 말한다. 차라리 행위를 위한 지침은 특정한 문제와 그것의 해결 사이에 있는 상호작용의 영역으로부터 나온다. 바로 경계면에서 그 문제 해결의 과정에서 때때로 최상의 체험들이 발현하며 이상은 그 맥락에서 드러나게 된다. 그리고 그와 같은 최상의 체험들은 소통하는 공동체 내부에서 발생할 수 있는 개별적 상황들에 대처하는 사회적 지성의 공유된 표현이다.

　과정철학은 변화를 부정하지 않는다. 그리고 쉼 없는 시간성은 완전성의

40　*Later Works* 11:168. 보이스버트의 의견은(1998):68~9 참조.
41　Campbell(1995):152~3.

관념을 부정하게 만든다. 체험의 세계는 필연적으로 진정한 비결정성과 항상 변화하는 환경들이 산출하는 출현적 가능성들을 가져온다. "아직은 오직 가능성으로만 남아 있는 것"을 추구함으로써 목적이 그것을 성취하기 위한 수단들 속에 갖추어져 있도록 만든다.

듀이는 존 스튜어트 밀의 '개인주의'를 비판적으로 언급하면서 자신의 이해를 부각시킨다. 그는 "모든 사회 현상은 인간 본성의 현상"이고 "사회 속에서 인간은 개별 인간 본성 법칙으로부터 파생되거나 그것으로 분해되는 것 이외에는 어떤 특성도 가지고 있지 않다"는 밀의 주장을 비판적으로 검토한다. 듀이는 평민을 강력한 토착 귀족계급으로부터 해방시키려는 밀의 동기를 인정하면서도, 자신이 다른 곳에서 '철학적 오류(Philosophical Fallacy)'라고 규정지은 이미 완결된 인간 개념을 옹호하려 들지 않는다. 짐 타일즈(Jim Tiles)는 듀이를 인용하여 '철학적 오류'라는 개념을 논의한다. "성격, 자아, 주체는 유기체적이고 사회적인 복잡하게 조직된 상호작용과 더불어 등장하는 최종의 기능이다. 인간의 개인성은 간단한 사건에 기반과 조건을 가지고 있다."[42] 타일즈는 이로부터 듀이가 "개인적 인간을 그들이 사회적인 관계 속으로 진입하는 것과 무관하게, 그리고 선험적으로 의식적 이성적 존재라고 가정하는 생각을 철학적 오류라는 이름으로 비판했다"고 추측한다.[43] 듀이는 밀의 개인과 사회의 관계에 대한 전제를 뒤엎고자 한다. 듀이와 특수한 사회 조건으로부터 독립한 인간 본성이라는 고정된 구조를 논하는 것은 잘못된 논의의 시작이다. 왜냐하면 그것은 한 부족, 가족, 민족이 다른 부족, 가족, 민족으로부터 구별되는 차이점을 조금도 설명하지 못하기 때문이다. 즉, 그것은 사회적 상황에 대해 아무것도 설명하지 못한다.[44]

---

42 *Later Works* 1:162.
43 Tiles(1988):21.
44 Dewey(1993):223.

듀이는 말한다.

> ······ 인간 본성이 불변한다는 주장은 받아들일 수 없다. 왜냐하면 인간 본성
> 의 어떤 요구가 지속적이라면 만들어내는 결과물은(이미 존재하는 문화의 상태
> — 과학, 도덕, 종교, 예술, 산업, 법 때문에) 인간 본성의 원래 요소들을 새로
> 운 형태로 만들기 위해 다시 반작용하기 때문이다. 전체적 패턴은 이에 의해 수
> 정된다. 무엇이 일어나는가를 설명하고 무엇을 일어나게 하기 위해 어떤 정책
> 을 만들 때 단지 심리적 원인에만 호소하는 것은 명백히 헛된 일이다. 만일 인간
> 본성이 그룹이나 당파에 의해 강제적으로 수행되는 정책을 '합리화'하는 편리
> 한 도구로 사용되지 않는 한 말이다.[45]

듀이에게 인간은 사회적 성취이며 사회적 지성의 적용을 통해 가능해지
는 순응적인 성공이다. 변화의 실제를 고려하면 이 성공은 항상 일시적이
며, 항상 새로운 우발적인 환경이라는 도전에 의해 우리를 불완전한 존재로
만들어버린다. 그러나 이 성공은 진취적, 기획적 그리고 성취적인 것이다.
우리는 과거의 경험을 이용하여 미래의 새롭고 더 나은 경험을 구성한다.[46]
　내가 마지막으로 탐구하려는 주제는 논란 많은 듀이의 종교성이란 주제
이다. 듀이는 일찍이 '진리'를 선포한다고 주장하는 오도된 현대과학을 비
판한 것처럼 제도화된 독단적인 '종교'를 거부하였다. 그러나 동시에 듀이
는 "의지와 지지라는 의미를 지닌 인간 사이의 연결로서 그리고 우주적 상
상력이 느끼는 감추어진 세계"라는 의미의 '종교적'[47]이라는 용어를
'신'이라는 용어와 더불어 유지할 것을 주장하였다.
　또 '종교적'이라는 용어를 가지고 듀이는 상식을 뒤집고자 한다. 궁극적

---

45 Dewey(1993):223~4.
46 *Middle Works* 12:134.
47 *Later Works* 9:36.

중재자나 진·선·미의 담보자로서 사회 형태에 종교적 의미를 불어넣는 신의 개념 대신 듀이는 일상의 사회적 활동을 출발점으로 삼는데, 이 사회적 의식들이 일정한 의미의 폭과 깊이를 획득할 때 계발된 인간 공동체의 자신의 헌신과 앞으로 지속될 인간성에 대한 연대, 더 중요하게 자연에 대한 경외심으로부터 나온 종교적 감수성이 발현하게 된다. 듀이의 맥락 이론의 급진성은 그를 세속적인 휴머니즘에 빠지지 않게 한다. 듀이는 특히 '무신론' 을 인간의 이해력에 과도한 신뢰를 품고 있다는 이유로 거부하였다. 그러나 듀이의 종교 이해는 초자연적 최고 존재를 가정할 필요가 없다는 의미에서 '비신론적' 이라고 할 만하다.

> 지식의 대상으로서 자연은 삶의 선함과 규율의 지속적인 원천으로 존재할 수 있다. 그리고 이들은 유대 그리스도 전통에서 신에게 부여하고자 했던 속성과 기능들인 것이다.[48]

듀이가 연속성의 의식으로서 '하나님(God)' 을 아주 가끔 언급했지만, 시간적으로 최초인, 초월적 근원이자 인간 체험의 설계자, 입법자이자 심판자라는 神 개념은 듀이의 프래그머티즘에 어울리지 않는다. 듀이가 전통적 신앙에서 보존하기를 바란 것은 자연적 경건함이다. 지배하고자 하는 어떤 유혹도 차단하고 대신에 우리를 둘러싼 자연의 복잡성에 협조하고 동화하게 하는 것은 경외감, 놀라움, 그리고 겸허함이다.

이제 적어도 나에게는 원시 유가의 감수성을 설명하는 용어들을 이해하는 데 적합하다고 생각하는 듀이의 어휘들이 많이 있다. '체험' 과 道, '최상의 경험' 과 和, '개인성과 평등' 과 人, '종교성' 과 禮, '인간 본성' 과 人性, 거기에는 많은 접점들이 있다. 인간 체험의 사회성, 상황의 作因에 대

---

48 *Later Works* 4:45.

한 우선성, 효과적 의사소통의 최우선성, 목적론에 대한 대안으로서의 사회 개혁적 연속성, 또한 여기에는 더 많은 흥미로운 차이점들이 존재하며 그것들은 본질적인 차이인 경우도 있고 단순히 강조를 어디에 두느냐의 차이인 경우도 있다.

맹자에 대한 논의 특히 그의 人性 개념에 대한 논의가 갖는 진정한 가치는 중국이 불가피하게 중국식 민주주의로 나아가는 현실 적합성에 있다. 토대주의적 해석은 자유주의적 민주주의의 필수조건들을 약속한다. 개인이 소유한 정치적 권리의 기초를 제공하는 자유나 평등과 같은 개념들 말이다.

반면 맹자에 대한 과정적 해석은 중국이 존 듀이의 과정적 철학에 바탕을 두고 좀더 공동체주의적 민주주의로 나아가도록 유도할 것이며, 그 사회에서는 인간 자유를 가장 잘 보장하는 방법이 권리를 부여하는 것이 아니라 공동사회가 번성하는 것이 될 것이다. 또 자유란 제약의 부재가 아니라 자치에의 충분한 참여를 의미하게 될 것이다.[49]

중국의 민주주의가 원시 유학에 기초한 공동체주의에 대한 호소로 가장 잘 이루어지게 될 것인가, 아니면 중국이 자신의 문화적 중심을 버리고 서구적 자유민주주의의 개념을 도입해야 하는 것인가?

---

49 중국 민주주의에 자유적 모델 도입의 부적합성과(듀이적 의미에서) 공동체주의의 가능성에 대한 논의는 David L. Hall과 Roger T. Ames의 *The Democracy of the Dead: Dewey, Confucius, and the Hope for Democracy in China*(La Salle, IL: Open Court, 1999)를 참조하라.

참고 문헌

Alexander, G.G.(1895).*Lao-tsze: The Great Thinker with a Translation of His Thoughts on the Nature and Manifestation of God*. London: K. Paul, Trench, and Trubner & Co.

Allan, Sarah, and Crispin Williams(2000). *The Guodian* Laozi: *Proceedings of the International Conference, Dartmouth College, May 1998*. Berkeley: The Society for the Study of Early China.

Ames, Roger T. and David L. Hall(2001). *Focusing the Familiar: A Translation and Philosophical Interpretation of the* Zhongyong. Honolulu: University of Hawaii Press.

Ames, Roger T. and Henry Rosemont, Jr.(1998). *The Analects of Confucius: A Philosophical Translation*. New York: Ballantine.

Ames, Roger T.(forthcoming). "Human Exceptionalism versus Cultural Elitism: Three in the Morning, Four at Night." *A Communionof Subjects: Animals in Religion, Science, and Ethics*, edited by Paul Waldau and Kimberley Patton. Oxford University Press, forthcoming.
——(1998). "Death as Transformation in Classical Daoism" in *Death and Philosophy*, ed. Jeff Malpas and Robert C. Solomon(London and New York: Routledge).
——(trans.)(1993).*Sun-tzu: The Art of Warfare*. New York: Ballantine.

Baxter, William(1998). "Situating the Language of the *Lao-tzu*: The Probable Date of the *Tao-te-ching*". *Lao-tzu and the Tao-te-ching*. Edited by Livia Kohn and Michael LaFargue. Albany: State University of New York Press.

Berthrong, John(1998). *Concerning Creativity: A Comparison of*

Bourdieu, Pierre(1980). *The Logic of Practice*. Stanford: Stanford University Press.

Carus, Paul, and D. T. Suzuki(1913). *The Canon of Reason and Virtue: Lao Tzu's Tao Teh King*. Chicago: Open Court.

Chan, Wing-tsit(1963). *A Source Book in Chinese Philosophy*. Princeton: Princeton University Press.

Ch'en Ku-ying 陳鼓應 (1977). *Lao-tzu: Text, Notes, and Comments*. Trans. Rhett Y. W. Young and Roger T. Ames. San Francisco: Chinese Materials Center.

Chou-i.(1935). Peking: *Harvard-Yenching Institute Sinological Index Series*, Supplement 10.

Chuang Tzu(1947). *Chuang Tzu: Harvard-Yenching Sinological Index Series, Supplement 20*. Peking, Harvard Yenching.

Chu His, Whitehead, and Neville. Albany: State University of New York Press.

Dalmiya, Vrinda(1998). "Linguistic Erasures." In *Peace Review*10:4, pp. 523-28.

Deutsch, Eliot(2001). *Persons and Valuable Worlds: A Global Philosophy*. Lanham, MD: Rowman & Littlefield.

Dewey, John(1994). *The Moral Writings of John Dewey*. Edited by James Gouinlock. New York: Prometheus Books.
(1993). *The Political Writings*. Indianapolis: Hackett.
(1973). *The Philosophy of John Dewey*. Edited by John J. McDermott. Chicago: Chicago Univesity Press.
(1969-72). *Early Works, 1892-98*. 5 vols. Edited by Jo Ann Boydston. Carbondale, Ill: Southern Illinois University Press.
(1976-83). *Middle Works*, 1899-1924. 15 vols. Edited by Jo Ann Boydston. Carbondale, Ill: Southern Illinois University Press.

Fingarette, Herbert(1972). *Confucius: The Secular as Sacred.* New York: Harper Torchbooks.

Fukunaga Mitsuji 福永光司(trans.)(1968). *Roshi* Tokyo: Asahi Shinbunsha.

Giles, Herbert A.(1886). *The Remains of Lao Tzu.* London: John Murray.

Girdadot, Norman J.(1983). *Myth and Meaning in Early Taoism: The Theme of Chaos(Hun-tun).* Berkeley: University of California Press.

Graham, A.C.(1990). "The Origins of the Legend of Lao Tan." *Studies in Chinese Philosophy and Philosophical Literature.* Albany: State University of New York Press.
——(1989). *Disputers of the Tao.* Chicago: Open Court.
——(trans.)(1981). *Chuang-tzu: The Inner Chapters.* London: George Allen & Unwin.

Granet, Marcel(1934). *La pensee chinoise.* Paris: Editions Albin Michel.

Grange, Joseph(1997). *Nature: An Environmental Cosmology.* Albany: State University of New York Press.

Guo Yi 郭沂(2001). *Guodian zhujian yu xian Qin xueshu sixiang* 郭店竹簡 與先秦 學術思想,(The Guodian bamboo strips and pre-Qin thought). Shanghai: Shanghai jiaoyu chubanshe.

Hall, David L.(1994). "Buddhism, Taoism and the Question of Ontological Difference." In *Essays in Honor of Nolan Pliny Jacobson*, ed. S. Pulgandla and David Miller. Indianapolis: Indiana University Press.
(1987). "Logos, Mythos, Chaos: Metaphysics as the Quest for Diversity." In *New Essays in Metaphysics*, ed. R. Neville, Albany: State University of New York Press.
(1978). "Process and Anarchy: A Taoist Vision of Creativity."

Philosophy East and West 28 no. 3(July 1978):271-285.

Hall, David L., and Roger T. Ames(1998). *Thinking from the Han: Self, Truth, and Transcendence in Chinese and Western Culture*. Albany: State University of New York Press.
(1995). *Anticipating China: Thinking Through the Narratives of Chinese and Western Culture*. Albany: State University of New York Press.
(1987). *Thinking Through Confucius*. Albany: State University of New York Press.

Hall, David L.(1982). *The Uncertain Phoenix*. New York: Fordham University Press.

Hansen, Chad(1992). *A Daoist Theory of Chinese Thought*. Oxford: Oxford University Press.

Hope Mason, John(2003). *The Value of Creativity: The Origins and Emergence of a Modern Belief*. Aldershot, Hants: Ashgate Publishing.

James, William(1984). *William James: The Essential Writings*. Edited by Bruce W. Wilshire. Albany: State University of New York Press.

James, William(2000). *Pragmatism and Other Writings*. Edited by Giles Gunn. New York: Penguin.

Jingmenshi Bowuguan 荊門市博物館(1998). *Guodian Chumu zhujian* 郭店楚墓竹簡 (The bamboo strip texts from a Chu tomb at Guodian). Beijing: Wenwu chubanshe.

Jullien, Francois(1995). *The Propensity of Things: Toward a History of Efficacy in China*. New York: Zone Books. Translated by

Karlgren, Bernhard(1957). *Grammata Serica Recensa*. Stockholm: The Museum of Far Eastern Antiquities.

Karlgren, Bernhard(1975). "Notes on Lao-Tse." *Bulletin of the Museum of Far Eastern Antiquities* 47-48:1-18.

King, Ambrose(1985). "The Individual and Group in Confucianism: A Relational Perspective." In *Individualism and Holism: Studies in Confucian and Taoist Values.* Edited by D. Munro. Ann Arbor: University of Michigan Press.

Knoblock, John(1994). *Xunzi: A Translation and Study of the Complete Works* Vol. III. Stanford: Stanford University Press.

LaFargue, Michael(1998). "Recovering the *Tao-te-ching*' s Original Meaning: Some Remarks on Historical Hermeneutics." *Lao-tzu and the Tao-te-ching.* Edited by Livia Kohn and Michael LaFargue. Albany: State University of New York.
——(1994). *Tao and Method: A Reasoned Approach to the* Tao Te Ching. Albany: State University of New York Press.
——(1992). *The Tao of the Tao Te Ching.* Albany: State University of New York Press.

Lau, D.C.(1982). *Chinese Classics*: Tao Te Ching. Hong Kong: Chinese University of Hong Kong Press.

Lau, D.C. and Roger T. Ames(1996). *Sun Pin: The Art of Warfare.* New York: Ballantine.

Lau, D.C., and Chen Fong Ching(editors)(1992). *A Concordance to the Huainanzi.* ICS Ancient Chinese Text Concordance Series. Hong Kong: Commercial Press.

Lau, D.C., and Chen Fong Ching(editors)(1992). *A Concordance to the Kongzi jiayu.* ICS Ancient Chinese Text Concordance Series. Hong Kong: Commercial Press.

Legge, James(1960). *The Chinese Classics* Volume I. Hong Kong: Hong Kong University Press.

Legge, James(trans.)(1962). *The Texts of Taoism* Part I. New York: Dover.
(trans.)(1960 rep.). *The Chinese Classics*, 5 volumes. Hong Kong: University of Hong Kong rep.

Legge, James(1891). *The Texts of Taoism*. In *Sacred Books of the East*. Oxford: Oxford University Press.

Li Ling(1995-6). "An Archeological Study of Taiyi(Grand One) Worship." Translated by Donald Harper. *Early Medieval China 2*.

Maspero, Henri(1927). *La Chine Antique*. Paris: DeBoccard. Translated by F.A. Kierman, Jr. as *China in Antiquity*. Amherst: University of Massachusetts Press, 1978.

Needham, Joseph(1956). *Science and Civilisation*Vol. II, Cambridge: Cambridge University Press.

Neville, Robert Cummings(1974). *The Cosmology of Freedom*. New Haven: Yale University Press.

Nishitani, Keiji(1990). *The Self-Overcoming of Nihilism*. Trans. Graham Parkes with Setsuko Aihara. Albany: State University of New York Press.

Owen, Stephen(1992). Readings in Chinese Literary Thought. Cambridge, Mass.: Council on East Asian Studies, Harvard University.

Pang Pu 龐朴(1998). "Kong-Meng zhi jian--Guodian Chu jian de sixiangshi diwei 孔孟之間 郭店楚簡的思想史地位(Between Confucius and Mencius--The Place in the History of Thought of the Chu Strips found at Guodian)." In *Zhongguo Shehui Kexue* 中國社會科學 (Social Sciences in China) 5:88-95.

Plaks, Andrew(ms.) *The Highest Order of Cultivation : Ta Hsueh(Daxue) and On the Practice of the Mean: Chung*

Yung(Zhongyong). Forthcoming with Penguin.

Riegel, Jeffrey(1978). "The Four 'Tzu Ssu' Chapters of the Li Chi: An Analysis and Translation of the Fang Chi, Chung Yung, Piao Chi and Tzu I." Ph.D. dissertation, Stanford.

Roth, Harold D.(1999). Original Tao: Inward Training and the Foundations of Taoist Mysticism. New York: Columbia University Press.

Ryle, Gilbert(1949). The Concept of Mind. London: Hutchinson.

Schaberg, David(1999). "Song and the Historical Imagination in Early China." Harvard Journal of Asiatic Studies 59:2.

Sima Qian(1959). The Records of the Historian(Shiji). Peking: Zhonghua shuju.

Sivin, Nathan(1995). Medicine, Philosophy and Religion in Ancient China: Researches and Reflections(Aldershot, HANTS: Variorum 1995).

Takeuchi Yoshio(1979). "Yi to Chuyo no kenkyu." In Takeuchi Yoshio Zenshu 竹內良夫 全書 Volume III.

Tang Junyi 唐君毅(1988). "Zhongguo zhexuezhong ziranyuzhouguan zhi tezhi 中國哲學中自然宇宙觀之特質(The distinctive features of natural cosmology in Chinese philosophy)." Zhongxi zhexue sixiang zhi bijiao lunwenji 中西哲學史想之比較論集(Collected Essays on the Comparison between Chinese and Western Philosophical Thought). Taipei: Xuesheng shuju.

Tiles, J.E.(1988). Dewey: The Arguments of the Philosophers series. London: Routledge.

Tredennick, Hugh, and Harold Tarrant(1993). Plato: The Last Days of Socrates. London: Penguin Books.

Tu Wei-ming(1989). *Centrality and Commonality: An Essay on Confucian Religiousness.* Albany: State University of New York Press.

Waley, Arthur(1934). *The Way and Its Power: A Study of the Tao Te Ching and Its Place in Chinese Thought.* London: Allen and Unwin.

Wang Hui 王暉(2000). *Shang Zhou wenhua bijiao yanjiu* 商周文化比較研究(A Comparative Study of Shang and Zhou Cultures). Beijing: Renmin chubanshe.

Watson, Burton(trans)(1968). *The Complete Works of Chuang Tzu.* New York: Columbia University Press.

Whitehead, A.N.(1960). *Religion in the Making.* New York: Meridian Books, Inc.

Whitehead, A.N.(1978). *Process and Reality*(corrected edition). Edited by D. Griffin and D. Sherburne. New York: The Free Press.
------(1926, rep. 1996). *Religion in the Making.* New York: Macmillan. Reprinted by Fordham University Press, New York.

Wu Yi 吳怡(2001). *Xinyi Laozi jieyi* 新譯老子解義(A New Translation of the Laoziwith Commentary). Taipei: Sanmin shuju.

Xiong Shili(1977). *Mingxinpian.* Taibei: Xuesheng shuju.

Zhang Dongsun 張東蓀. *Zhishi yu wenhua: Zhang Dongsun wenhua lunzhu jiyao* 知識與文化 張東蓀文化 論著輯要 Edited by Zhang Yaonan 張耀南編 Beijing: Zhongguo guangbo dianshi chubanshe.

역자 후기

1. 2004년 1월 성균관대학교 600주년 기념관 5층 대형 강의실에서는 하와이 대학 철학과 로저 에임즈(Roger T.Ames) 교수의 집중 강좌가 열렸다. 모두 닷새 동안 행해진 다섯 번의 강의는 동양철학의 다양한 주제를 다루면서 이루어졌고 방학 중인데도 불구하고 매번 100명이 넘는 청중들로 열기가 넘쳤다. 에임즈 교수는 특유의 유머 넘치는 정열적인 강의를 했고, 청중들은 지적인 질문과 진지한 태도로 화답하였다. 이 책은 바로 그 기억할 만한 강좌의 원고를 한국어로 번역한 것이다.

로저 에임즈 교수는 하와이 대학 철학과 교수이자 비교철학의 대표적인 학술
지인 Philosophy East-West의 편집장이다.

2. 로저 에임즈는 1947년 캐나다 태생의 미국인으로 캐나다의 브리티쉬 컬럼비아, 대만 국립대, 홍콩 中文대학, 영국 런던 대학교에서 수학했고 1978년 런던 대학에서 D.C. 라우 교수 아래서 박사 학위를 마쳤다. 그는 대학 시절 詩를 전공하던 문학도였는데, 우연한 기회에 홍콩에 교환 학생으로 갔다가 거기서 동양 문화와 사랑에 빠지게 된다. 그는 "지금 홍콩에 가면 그때 사귄 중국 친구와 허물없이 거리를 걷는다. 나는 그때, 한번 인연을 맺으면 일생을 지속하는 인간관계를 알게 되었다"고 술회한다. 한문과 현대 중국어, 일본어에 능통한 에임즈는 1978년 비교철학의 본거지 하와이 대학교의 교수로 부임한 이래 유가철학, 도가철학, 비교철학의 중요한 저작들을 생산해낸다. 『공자를 통한 사유 Thinking through Confucius』(1987), 『孫子兵法 Sun Tzu, The Art of War』(1993), 『漢으로부터의 사유 중국문화와 서구문화에서 자아, 진리, 그리고 초월 Thinking from Han; Self, Truth, and Transcendence in Chinese and Western culture』(1997), 『論語: 철학적 번역 The Analects of Confucius: Philosophical Translation』(1998), 『死者의 민주주의 The Democracy of the Dead』(1998), 『中庸: 번역과 철학적 해석 Zhongyong: Translation and Philosophical interpretation of Zhongyong』(2001), 『老子 '道德經'이 삶을 의미있게 만들기: 철학적 번역 Daodejing; Making this Life Significant: A Philosophical Translation』(2003) 들은 그 대표작들이다.

3. 그의 학문적인 성취를 간략히 말하기란 쉬운 일이 아니다. 그의 성취는 어학과 철학, 필로로지(Philology)와 필로소피(Philosophy), 小學과 大學의 능력을 통합적으로 구사하면서 동양 고전들을 새롭게 읽어나가는 전범을 보여주었다는 데 있다. 그는 예수회 선교사들로부터 시작하여 제임

스 레그에 의해 일단락된 동양 고전의 서양 언어로의 번역 작업은 그들이 의식, 무의식적으로 가지고 있었던 해석학적인 지평을 이해하지 않고는 평가될 수 없다고 생각한다. 그것은 기독교적인 세계관이며 그들이 동양 문화에 대해 얼마나 포용적인가 아닌가에 상관없이 동양 고전의 이해에 이러한 그림자는 짙게 깔려 있다. 天을 대문자, 단수형 Heaven이라고 번역해 놓으면 과연 얼마나 많은 서양인이 그것이 기독교적인 개념과 근본적으로 다른, 조상과 문명의 축적을 의미하는 동양의 天 개념으로 이해할 수 있을 것인가? 道는 습관적으로 Way라는 명사로 번역되는데 (현대 한국인들도 '도'를 대개 명사적으로 이해하는 듯하다) 이러한 번역은 정당화될 수 있는 것인가? 명사, 동사, 형용사, 부사의 품사 구분 자체가 아리스토텔레스의 실체(things), 행위(actions), 실체의 속성(attributes of things), 행위의 양식(modalities of actions)이라는 존재 구분에서 기인한 것이라면, 전혀 다른 세계관 위에서 구축된 한문이나 한국어를 그런 식으로 번역하는 것이 옳은 것인가? 사실 道는 때로 동명사적인 '길 만들기'로 읽어야 하며 형용사와 같은 주관에 느껴지는 대상의 다양한 느낌의 측면이 있다.

그러나 이러한 반성이 철저하지 않은 제임스 레그의 번역은 후대의 서양의 동양학 전문가들이 동양 고전을 이해하고 번역하는 데 큰 영향을 끼쳤을 뿐 아니라, 이러한 사고의 틀은 현대 동양인들이 스스로의 고전을 이해하는 데에도 적지 않은 영향을 미치고 있다.

현대의 많은 철학자들이 보여주듯이 우리의 이해는 텍스트와 콘텍스트의 긴밀한 상호작용의 산물이다. 그리고 콘텍스트를 새롭게 인식할 때 우리의 텍스트 이해도 근본적으로 변화할 수밖에 없다. 동양의 세계관이 배면에 깔고 있다고 생각되는 콘텍스트를 성실히 복원하고 그 안에서 텍스트의 의미를 드러내고자 하는 것은 에임즈의 철학과 번역 기획의 핵심을 이루는 것이며, 이 책에서도 독자들은 그의 이러한 문제의식을 잘 읽을 수 있을 것이다.

4. 그의 기획은 서양 전통의 지배적인 전제들을 괄호 안에 넣고 동양 고전의 의미를 자신의 세계관의 맥락에서 드러나도록 하는 것이지만, 이것이 곧 서양 철학과의 대화 거부를 의미하지는 않는다. 오히려 그와 반대이다. 그는 암암리에 유럽 철학만이 철학이라고 상정해온 주류 철학의 편견에 대해 반성을 촉구한다. 비교철학은 인간의 다양한 문화권에서 드러난 체험을 탐구하려는 그 목적을 성취하기 위하여 필수불가결하며 결국 서양철학은 물론 동양철학에도 공헌할 수 있으리라고 생각한다.

그는 "만일 현대 철학적 활동 중 동양 사상에 접근할 수 있는 것이 있다면 그것은 찰스 퍼스(Charles Peirce), 윌리엄 제임스(William James), 존 듀이(John Dewey), 조지 허버트 미드(George Herbert Mead)와 같은 프래그머티즘 철학자들과 알프레드 노스 화이트헤드(Alfred North Whitehead)와 같은 과정철학자들의 활동(*Thinking Through Confucius* p. 15)" 이라고 말한다. 서양 전통에 견주어볼 때 소수파라고 할 이 철학자들의 노력이, 이들과 상통하는 동양의 氣 전통의 사유 양식과 더불어 연구될 때 서양인들은 과정적 사유에 대해 더욱 폭넓은 이해를 보여줄 수 있으리라고 그는 생각한다. 그리고 동양인들에게도 이러한 대화는 스스로의 전통 이해에 새로운 지평을 열어줄 것임에 틀림없다. 사실 에임즈뿐 아니라 조셉 니담(Joseph Needham), 존 버트롱(John Berthrong), 스티브 오딘(Steve Odin), 팡똥메이(方東美), 탕쥔이(唐君毅) 등 많은 학자가 이 대화의 유용성을 지적해 왔고 연구를 진행시키고 있으나, 에임즈는 이러한 비교철학적인 작업을 그의 어학적인 능력을 사용하여 동양 고전 번역과 통합시킨다는 점에서 그리고 대화의 핵심에 프래그머티즘을 위치지운다는 점에서 다른 이들과 구분된다.

5. 우리의 관점에서 보면, 에임즈의 논의를 서양인들의 동양 고전 이해에

대한 진지한 성찰 이상의 것으로 받아들여야 할 이유가 꽤 많다. 현대 동양인의 스스로의 고전 이해 구조에 대한 성찰도 값진 것이지만 나는 한국철학문헌의 영어 번역(Translation of Korean Philosophical Corpus into English Language)이라는 비교적 논의되지 않는 주제를 조명하고 싶다. 한국이 서구 문화의 충격에 노출되고 긴밀한 관계를 맺게 된 지도 벌써 백년이 넘었고 사회 전체에 '세계화'라는 강박적인 구호가 생생한데도 불구하고 한국의 중요한 철학적 업적이 아직도 외국어로 번역된 것이 거의 없다는 사실을 발견하게 된다. 최근 서구 학계에서 발간된 비서구철학에 대한 책들을 무작위로 검토를 해보자.

엘리엇 도이취와 론 반티코가 펴낸『세계 철학입문 *A Companion to World Philosophies*』[1]은 중국, 일본, 인도, 이슬람, 아프리카 심지어 폴리네시안 철학도 소개하고 있지만 한국철학에 대해서는 아무것도 말하고 있지 않다. 브라이언 카와 인디라 마하링감 은『아시아 철학 백과사전 *Companion Encyclopedia of Asian Philosophy*』에서도 인도, 불교, 중국, 일본 그리고 이슬람 철학으로 분류를 하고 항목을 채워넣고 있지만 한국철학은 분류 대상이 되어 있지 않다.[2] 서구 문헌에서 한국철학의 정보가 발견되는 경우에도 그 정보는 매우 불충분하다. 다이아나 콜린슨(Diana Collins)의『동양철학자 50인 *Fifty Eastern Thinkers*』[3]에는 율곡과 지눌 단 두 명의 한국철학자 이름이 소개되고 있을 뿐이다. 모두 15명의 중국철학자와 7명의 일본 철학자가 포함되어 있음을 비교해보자. 이는 기본적으로 한국철학 문헌이 번역되어 있지 않고 따라서 이에 대한 논의가 활발하게 일어나지 않기 때문이다.

1 Eliot Deutsch and Ron Bonteko ed. *A Companions to World Philosophy*, Blackwell Publishers, 1999.
2 Brian Carr and Indira Mahalingam ed, *Companion Encyclopedia of Asian Philosophy*, Routledge, 1997.
3 Diana Collins and Kathryb Plant. ed, *Fifty Eastern Thinkers*, Routledge, 2000.

6. 한국철학 문헌의 절대량이 부족하므로 번역과 관련된 문제도 제대로 토론되지 못하고 있다. 에임즈의 논문이 하나의 사례가 되지만 서구의 중국 혹은 인도철학의 많은 논문들은 번역의 문제와 그 실천 과정에서 양산되며 이 과정은 그들 해당 철학의 정확하고 다양한 이해와 결부되고, 결국 이것은 철학의 부흥으로 연결된다. 한국철학의 영어 번역서들에서 性은 언제나 'nature' 로 번역되고 있다. 과문한 탓인지 나는 한국철학 번역자 사이에서 번역에 대한 논쟁이 벌어진 것을 아직 알지 못한다. 중국 철학자들 사이에서 벌어진 性에 해당하는 번역을 찾기 위해 벌어진 치열한 논쟁과, nature, natural tendency, naturality, human condition 등의 다양한 번역어들을 (번역어들은 나름대로 이유를 가지고 있으며 이를 독자들에게 설득하려는 것이 논문의 핵심을 이룬다) 생각해 볼 때 대조적이다.

한국철학 문헌 번역이 단조로운 이유 가운데 하나는 철학적 반성의 결여이다. 이는 에임즈의 문제의식에서 많은 것을 배울 수 있는 부분이기도 한데, 한국철학이 전제로 하고 있는 세계관을 잘 표시해줄 최선의 영어 용어를 선택하고 있는가 하는 철학적 반성이다. 동학의 '하날님' 은 과연 God 으로 번역될 수 있는가?

앞으로 행해져야 할 한국철학 문헌의 외국어 번역은 이러한 철학적 반성과 문자적 옮김이라는 통합적 방법으로 이루어져야 한다. 이런 관점에서 한국철학 문헌들의 번역이 그렇게 많이 쌓여 있지 않다는 사실은, 역설적으로 이제까지 드러난 중국철학이나 인도철학의 번역의 공과를 흡수하여 훨씬 좋은 번역을 생산할 수 있는 기회라고 할 수도 있을 것이다. 한국철학 문헌의 외국어 번역은 시급하게 이루어져야 하는 일이며 그 작업을 진행할 때 에임즈의 이 책이 보여주는 번역의 철학적 성찰은 우리의 자양분으로 삼을 수 있을 것이다.

7. 에임즈 논문의 주요한 내용은 동양 고전의 영어 번역과 관련되기 때문에 그의 영어 번역을 고전 원문과 더불어 노출시키고 나의 한국어 번역을 추가하였다. 한국어 번역은 고전 원문과 영어 번역을 다 참조한 것이지만, 에임즈가 강조한 점을 제대로 전달하는 데 중점을 두었다.

찾아보기